反恐大战略

美国如何打击恐怖主义

[美] 奥德丽・库尔思・克罗宁、詹姆斯・M・卢德斯 著
胡溦、李莎、耿凌楠 译

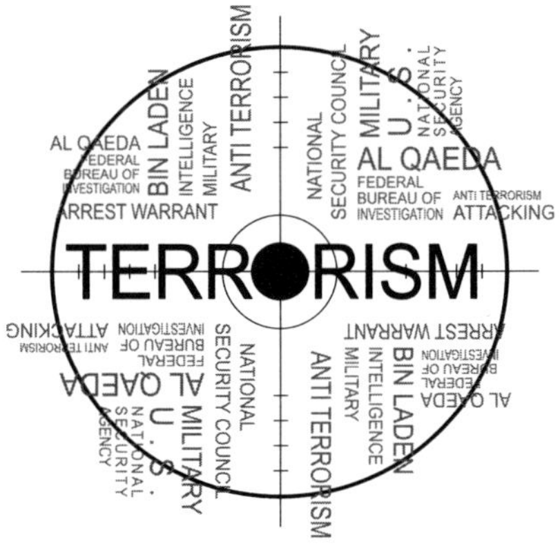

新 华 出 版 社

图书在版编目（CIP）数据

反恐大战略：美国如何打击恐怖主义/（美）克罗宁，（美）卢德斯著；胡溦、李莎、耿凌楠译
北京：新华出版社，2015.10
书名原文：Attacking Terrorism：Elements of a Grand Strategy
ISBN 978－7－5166－2107－3
Ⅰ.①反… Ⅱ.①克…②卢…③胡…④李…⑤耿… Ⅲ.①反恐怖活动—研究—美国 Ⅳ.①D771.288
中国版本图书馆 CIP 数据核字（2015）第 257915 号
著作权合同登记号：01－2014－6404

反恐大战略： 美国如何打击恐怖主义
作　　者：［美］奥德丽·库尔思·克罗宁、詹姆斯·M·卢德斯
译　　者：胡　溦、李　莎、耿凌楠

出 版 人：张百新　　**选题策划：**黄绪国
责任编辑：张　敬　　**责任印制：**廖成华

出版发行：新华出版社
地　　址：北京石景山区京原路 8 号　　**邮　　编：**100040
网　　址：http：//www. xinhuapub. com　http：//press. xinhuanet. com
经　　销：新华书店
购书热线：010－63077122　　**中国新闻书店购书热线：**010－63072012

照　　排：新华出版社照排中心
印　　刷：北京凯达印务有限公司

成品尺寸：170mm×230mm
印　　张：15.5　　**字　　数：**250 千字
版　　次：2015 年 11 月第一版　　**印　　次：**2016 年 11 月第二次印刷

书　　号：ISBN 978-7-5166-2107-3
定　　价：68.00 元

图书如有印装问题，请与出版社联系调换：010－63077101

目　录

第二部分　国际反恐斗争中的政策工具

打击国际恐怖主义的战争牵涉到心理方面。实际上，随着时间流逝，有一点变得更加明确：鉴于将美国的军力投放至伊斯兰世界面临政治和行动上的限制，敌人的特性又难以捉摸，最终结果或许会证明，在这样一场战争中，军事力量发挥的作用远没有许多人最初想象的那么重要。

对外援助现在被视为美国国家安全战略中必不可少的一环：小布什政府 2002 年 9 月正式将它引入国家安全战略中，公众越来越支持提高援助水平。但绝大多数人在宣称最近开始支持增加对外援助时，他们忽视了贫困和恐怖主义之间因果关系的缺失。

各种研究和分析给出的最常见建议是，有必要制定一个国家反恐战略或国土防御战略。吉尔摩委员会在其第二份报告《朝打击恐怖主义的国家战略努力》——发表于“9·11”事件前——中强调，有必要制定一项国家战略，“从‘最终状态’的角度来表述战备目标”，而这种最终状态是该计划应力争达到的。

前言

自冷战结束后，越来越多的学者和观察人士便警告说，西方世界遇到的下一个挑战并不是来自另一个国家弥赛亚式*的愿景，而是来自恐怖分子，随着他们得到的武器越发具有毁灭性，他们的威胁也愈演愈烈。人们也许没有预言到2001年9月11日发生的特定袭击，但是不少人士是了解这一威胁的，虽然他们表示过自己的担心，但这些警告被淹没在20世纪90年代的喧嚣中。但这些喧嚣在2001年9月11日消散了。取而代之的是对这些风险的清晰认识和打倒对袭击负责的恐怖组织的近乎全球性的共识。

本书起初计划作为《国家安全问题研究季刊》的组稿。最初的目的是调查这些袭击会如何影响美国国家安全部门从预算到计划的方方面面。然而，随着数月来讨论的推进，我们的关注开始集中在美国反恐演练和综合、多层次看待由美国发起并领导的在全球根除恐怖主义组织的必要性。因此，我们没有推出一系列组稿，而是决定编辑一本书，全面考察美国及其盟国在反恐战争中面对的挑战，这对学界、政府和公众读者更有价值。

向国际恐怖主义宣战的艰巨性无论怎样夸张都不为过。作为一个社会，我们面对的是一个原本就适应能力极强、极有耐心的对手。我们面临着骇人的军事、政治、经济、金融和外交挑战。而我们一直对敌人及其生存环境充满错误的假设。在本书中，我们将更准确地展示我们所面临的挑战、所能应对的办法，以及在反击国际恐怖主义中最有希望成功的道路的边界——这是一条漫长而艰辛的道路。

* messianic，希伯来语，指受上帝指派，来拯救世人的救主。——编注

这一项目是无数个人辛勤付出和支持的结晶。我们尤其感谢乔治敦大学和平与安全研究中心主任麦克·布朗对此的不懈支持。感谢中心慷慨的财政支持使我们能够汇聚一批杰出的学者撰写本书的各个章节。林赛·克拉特巴克、玛莎·克伦肖、帕特里克·克罗宁、丹尼尔·古尔、蒂莫西·霍伊特、卡恩斯·洛德、保罗·皮勒、戴维·拉波波特、亚当·罗伯茨和麦克·希恩不但撰写了各个章节，而且为令整个项目组受益的学术进程贡献良多。需要说明的是，各撰稿人可能不尽同意书中的所有观点。

我们也要特别感谢理查德·布朗，他是乔治敦大学出版社的负责人。尽管我们两名编辑较为散漫，但在一次次的研讨会、问题、延误中，他们的认真、耐心、敬业精神和对这一项目的奉献结出了最后的成果。我们与出版社的合作很愉快，对他们充满感激。

此外，另外几位人士也在该项目的各个阶段给予了关键支持，他们是克里斯蒂娜·泽克曼·布朗、伯纳德·菲内尔、克里斯廷·麦克唐纳和埃琳·鲁森。研究工作中提供关键支持的人士包括克里斯托弗·康奈尔、萨拉·斯卡希尔和威廉·乔赛格。我们对上述所有人员都表示感谢。书中一切谬误均为我们两位编辑的责任。

本书成书的工作中充满对 2001 年“9·11”袭击事件的回忆。我们希望随着这天日渐遥远，我们在应对国际恐怖主义挑战时能够认识到这一任务的复杂性，并拥有制胜的长远眼光。

序言：应对和管控威胁

奥德丽·库尔思·克罗宁（Audrey Kurth Cronin）

本书的编纂是慎重思考美国长期战略后的结果——即如何开展一个很可能持续到21世纪的运动。这不是有关战胜“基地”组织短期战术的天真之作或罔顾历史的长篇大论。国际恐怖主义是一项长期的挑战，并不会在一场“战争”中被击败。恐怖主义目前不是（过去曾是）类似盗版或犯罪行为的边缘问题，在实际和比喻意义上注定徘徊在全球问题的外围。经过至少十余年的演变，恐怖主义已经对国际安全构成核心威胁，如果要进行有效应对，我们就必须调整落伍的思维和做法。

美国人并没有自然而然地作好应对这类威胁的准备。关于恐怖主义的公众讨论充满了流行观点，而这些观点并不是基于对恐怖主义的由来、历史、发展模式、战略和对付恐怖主义的有效政策工具的理解。我们美国人天生是一个急躁的民族，喜欢抱怨，不能容忍风险，惯于“搞定”问题，以高科技击败敌人，以摩尼教*特有的字眼界定威胁并通过武力应对威胁。我们愿意这样想：我们的挑战是空前的，我们的解决方案则既新颖又独特。另一方面，面对恐怖主义的威胁，我们不仅需要关注一心想杀美国人的一小批极端主义者，也要容忍微妙的差别，抱有镇定的态度和长远的眼光，理解过去犯下的错误，并接受更大的挑战。这不是失败者的思维或者“绥靖”政策，而是认识到世界在发展变化，而美国也必须作出相应调整，管控威胁并把威胁降至最低。

苏联解体后的那几年，美国感觉良好，洋洋自得，自认为是世界头号大国，实

---

* 摩尼教是公元3世纪在巴比伦兴起的世界性宗教，主张善恶二元论，认为宇宙充满善与恶、光明与黑暗的斗争。——编注

力空前雄厚。然而，意外的威胁打击了美国——这一威胁借着不对称的权力表现而愈演愈烈。因此，国家的战略问题辩论必须偏离影响军事“革命”、讨论全球化对安全的理论影响、决定人道主义干预标准、研究良性跨国行为者日益增长的影响以及评估未来几十年美国被其他崛起大国追赶的可能性等议题。虽然这些事情仍然重要，但是与“9·11”事件前相比，它们的优先顺序排后了。美国目前面临着更紧迫的长期威胁。如果美国政府想继续维持与美国人民的隐性契约，就必须有效应对威胁。恐怖主义成为前所未有的威胁，不仅因为它是一个受宗教启发的激进思想，还因为它可以利用前所未有的技术和渠道传播这种思想。它的危险还在于我们没有很好地理解国际恐怖主义，如果应对不当，那么恐怖主义和反恐主义的互动关系更有可能引发另一起灾难性攻击或一场大型系统性常规战争。

美国及其盟国在这一行动上已经取得了相当的进展，然而从被抓获的恐怖主义分子那儿了解到的情况和在阿富汗收集的情报让我们可以确定，未来还会有更多严重的恐怖袭击事件。自“森蚺行动”旨在把“基地”组织从其山区藏身处剿灭后以来，恐怖主义威胁有所演化，但并未消失。恐怖主义组织更加分散，但仍构成威胁。至撰稿时，印度尼西亚、肯尼亚、科威特、巴基斯坦、沙特阿拉伯、摩洛哥等地相继发生过恐怖袭击。还有不少恐怖主义图谋被挫败了。从恐怖分子行为模式来看，未来显然还会有更多成功或未遂的恐怖袭击，包括发生在美国本土的恐怖袭击。有证据表明，“基地”组织已成为分散、分权的组织，对各分支间的直接控制减少，但是与其他组织的联系更多，而且更能凝聚此前疏远的一些组织。尤其鉴于反美主义高涨、伊斯兰国家广泛支持“基地”组织的清晰事实，这一问题不会在近期消失。简单抛开历史、文化背景，在对待恐怖主义威胁时缺乏战略只会增强他们的实力，同时进一步破坏西方国家的安全稳定。

本书所面向的是所有要应对威胁到美国、欧洲，以及全世界无辜平民生命安全挑战的人士。本书目的是扩大和深化关于美国和盟国如何在21世纪应对恐怖主义威胁的辩论。这一论文集的撰稿人几乎都是经验丰富的国际恐怖主义研究学者或反恐人员，不是“9·11”事件后突然把恐怖主义视为安全威胁的新晋“专家”。本书各章是该领域几十年来学术和实践经验的总结，融入了大量书籍、文章和分析不断演变的全球化恐怖主义威胁的智慧。

定义恐怖主义

任何针对普通读者的恐怖主义专著都免不了在开篇澄清概念。恐怖主义很难界定，部分原因是这个词已经演化，部分原因是它已经与主观活动密切相连。一般来说，恐怖事件的目标不是在袭击中遇害或受伤的受害者，而是各国政府、公众或选民，恐怖分子希望能在这些人群中产生反应——如恐惧、憎恶、胆怯、过激或极端化的反应等。恐怖主义研究领域的著名专家努力在几十页的篇幅中对恐怖主义作出无懈可击的定义——最终却发现这些努力是徒劳的：恐怖主义本就是见仁见智的问题，因此不同的观察者也有不同的意见。

虽然人们可以对某种特定行为是否构成恐怖主义各持己见，但恐怖主义这一概念在某些方面是根本性的。第一，恐怖主义具有政治性质。它以激进、暴力的行动促成政治变革。从根本上说，恐怖主义是为了伸张正义——或者至少是某些人所认为的正义，无论这种正义是来自凡人或是神圣。第二，尽管其他许多暴力行为的本质也是政治性的，如国家之间的常规战争，但恐怖主义的独特之处在于它是没有国家性的——即使恐怖分子接受某国对其军事、政治、经济和其他手段的支持。这并不是为支持恐怖组织的国家寻找借口。但人们不难认清支持和主导作用的区别。国家显然会使用各种武力手段达到政治目的。当国家在国际上使用武力时，这被认为是种战争行为；当国家在国内使用武力时则有多种说法，包括执法、国家恐怖主义、压迫或内战等。尽管国家会实施恐怖统治，但根据定义国家不可能是恐怖分子。第三，恐怖主义蓄意针对无辜民众——这也有别于国家使用武力无意中杀死无辜旁观者的情况。任何国家使用武力的行为都会被视为有正当理由；然而，这同样是区别于恐怖主义的。因此，精确制导导弹偏离轨道、杀害无辜平民是使用武力不当，而不是恐怖主义。最后，国家使用武力将国际规范和公约的约束，国家可能会征引或至少咨询有关条例。恐怖分子则不遵守国际法律和规范，为了把恐怖袭击的心理效应最大化，他们故意把恐怖活动搞得出其不意。

因此，恐怖主义事件至少包含以下要素：政治性，出其不意使用暴力，目标似乎随机，是非政府行为者对无辜民众的攻击。最近发生的恐怖主义事件都体现了这些属性，如“基地”组织 1998 年轰炸肯尼亚和坦桑尼亚的美国大使馆和“9·11”

事件等多起袭击以及菲律宾的阿布沙耶夫组织绑架游客等。本书为方便起见，对恐怖主义的定义缩略（显然不尽完美）如下：出于政治目的，非国家行为者意外对无辜者看似随意地威胁或使用暴力的做法。

本书的组织架构

本书分为两个主要部分。第一部分“恐怖主义的本质”概述了当前的反恐活动及其基础，把反恐活动置于此前恐怖主义威胁和对策的政治历史背景下分析。了解恐怖主义的缘由和历史以及反恐战略是重要的知识起点。第二部分“国际反恐斗争中的政策工具”考察了打击恐怖主义有效战略所需的政策工具范畴。其中分析了目前所应用的政策工具——包括外交、情报、心理政治、国际法、刑事执法、军事力量、对外援助和国土安全等。撰稿人也就如何改善这些措施的效用提出了建议。这两部分共同描绘了打击国际恐怖主义运动挑战和机遇的全貌。最后一章总结了以往的理论与实践，共同指导我们的未来。

恐怖主义的本质

没有对恐怖主义缘由的准确分析，有效反恐无从谈起。因此本书由此开始。第1章是有关恐怖主义起源问题的洞见，考查了解释的范围并揭示了阻碍人们探求原因的偏见。它用常见的方法把该领域划为四个层面：个人、组织、国家和国际体系——解释恐怖主义研究的主要领域和每一层面的重要结论。目的是温习我们对恐怖主义根源的了解，也说明了不同学科、不同观点间难以协调的程度。

不同的知识框架对该领域作出了划分。常见流行观点和学术解释主要从一个分析性框架着眼，其他三个一带而过。关于恐怖主义起源的问题便难以分析，但是如果缺乏全面的框架，其结果可能是迷思、误解和政治化的观点。第1章说明，全面了解有关恐怖主义起源的理念和观点会丰富学者和决策者的思路。这一章还重点阐述了扭曲其选择的疏漏或简单化意见。这一章旨在为本书其余部分交叉学科的学术和政策章节奠定知识基础。

第2章把当前的反恐行动置于更广泛的历史背景中审视。戴维·拉波波特对现代国际恐怖主义进行了自主分类，客观评价了“9·11”事件和“基地”组织的潜在威胁。他对各理念、文化、期望和政治巨变之间关系的考察为人们了解恐怖暴力行为打开了新思路——在这些悲剧事件发生后，这些思路似乎是格外可贵的。拉波波特把国际恐怖主义分为四次风潮，继而让读者获悉近年恐怖主义更大格局的洞见。恐怖主义就是为了给人们造成冲击，但是这种冲击往往被人遗忘，令观察人士更倾向于把独立的恐怖主义事件作为特例。拉波波特表明，现代恐怖主义的历史不仅揭示了恐怖组织间在后勤和资源间的联系，在理念上也有传承。

拉波波特认为，现代恐怖主义风潮最初是在19世纪末的无政府主义运动下产生的，随后是20世纪20年代的反殖民运动，最终是20世纪60年代“新左派”的激进理念。拉波波特提出，我们正在见证的是一种新的凝聚运动：“第四波浪潮”，这是随1979年伊朗革命而开始的。如果这种分析是准确的，那么了解此前现代恐怖主义运动的生命周期、弱点和挑战会令管控这种威胁的战略更加有效——这也便是我们第2章的主题。

然而，不懈全面的反恐战略能算是一个现实目标吗？玛莎·克伦肖在第3章中试图探索这个问题。纵观美国反恐历史，其特点是零敲碎打的反击回应，往往缺乏全面理性的分析。虽然至少自20世纪90年代以来恐怖主义就已经严重威胁到美国，但克伦肖指出，安全研究、国际关系和外交政策专家——那些在过去十年间辩论“大战略”的人——并没有表现出兴趣。“9·11”事件发生时，大多数专家仍把这一悲剧作为他们“大战略”中先行观点的证实。克伦肖认为，那时候恐怖主义不像威胁那样重要，也不是抽象理论或建模分析的对象，成为广大安全研究专家的课题受到政策指引的影响太大。

另一方面，各学科背景的恐怖主义专家也没有把恐怖主义作为一个战略性的问题。除那些专注于考察化学、生物、核能或放射性武器（“9·11”事件全然没有涉及）威胁的专家，大多数人认为个案的独特性是概括恐怖主义战略的障碍。这种观点不利于作为实质性辩论的基础，而美国在“9·11”事件后迫切需要关于战略、大战略以及打击恐怖主义政策的实质性辩论。

克伦肖认为，当前打击国际恐怖主义的运动是美国的战略，而且发现它有许多不足。在这场运动中，以消灭“全球性的恐怖主义”作为该运动目标和策略之间的关系是不明确的。

克伦肖指出，这恐怕不太可能衡量成功；无论任何战略，这样的目标都太宏大了。此外，传统的现实主义者专注的是以国家为中心争雄的世界，这种观点虽然轻松、熟悉，但并不是处理与非国家参与者关系的前瞻性方式。由于学术界和决策者都愿意固守先见，克伦肖敦促全面重估美国打击国际恐怖主义的大战略、战略和政策。

对恐怖主义的回应

克伦肖制定更有效美国大战略的观点自然会让人们审核国际反恐运动的关键政策工具——这是本书第二部分的目的。第二部分的第 1 章（即全书第 4 章）是麦克·希恩对外交反恐工具的考察——本书认为这是首要的反恐工具，但在遭遇重大袭击后从未作为优先选择。希恩认为，外交是使用所有可用的外交政策手段来影响关键国家——无论敌友——拒绝向恐怖分子提供活动和政治空间。这些重要措施包括在情报、执法、军事力量等领域的双边、区域性和国际性合作。

希恩认为，如果不确保其他国家打击恐怖主义的政治意愿和实际资源，美国是不能独自战胜“基地”组织的国际网络的。恐怖主义是在人们意想不到“领域”里的投机威胁——这些领域包括地理、政治、战术甚至时间计数。美国不能时时处处都在一线。希恩提出了全面、长期外交反恐战略的具体政策建议以抵御威胁，包括增加在执法援助的经费、有针对性地对恐怖活动高发区提供经济援助、并与我们的国际盟友开展更广泛的合作——希恩把国际盟友的合作称为“必需品，而非奢侈品”。

情报——往往是双边反恐外交政策的关键因素——也是反恐运动中人们最常提及的政策手段之一。第 5 章中，保罗·皮勒精辟地论证了美国情报部门继往开来发挥的作用。皮勒首先指出，要从现实主义出发理解情报的作用和局限。例如，情报可以提供有关组织的信息、干扰特定手机，或对一般威胁发出警告；然而，即使最精良的情报人员也难能就即将发生、仅有几人知道的袭击事件提供具体的信息。皮勒认为，正如在某些领域情报的作用被夸大一样，反恐情报的作用在其他领域受到了低估。情报机构在协助外交、特定袭击发生后确认责任方、军事瞄准和巩固执法等领域发挥着至关重要的作用。不了解情报的适当作用也许会遗憾地误用这一关键工具。

有时，情报分析是帮助信息的消费者了解可知和不可知的情况。这幅图景并不美丽，但有时这就是现实。仍在恐怖主义分子头脑中修订、没有与他人沟通的计划仅靠情报人员是无法发现的。皮勒提出，要确认情报在哪些方面可以真正作为反恐的“第一道防线”，在哪些方面又需与其他必要的配合性政策工具一同考虑。

像其他类似政策工具一样，美国情报机构必须依靠民主大众的国内支持，包括政治和财政支持，但这些在后冷战时期曾踟蹰不前。此外，公众的支持对促进情报机构在国内外的效率至关重要。皮勒在结语时有力地论述说，美国应把重心从对下一次恐怖袭击游移的关注转为更成熟、长期性地推动反恐情报工作。

恐怖主义是否是犯罪还是战争行为的争论可谓老调重弹，这从根本上说也是人为决定的：当然，恐怖主义既是犯罪也是战争行为，反恐行动必须既包括执法也包括军事手段，视具体情况而定。尽管如此，人们常常难以在论坛上看到执法专家（通常是警务人员或犯罪学、社会学或法律学者）与军事专家（通常是军事人员或安全研究、国际关系、政治科学或军事史学者）讨论反恐事务。同样具有难度的是汇集有关反恐研究迥异的观点、文化、人脉关系、偏见和研究机构。因此，富有成效的对话（更不用说共识）很难实现。大多数的恐怖主义研究或是强调执法或是强调军事力量，两方的拥护者各持己见，有时甚至会把辩论变成神学的论战（因此也难怪决策者往往没法更好地整合这些观点）。

本书收集了分别来自两个背景的反恐专家的论述，他们都了解面向执法和军事力量的政策工具之间的相互关系。林赛·克拉特巴克就执法工具论述的一章首先回顾了两个概念模型——“刑事司法模式”和“战争模式”——并分别对支持的观点进行了批判。克拉特巴克的结论认为，全面反恐不可能完全基于一种或另一种方法。这些方法处在潜在行动的极端，其间有许多可能整合的领域。他认为，只要法治为战略提供支持，国家就应该以最广泛和最灵活的方法整合政策工具，鼓励警察、军队和情报机构等组织想方设法为了共同的目标进行合作。

作为这种方法见效的具体实例，克拉特巴克解释了英国自20世纪70年代反恐政策的演变。刑事司法系统是英国反恐战略的核心，警方、情报机构和军方密切合作。他认为，英国在北爱尔兰的经验表明，仅依靠军方只能短暂解决问题。军方过度参与会导致人们的怨恨和疏离，继而产生新一批恐怖分子。克拉特巴克写道，“首先，长期来看，法治制度是所有反恐工作的唯一成功基础。”

克拉特巴克的结论与美国国内关于国土安全组织、重建伊拉克和反恐优先事项的辩论有关。尤其是克拉特巴克描述了欧盟成员国间警方合作30年来的演进。这一合作为“9·11”事件之后制定区域间和国际执法提供了丰富翔实的经验教训——而区域间和国际执法合作也正是麦克·希恩所撰写的外交一章的重要建议之一。

作为克拉特巴克所写章节的对应，蒂莫西·霍伊特有关军事武力的章节坚定地支持在“9·11”事件发生后的反恐新模式，尤其是美国使用军事力量打击恐怖分子。霍伊特着意在分析中强调了“反恐战争”的概念，他论述说，在后“9·11”时代，美国破除了使用武力的许多传统限制，无疑表明美国是在参与一场战争。作为对美国使用武力打击恐怖主义历史的回顾，霍伊特通过三个事件——1986年埃尔多拉多峡谷打击利比亚，1993年刺杀老布什的计划失败后美国用巡航导弹袭击伊拉克报复，以及1998年用巡航导弹打击阿富汗和苏丹——解释了法律和政治方面对这类攻击的常规限制。这些先例常被恐怖主义研究学者作为军事力量（最多）有限效用的印证，但霍伊特辩解说，这些先例的意义现已今非昔比。在美国当前的政治气候下，一方面新范式在使用军事报复、先发制人和推翻政权行动上有更强的合法性，另一方面人们对反恐回应和高风险行动是否恰当的担心也有所减少。这是一个新的时代。

然而，霍伊特认为，这种新的模式并不意味着凭借军事力量打击恐怖主义易如反掌。首先，针对常规战争建设的军事部队并不适用于打击恐怖主义。霍伊特引用卡尔·冯·克劳塞维茨和孙子的经典战略理念，从理论上分析了参与这种类型“战争”的优势和劣势。最重要的是，恐怖分子打击的是敌人的政治意愿。他们的军事力量可能是相当有限的，但他们却对时间和空间的维度掌握着控制权——也就是说，他们保持着主动权，而且往往不存在固定的目标。他们只是在技术层面和战术层面参与战争，而避免在现代军事的焦点——实战层面参战。因此，用霍伊特的话说，他们“难以发现、难以解决、难以摧毁，而且没有军事重心”。

因此，即使在“9·11”袭击后美国政府已经有了强大的政治授权，但调度精锐的现代美国军队仍面对着可观的困难。表面上成功打击塔利班的行动——本质上是一个固定的目标——可能不是未来反恐行动的典型模式。最终，一如克拉特巴克对执法所作的论述，霍伊特总结说，美国军方必须不仅要在各军队分支间合作（这经常已经够困难了），还应与所有其他与反恐相关的美国机构和国际盟友合作。只有通过这种方式美国才能打造出对“基地”组织真正的战略回击。

当今世界，国家使用军事力量时有义务遵守国际法律公约和道德准则。当目标是恐怖分子时，这是极其困难的。亚当·罗伯茨在关于恐怖主义和国际法的一章中剖析了参与当前反恐活动各方的行为，以及法律在多大程度上能够适用于这种非典型暴力的状态。恐怖袭击在和平时期频繁发生。正如罗伯茨所指出的，这种攻击也必须根据相关的国家法律和国际条约评定。尤其是在考虑如何以最适当的方式保持回击合法性时，与战争相关的法律对当前的反恐行动是至关重要的。

罗伯茨简要地描述了与战争相关的法律，包括他们的历史基础、应用、立法要素和原则。然后讨论了法律用于反恐活动的历史及遵守法律遇到的特别问题。例如，因为恐怖袭击以无辜平民为目标，恐怖组织集团成员很少是明显区别于平民的固定军事力量，因而在反击中要确定非实战恐怖分子是非常困难的。还有一个问题是，如果要求参战一方遵守本国的战争法但其他各方不遵守法规，那么这会令目标平民和政府受到不公平的束缚。此外，一些分析人士还担心，国际法可能被误用作对恐怖分子一定程度的认可，是把恐怖分子置于和其他相关国家同等的法律层面。

与恐怖主义相关的战争法律漏洞百出，部分原因是因为这些法律本是为了应对传统战争的，但也是因为恐怖袭击总是违反法律，因而人们在报复时也没有什么意愿遵守这些法律。突袭给人们情感的冲击是很强烈的。一边性的惩罚性措施是可以理解的反应，但随着时间推移这种惩罚性措施会削弱国家的战略目标，因为这侵蚀了反恐国家行动的合法性，同时也促使双方道德等价。恐怖袭击把大众作为目标，因而反恐行动也要考虑到大众。

如果恐怖主义是一场缘起不公正的斗争，那么恐怖主义的目标国家最不应当做的事便是在反击时也屡屡出现不公平的做法。这不是理论的学术争论而是务实的战略政策。罗伯茨承认，温和地修缮法律可能是必要的——例如，关于选择对象、自杀性人体炸弹和对拘留人员的处理和分类等。虽然跨国打击恐怖主义的军事行动面临一些法律问题，但罗伯茨的阐述表明，为了反恐事业的长期胜利，应尽可能在战争法范畴内反恐。

可以说，恐怖主义的主观性丝毫不亚于客观性。恐怖袭击的要义是对受众产生影响，因此反恐运动唯一合理的方式也是以其人之道还治其人之身。卡恩斯·洛德探讨这一主题的章节首先解释了针对国际恐怖主义心理因素的诸多工具，如公共外交、政治行动、心理干预和隐秘政治行动等。洛德认为，要有效打击当前的国际恐怖主义，美国和它的盟友必须把伊斯兰激进分子（这类伊斯兰分子人数相对较少，他们以杀人雪恨）从更广泛的温和伊斯兰民众中区分出来。洛德指出，如果不打击“基地”组织和成员的共同目标，军事行动是无法打倒这类恐怖主义的。扭曲的价值理念会吸引更多恐怖分子，挑起更多袭击。

洛德认为，遗憾的是，就目前情况看，美国和盟友要从阿拉伯世界翻身十分艰难。这一困境部分是因为美国的政策被认作对巴勒斯坦人不利、旨在统治中东地区。美军在海湾地区扩大驻军、参与伊拉克战争也强化了这种印象。洛德在书中写到，至少，美国没有很好地解释自己的政策，而没有好好利用心理政治学这一因素也难辞其咎。

冷战之后，美国在国外塑造积极形象的工作尤其不顺利，很大程度上任由他人解读其政策。在赢得了冷战的长期思想战后，美国先是迟钝、随即迅速察觉到新冲突的存在，这不是多种文明间的冲突，而只是其中一个——伊斯兰世界的冲突。小布什政府改变局面的勉强努力没有成功，而且这些工作做得太少、太迟了。雪上加霜的是美国国内反感任何所谓的“宣传”或误导，甚至波及用于实现战争战略目标的信息传播——这是非常不成熟的态度。无论在国内外，如果不以有效措施控制舆论，任何事业都无法成功。

美国无论在广泛的伊斯兰世界还是特别在阿拉伯地区都没有成功塑造什么正面形象。洛德认为，最终的补救办法是重新制定我们在该地区的战略，努力与温和的伊斯兰代言人建立更密切的联系，直接解决实质性的宗教问题，反击对美国社会的误解。美国政府也必须更好地解释美国政策的理由，更努力地了解并意识到他们的影响。洛德的结论是，要通过提供具体的建议，反击激进的思想，反对传播极端理念的组织并从公众教育中清除暴力“伊斯兰主义”元素。

对恐怖主义滋生的环境发挥长期影响也是美国发展政策的一个目标。帕特里克·克罗宁在他讨论外国援助的章节中写到，外国援助对打击恐怖主义的作用是复杂而有争议的；如果不了解把永远有限的资源用于应对全球多种问题的必要性，便无法理解外国援助的意义。在美国，自冷战后的趋势是避免把外国援助作为重点。20 世纪 90 年代，即使当时有不少值得援助的事业——早在美国向恐怖主义宣战之前，美国对外援助支出就在不断下降。外援政策在各主题间游移（艾滋病的流行、倡导民主、性别歧视等），任务增加了但财源没有增加。克罗宁有力地阐述到，应当设立明确的优先次序，避免在踏上引人注目的反恐新征途时努力维系其他项目时遭受失望。

这个角度并不新颖。美国把外援作为安全工具由来已久——从马歇尔计划到里根政府都增加了对拉丁美洲的援助。外国援助的作用有所演化，而这一演化轨迹仍在影响所有外国援助的效用。自 20 世纪中叶起，美国已经从支持当地政府、促进经济发展转化为支持愿意拥护美国政策的政权。不仅如此，克罗宁还指出，与来自私有部门的财源相比，国家对发展中国家援助的总体重要性有大幅下降。在经济全球化的今天，这一趋势削弱了国家政策相对于其他手段的影响力。关于外国援助对反恐战争作用的陈词滥调随着人们意识到美国对长期外国援助项目没有重点、几乎没有国内政治连续性而大打折扣。

美国和盟国的对外援助项目可以为打击恐怖主义做些什么？短期来看，除了议程设定和表明更愿意致力于在阿拉伯和伊斯兰世界的发展外，它们做不了什么。然而，综合的反恐战略必须要面向未来。克罗宁指出，外国援助可以支持温和机构，并加强社区建设，为人们宣泄沮丧和愤怒情绪提供了暴力方式以外的途径。虽然投资对外援助很难对既定的恐怖组织产生任何影响，但可以削减在恐怖组织招募成员或汇集资源的地区对这些组织的支持。这类项目也可以加强各国政府的反恐能力，否则它们没有监督边境以及搜集当地情报资源的能力。恐怖主义与贫困、人口、教育和性别平等变量之间的关系极其复杂。然而，长期来看，打击恐怖主义的有效战略不仅需要直面其相关成因，还要解决政治疏离和愤怒等促进恐怖主义集团愈演愈烈的根本原因。向特定国家和社区提供知识、正义和经济机会可以塑造美国的良好形象，在改善治理的背景下加强温和机构与领导人的力量，并切断恐怖组织在极端、失败国家轻易招兵买马的途径。

遗憾的是，在反恐运动中以外国援助为战略总是充斥着矛盾。如果在真空状态下，力争反恐是对外援助的关键优先项不难，但此外还有许多其他有意义、竞争性的优先事项。美国政府应该如何选择呢？更重要的是，谁能有必要的政治勇气，告停在某些领域的开支，把我们的财力集中在其他方面呢？这些都是棘手的问题。例如，我们应该投资多少用于救灾和人道主义援助，又该投资多少支持恐怖分子可能会兴风作浪的失败国家？如果对该国反恐事业的支持侵犯了其公民人权会怎样？在什么情况下，国际社会应当对故意乱用援助的国家切断支持，将其投入更值得援助的国家？在外援中，反恐胜过其他所有关切吗？在主要的伊斯兰国家，民主改革与经济增长之间的适当平衡是什么？事实的真相是，人们很少作出这种取舍，结果便是战后美国外援令人失望的成绩单。分析外国援助在反恐行动中作用的同时，克罗宁呼吁人们更现实地权衡这一工具，把外援的长期效用最大化。

对恐怖主义政策回应这一部分的最后一章节讨论了本土安全面临的同样复杂的挑战。丹尼尔·古尔围绕防御恐怖组织袭击美国本土的战略问题，剖析了关于确保美国国内安全的陈词滥调。残酷的现实是，目前没有任何办法可以保护美国不受恐怖主义袭击，尤其是在这样的全球化时代，人们有无数方法可以打入一个国家，而且这种方法还在不断增多。这不是建议人们放弃作出明智选择、提高应战能力。但美国政府（无论是行政机构还是立法机构）都必须抵制主要从情感、从短视的政治出发而制定的政策。也许在反恐的各个领域中，在加强本土安全方面需要在国内政治、财政和道德伦理上作出更艰难的取舍。本土安全标准本身就很可能改变他们试图保护的安全资产的本质。

古尔强调了把传统分析技术用于研发本土安全战略的困难。这不仅是为了一个预先设定的目标而应用特定手段处理已知威胁。我们必须先探究根本的假设。我们如何确切定义威胁？专家们对主要问题各执己见——例如，灾难性恐怖事件的威胁和其他种类恐怖袭击的相对重要性。我们应当依据袭击发生的可能性，还是依据其潜在影响评级呢？本土安全战略能解决所有威胁吗？所有这些投入是否值得“安全”方面的那些边际收益？对威胁的定义和对风险程度的分析是典型的出发点。但是在讨论恐怖分子袭击美国本土时人们或是对此避而不谈，或是对此争论不休。如果没有更专注、更全面的观点评估威胁，决策者难免会基于最糟情况同时调集所有资源。

古尔认为，目前我们在国土安全方面没有明确的、可衡量的战略目标。“减少漏洞”以及“把损失最小化，恢复力量”等政治上说得通的表达最终是主观性的，几乎毫无意义。与什么相比减少或最小化？如果没有明确的国土安全“最终结果”，便无法比照克劳塞维茨式的战争目的和手段。古尔还注意到，即使掏空国库也无法增进安全。

同样，威慑等传统概念也对本土安全的意义有限。让对手负担难以接受的成本这种战略在这种情况下也并不适用；眼下的目标是避免恐怖分子得手目标——这些目标有无数个，而且无法预知。在理论上，恐怖分子头目和恐怖组织是可以震慑的，因为他们的个人存亡和组织存亡都会留下弱点。但在更广泛的意义上，如果某些恐怖分子造成破坏的目标纯粹是为了其冲击效应，那么大多数冷战时期战略理论动态化、相互性的本质是不适用的。古尔认为，现有的战略制定模式不足以指导国土安全工作。

目前美国制订国土安全计划时把策略和方法置于战略目标之前。古尔回顾了屏障系统和运输安全、入侵监测和后果管理等战略优先项，得出的结论是合理配置、协调不同的方案是不可能的。如果没有对全局的理解，是无法在配置国内安全项目资源时作出优化选择的。古尔说，保护国土安全的方案只有作为消灭更广泛威胁的反恐大战略的一部分，与本书讨论的其他政策工具协同，才会有意义。在反恐行动中，衡量国内防御措施的最佳标准是相对海外进攻进行评测，包括隐蔽行动、针对大规模毁灭性武器先发制人的措施和结交盟友取缔国际恐怖主义的长期政治战略。

这一评估从逻辑上把我们带回到本书下半部分的起始——强调广泛协调政策工具在21世纪打击国际恐怖主义的行动中是至关重要的。国际恐怖主义并不是从2001年9月11日才开始严重威胁美国及其盟友的，虽然人们对国际恐怖主义的普遍认识和长期应对恐怖主义的政治资本积累是从此开始的。美国在应对轰动性大事件时调整宏观战略目标由来已久。在一个民主国家，最伟大的天才、最具预见性的预测和最具前瞻性的计划本身并不能生成有效的长期战略，因为如果没有人们对威胁的普遍认识，实施战略的政治意愿会很快消散。因此，就发生在2001年9月11

日的悲剧相互指责和寻找替罪羊是在浪费时间。美国早已需要改变对恐怖主义的处理方式；可悲的是，现在我们是有能力作出改变的。随着打击国际恐怖主义运动的展开，美国正在进行至关重要的、前瞻性的战略再评估，本书希望能为此尽一份力量。

第一部分

恐怖主义的本质

第 1 章　现代恐怖主义的根源

奥德丽·库尔思·克罗宁（Audrey Kurth Cronin）

2001 年 9 月 11 日的灾难发生后，各方学者、政策制定者、时事评论员及专家都在探索针对美国的恐怖袭击的根源。这些评论的共同主题都是对恐怖袭击动机的震惊，对产生这种恐怖行径条件的猜疑和对纠正错误方法的模糊推断。在恐怖袭击的背景下，人们希望寻根究底是可以理解的，尤其是在美国及其盟友试图制定长期反恐策略的情况下。虽然“基地”组织的破坏程度是前所未有的，但其实这些问题并不是新出现的，人们为了解恐怖的根源作出过很多努力，对当前危机本质的认识也积累了重要经验。

在本章我通过对个人、组织、国家、国际体系四个层面现象的观察来解读跨国恐怖主义的根源。这四种分析性“视角”清晰连贯地呈现了现实中纷繁复杂、互相交织的各个因素。有很多通俗或学术的解释侧重于其中一种分析框架，而忽略了其他三种，实际上想要解读恐怖主义的根源需要同时考虑这四个层面。人类的思考是有结构和顺序的（虽然有时并不自知），因此在本章中我通过这种启发的方式突出了隐含的假设信息、展现某些解读的局限性并促进形成一种更加综合的方法。

大多数人知道恐怖主义形成的原因是很复杂的，也没有一个可变因素会必然导致恐怖行动的发生，但是几乎没有人意识到，知识框架会在多大程度上影响绝大部分的分析。恐怖主义是对多个学科的挑战：对恐怖主义根源的研究需要具备多领域知识转换的能力，包括犯罪学、比较政治学、经济学、历史、国际关系、心理学、社会学、神学及其他交叉学科。而且这不仅仅是学科之间差异的问题，在某个层面评估要素时也会受到思想偏见的影响。引入这些分析框架展示出政治界及学术界未能有效沟通的领域，这不仅不利于政界和学界，也不利于 21 世纪长期的国际反恐行动。

根据对学术著作的思考探究，我通过四个层面分析了当今美国及其盟友面临的威胁，同时本书第二部分提供了与有效应用反恐政策手段相关的认识。虽然我未能提供全面的研究综述，但是我尝试解释如下事实，即有关恐怖主义现有文献资源的各方观点是如何打开政策制定者的眼界、突出其监管职责，抑或是在某些情况下过度简化问题以至于歪曲事实、影响选择的。我还列举了一系列关于恐怖主义成因错误、片面的推论，这些因素通常都会影响政策的制定，而它们其实应当增加反恐成功的可能性。如果不对恐怖主义的根源进行全面正确的分析，有效反恐是无从谈起的。

背景：恐怖主义的根源剖析

低估反恐事业的难度是错误的。虽然关于诸如政治暴力的研究屡见笔端，但是对于恐怖主义的成因还没有定论。这种情况是由很多因素导致的。

首先，控制大部分变量而后从中分离、研究其中少数变量在现实中是无法做到的，导致恐怖主义的假定因素不但数量众多，且随时间推移不断变化——恐怖主义至少在某种程度上是在特定的政治、经济、历史条件下潜在存在，并且是对特定政治、经济、历史条件的反应。虽然分别考察这些背景十分有益，通过个案研究的收获颇丰，但是其实特定的国内国际环境难以复制，而且在其他情况下这些环境因素是否与恐怖主义相关也不得而知。虽然这种论调在圈内是少数派，但确有一些研究者论证说恐怖主义的成因是无法概括的。只要研究人员不把个案研究的结果过于简化、不分情况一概加以应用，研究恐怖主义形成的背景就是十分有益的。

其次，仅仅探讨恐怖主义形成的条件只是讨论等式的一边。恐怖主义不完全是对外部环境的反应，它还是政治分子战略决策的结果。人类并非实验室的小白鼠，能够对相同的外部刺激一再作出相同、可靠的回应。政府举措既是在广泛范围内对恐怖主义的回应，同样也会引发个人和组织的反应。恐怖主义与反恐怖主义之间的作用/反作用关系十分重要，但在制定国家政策时常被忽视。人们关键是要认识到政策的制定和实施也许会影响恐怖威胁的性质、严重程度及形式，而恐怖威胁又会继而影响未来政策的决策，如此循环往复。在探讨恐怖主义历史个案时，理顺这对关系的因果可谓一道难题——而难上加难的是探讨仍在发展变化过程中的这一动态关系。

第三，不同类型的恐怖主义是由不同的因素导致（或促成）的，比如右翼恐怖主义的根基可能就与左翼不同，再如民族国家/分裂恐怖主义、宗教恐怖主义等。在这一领域有更多工作尚待开展。很多观察家称——特别是提及宗教引发的恐怖主义——这是空前危险的情况，随时间推移恐怖主义会生发出各种选择和行为。无论如何，人们有理由怀疑恐怖主义根源的相似性。而对恐怖主义个案的比较研究也提供了很多真知灼见，想要找到一种能够全面解释跨文化、跨时间、跨地域及跨意识形态的恐怖主义产生根源的方法，但同时兼顾恐怖主体个性及选择特征是十分具有挑战性的工作。

分析者个人的选择偏好是第四个因素。对恐怖主义成因的解释通常反映了观察者的主观意识，投射出其对恐怖现象在政治、社会、经济上的解读，并与其政见相关。政策制定者及学术研究者都不可避免地出现这个问题（虽然后者比前者更容易意识到这点）。最能反映出这一现象的是自“9·11”事件后各大报纸的专栏评论版面：意识形态上存有偏见的短文大多强化了作者已有的观点。一些学术文章也出现了这种倾向。对于这起蓄意挑起人们情感反馈的事件是很难做到客观分析的，只有极少数阅历丰富、久负盛名的专家才可能达到客观分析的标准。

另一个难以分析恐怖主义成因的原因在于，在某些情况下，它的成因既简单又复杂，就像恐怖事件背后的政治、意识形态的狂热力量以及特定人群对于“信息”的接受情况一样难以厘清。恐怖主义从本质上说是个政治现象，是由政治动机驱动并以政治诉求为结果的。有时尝试更客观更科学地分析问题便会忽视了这种狂热力量的影响，举例来说，几乎没有学者曾预见到法西斯主义和社会主义在20世纪会产生这种巨大的影响力。解读人类情感的千差万别、观念所产生的力量以及由此带来的后果和人类因此的意外举动是让人望而生畏的任务，而且这些并不包括在恐怖主义的研究范畴之内。

恐怖主义的根源繁多庞杂、难以预料。恐怖主义现象在自身情况和环境因素的影响下，目前似乎仍在发展之中，没有定型。在单个变量与恐怖主义之间找到直接关联的尝试注定会失败。每一个特定事件中，从社会条件、组织（通常情况下）形成到行动实施，其因果关系链都是极复杂的。该过程中会出现意外或是投机的情况。分析者往往自说自话，只关注某些阶段而忽视另一些阶段；总体而言，在任何恐怖主义个案中都没有一个阶段可以下定论。我们所能达到的最好结果就是，研究个案的类型，找到或许促使恐怖主义形成的环境，发现某些政治运动或领导或许会用到的恐怖主义策略——我们最重要的目的——找到或许能压制恐怖分子运用策略的政治手段。

现如今，跨国恐怖主义的根源是最发人深省、最重要的问题。由长期打击“全球范围恐怖主义”活动结盟的国家必须小心地调整面对威胁的反应，以期有效地减少威胁。虽然这个任务十分艰巨，但分析成因是对恐怖主义树立合理健全反应的重要起点。错误的前提将导致悲剧性的错误政策。如果不清楚地认识到当代恐怖主义的根源，或者起码意识到研究的假设，那么美国及其联盟国家的反恐行动就可能事倍功半，甚至还会加速恐怖袭击。

第一层面：个人的角色

如人们预期的一样，针对个人在恐怖主义成因方面所扮演角色的研究涉及影响人类个体及其行为的因素。从 20 世纪中期开始，在美国行为学研究及其方法发展的直接影响下，出现了一些有深度的针对恐怖分子个人行为的研究。恐怖主义根源的个体层面分析者所关注的问题是心理学、社会学、犯罪学及政治学之间的交叉领域。此类议题包括两方面内容，其一是导致个人选择参与恐怖活动的外部因素，其二为赋予个人成为恐怖分子倾向性的内在人格。出于实用的目的，在第一层面恐怖主义研究有四个领域是广受关注的：恐怖分子个体心理学研究、恐怖分子（及未来恐怖分子）的“档案”研究、对鼓动或装备个人成为恐怖分子的条件进行的研究，以及对恐怖分子首领和追随者特殊人格的研究。

人们普遍的观念认为恐怖主义源自个人的心理病态及行为异常。很多卓越的政策制定者也有意无意地秉持这一看法。人们普遍认同杀害无辜平民实际上是有悖于所有法律、宗教传统的，由此，导致恐怖行径的根源就是潜在恐怖分子的理智失衡。人们假定人格障碍（如自恋、偏执）、精神缺陷、冲动行为是实施恐怖活动的原因。还有一些人认为恐怖主义源自领导人的自我膨胀、自命不凡或是追随者不健全的心理状态。这种观点暗含了如下推论：如果西方国家能够控制产生妄想的个人——无论是首领还是其追随者——那么产生现代跨国恐怖主义最重要的根源将急剧减少，而政策上的良方就是逮捕或杀害行凶者及他们的首领，不仅仅是将犯罪分子绳之以法，还要彻底摧毁异常行为的源头。

过去，学者们针对这一领域的研究颇丰，但尚有很多工作需要完成。特别引人关注的话题包括恐怖主义行为在多大程度上是理性选择的结果——决定使用恐怖主义体现了犯罪分子悉心的成本分析——或者它只是恐怖分子难以控制心理动机的体现，心理动机包括童年的心理伤害，对采取行动的变态追求，以及诸如身份认同的挫败、个人情感的缺乏等。

谈到心理失衡问题，人们普遍认为恐怖分子天生心理异常，其实这个认识是错误的。虽然可供研究的恐怖分子数据规模很小，但是业界专家们大都认可如下观点：在恐怖分子中病态心理的比例并不比普通人群高。把恐怖分子从其他“正常”人中剥离出来的行为是可以理解的，而且人们普遍乐于谈论“疯狂”的恐怖分子参与了“冷酷”的暴力事件，但是强有力的证据表明恐怖分子在参加暴力活动前的心理状态和行为特征是相当“正常”的。大量研究表明，即便是人体炸弹，他们大都也是心理正常的人。

其实真正异常的地方是这些人疏解失意的渠道，或是他们采取铤而走险暴力行为背后的理由，他们这么做往往是基于同辈压力、对组织的效忠或寻求归属感，而非个人的心理异常。某些童年事件或人格特征可能会或多或少地导致个人倾向于对某组织产生强烈的认同感（这方面将在第二层面分析），虽然我们很难确定个人是在加入组织前就天生具备某些人格特征，还是在加入恐怖组织后强化发展了这些人格特征。无论如何，仅仅从个人心理因素方面解释其加入恐怖活动的原因是不够的。从平均值看，恐怖分子并不比其他人更“疯狂”。

与恐怖分子心理学议题相关的一个问题是，我们事先能否通过某些特征发现潜在的恐怖分子，这些特征使他们更容易被恐怖行为吸引。如果给大多数恐怖分子建立一个特殊的心理“档案”，或将导致恐怖主义的特定性格和经历归档，那么就应当鉴别这些特征并预先防止袭击的发生。无论在秘密还是公开情境下，为潜在的恐怖分子建档成为一项重要的研究领域，不仅仅是为学术需要，而且是为了及早鉴别未来的潜在威胁并在成形前将其扼杀。人们为从人口学特点鉴别恐怖分子做了大量工作，过去恐怖分子一般被认为是男性、青年、未婚、受过一定教育但亲属不多，没什么前途。

以“基地”组织及其联盟为例，人们大都想要知道这19个在2001年9月11日实施袭击的劫机者有什么“特殊”——不仅因为这个问题的学术意义，而且更加紧急的是要确认其他以后可能参与袭击的犯罪分子。人们投入了大量精力梳理以前恐怖分子的“档案”，关注该在多大程度上重写这些档案。虽然恐怖分子的档案很受反恐人员的欢迎，但在现今情况下，人们必须质疑这些档案的广泛用途和意义。这类档案是建立在对有限几个与阿以暴力组织相关的研究上的，而这些研究是否能够代表其他潜在跨国恐怖分子还不得而知。将档案研究成果应用到“基地”组织成员上是否合适也是一大问题，“基地”组织十分特殊，它跟真主党、哈马斯这类有历史背景、被广泛研究的组织不同，它具有自身特征。不同组织的恐怖分子的档案不尽相同，而这本身也是一个值得研究的问题。无论如何，在现今情况下，有证据显示美国及其盟友不应当过分依赖于有效鉴别出潜在“基地”分子这样不正确的设想。纵观所有类型的组织，这一领域的研究远远不够成熟，目前对恐怖分子的档案并没有统一定论。

这一层面上的另一个顾虑是，特定的环境条件是否会造成或促使个人的暴力恐怖行为。有许多讨论与文章都是围绕着这些因素的关联性展开的，关联性一方面包括诸如贫穷、缺乏教育（或者是不恰当、不合格的教育）、政治上被剥夺选举权等客观条件，另一方面也包括这些客观条件与诉诸暴力恐怖主义手段之间的关联。举例来说，在巴基斯坦和阿富汗“圣战学校”中青年男子受到的社会化教育显然是要把他们培养成潜在的忠诚的恐怖分子群体，无论是其赖以谋生的技能，还是他的爱好激情、精神支持方面，他们几乎别无选择。对此，政策良方是从各渠道为他们提供支持帮助、教育就业，从而引导他们把精力转移到创造性的事业上，为其提供可行的希望之路。

另外一些有关恐怖主义的研究告诉我们，人们对被剥夺权力的反应是不同的。举例来说，一项重要的研究表明，社会条件在多大程度上引发“愤慨”，是关乎是否诉诸恐怖暴力的一个重要因素。换句话说，客观条件并没有主观意识的作用大，人们认为自己拥有的与自己应得的（无论是物质条件还是政治诉求）之间的差距才是至关重要的。另一项研究将这种愤怒的成因解释为理想大为受挫，即希望把能力才干转化为政治权力的个人在前进的路上受到阻碍。如果上述任何一条理论成立，物质援助也并不能尽快地使个人地位提升，那么援助反而可能成为未来威胁社会稳定的因素，甚至会加强愤慨和挫败感导致恐怖行为的产生。遗憾的是，现有的学术研究只是提示性的，而非决定性的，且从政策制定者眼光看，还有很多空白之处需要弥补。

针对“基地”及其附属组织，对恐怖主义根源观点的差异导致了不同的政策处方。如果恐怖事件的起因是人们所处社会环境的不公与压制，那么美国及其盟友提供的资助项目就应着眼于长效地减少导致暴力发生的环境因素。如果根源是“愤慨”或“理想受挫”，那么怎样解决一部分人群上升流动性的问题就更为复杂了。我们必须从根本上重视恐怖威胁的政治本质，并且除了反恐，也要考虑其他重要的优先外交政策。虽然仅从一个层面分析——从个人角度出发——能在研究上更为便捷，但它仍会产生误导的作用，因为美国及其盟友制定政策针对的不仅是潜在的恐怖分子个人，也包括更广大范围的民族国家，经过一段时间的制裁，该国政策或许会变得更加激进。（详见第四层面的分析）恐怖主义是一种心理武器，其目标可能不会马上显现，但在现今全球体系的沟通对话中，“愤慨”的心理并不是个别现象，它能够相互传染，且范围比先前更广。

个人层面还有一个重要的议题，即被招募加入暴力活动的个人及其领导人之间的心理、社会差异。概括领导人的特点比总结其追随者更为艰难且矛盾重重，追随者的数据本就很少，而领导者的数量就更加微小。这一领域需要更多的研究支撑。举例来说，通过经验观察可以很明显地看出，“基地”组织潜在“成员”的心理情况、行动动机及行为举止与其领导人本·拉登的个性特征截然不同。本·拉登坐拥傲人的财富、接受过优良的教育、与沙特皇室关系甚密、拥有特殊的个人魅力自然决定他是特殊的。在任何情况下，若制定政策时把恐怖分子的领导者与追随者一概而论，那么政策必将失败。

无论本·拉登个人的宗教激进思想是否虔诚，他个人及其组织都非常精于大规模动员之道。所有证据都表明本·拉登在团体管理和组织方面具有天赋——这就能够解释为什么无论本·拉登是否在世，“基地”组织都具备超强的恢复能力和自治能力。况且，过去及当今有许多领导人的性格特征也并不符合人们的刻板印象，即认为变为恐怖分子的人都是受到压迫、孤注一掷的疯子。不管怎样，领导人和他们的追随者可能受到不同力量的驱使，由此会导致不同的政策处方应对上述驱动力，并使我们能够识别它们的特点——随着现代跨国反恐行动的不断开展，这是一个必须牢记的重要因素。这个总结自然就导出下一层面的分析，即对恐怖主义团体及组织的分析。

第二层面：团体与组织

关于恐怖主义成因的思考要着重注意团体或组织的动态变化。近几十年来的研究表明，恐怖主义本质上是团体行动，要了解恐怖主义必须了解诸如共同意识形态的承诺及团体认同等概念。这不仅是团体内恐怖活动产生的必要条件，而且是组织内部动力及信仰体系促使暴力长存的结果。同样的，要衡量各种反恐方式的影响有必要了解一个团体（或附属团体）组织及运作。因此，第二层面是分析不断发展的恐怖主义威胁和消除威胁的可能有效手段极为重要的视角。

由于多数个人恐怖分子表面是心理正常的，所以其组织身份是他们对无辜平民的暴力行为的合理化解释、对许多组织成员指责和贬损敌手（尤其是潜在的受害者）品质的关键纽带。恐怖组织或集团内的信仰体系可能和更广泛的现实没什么关系；尽管如此，同侪压力、灌输、相互影响和组织身份认同感仍得以加强恐怖组织的信仰体系。恐怖分子个人把自己作为一项大事业的组成部分，这为他们不会采取的行动提供了合理的情由。个人与群体的关系常常是了解个别恐怖主义分子阴谋形成之初和威胁长期延续的关键所在。因此，我们必须破解这种信仰体系才能了解恐怖主义的根源。

恐怖行为成因这一要素的政策含义是，各国政府制定反恐政策时必须考虑到他们的行动可能恰恰符合恐怖组织的信仰体系，因而与各国政府利益相悖，也与长期打击恐怖组织的目标相悖。这不是争辩说恐怖组织的信仰体系有合理合法之处，而只是承认这一信仰体系存在，而且我们有必要留意这一信仰体系对威胁演变的影响。例如，1998 年发射的巡航导弹攻击“基地”组织在阿富汗的训练营地和苏丹的希法制药厂，虽然这是对1998年美国驻非使馆爆炸案的正当回应，但遗憾的是，此举恰恰迎合了美国反对所有穆斯林的观点，并美化了本·拉登在其追随者和潜在追随者眼中的形象。我们要考虑盟国立场和国内舆论等诸多因素；但打击恐怖主义的战略必须考虑到战术行动对敌人群体认同和组织力量广泛的长期影响——而在事件发生后紧急制定战略时人们往往轻视这一观点。

另一个重要的第二层面分析考虑的是恐怖组织本身的结构和运作。在过去，恐怖组织一般是封闭、秘密的小团体，层级领导结构，成员之间定期联系。很多关于恐怖组织的研究因此着重了解成员间的关系变化，作为评估恐怖袭击动机，组织结构弱点等的方式。有时恐怖袭击行动是为了延续恐怖组织本身——稳固组织成员之间的关系，防止组织成员因厌烦或心怀不满而挑战领导力，或是向其他竞争对手展示自己，诸如此类。这一从恐怖组织本身的需要分析恐怖组织行为的观点对恐怖组织行为的研究非常重要。这一观点在研究20世纪70年代和80年代的左派和国家种族/分离主义团体的行为中特别有影响力。

然而，许多恐怖主义的研究者认为，恐怖组织正在演变为一个不同的模式。"基地"组织等新恐怖组织越来越多地采用分散的、非层级的基本结构，通过互联网和卫星电话等技术手段联系，受到共同的意识形态或宗教的宣教和启发。新的结构较少依赖于内部的组织进行自我和行动的延续，更大的特点是结构分散，各独立团体在国际上仅保持着松散的联系。

这种类型的恐怖组织本质上反映的是20世纪90年代早期到中期引入商业界的管理学理论。这些模型的特点是信息共享，强调个人的主动性，因此形成的组织以事业为驱动力，组织结构扁平，侧重计算机网络连接、员工赋权和自下向上管理。在信息技术发展的促进和催化下，所有这些管理策略十多年前开始引入私营部门。至少在某种程度上，恐怖分子是其所在社会的反应，受到社会的影响。由本·拉登等富有经验的商人领导的恐怖组织借鉴这些方法也便不足为奇了。

在实际情况下，新型恐怖主义组织结构明显转变的影响有多重意义。首先，消灭独立运作的恐怖团体基本组织困难得多；摧毁领导层对恐怖组织的总体状况作用有限。其次，也是与第一条相关的是，没有所谓的"重心"，因而也几乎不可能击中恐怖组织中最脆弱的要害。举例来说，如果摧毁一个有多个独立运作的基本单位的恐怖组织，那么针对某点的袭击令其毁灭后会继而导致整个组织自我覆灭就是不可能的，只有打击所有的恐怖组织基本单位才可以做到。第三，激发这些“恐怖网络”的意识形态是广为认可的——恐怖主义与宗教之间的关系尤其令人担忧，因为随着一个组织成熟，其恐怖行为背后的“启迪”可以是一段经文、一种信仰或是一个神明，而不必是实实在在的解读者或领导人。在商业中，“事业型”组织的能力应大大强于领导型组织，这一理念也直接被21世纪的恐怖主义吸收。同样，恐怖组织的成员间（甚至可能与为同一事业奋战的其他组织的成员间）的技术联系是当前通行做法，取代可能会被侦查到或中断的定期人际联系。最后，在国际舞台上，与依赖某个国家的组织相比，恐怖组织网络可以更自主地行动。

在全球化和信息革命所推动的变革下，我们越发难以利用传统政策工具对付新型恐怖组织。仅举几个例子，如情报特工打入恐怖组织就比以往更加复杂：如果恐怖组织没有清晰的层次结构，人们甚至很难确保情报资源适得其所——即使情报人员能够成功打入恐怖组织。使用军事力量面临更复杂的情况，原因是越发难以识别最有效的打击目标——即使人们能够确定目标。由于难以追踪到恐怖分子与其他恐怖分子的联系，并且恐怖分子有权独立行动，因此国土安全方面的反恐行动有可能陷入偏执。特别是针对网络化的恐怖组织，没有任何单一的政策工具能一枝独秀；它们必须在协同使用，尽可能取得成功。

上述观点及其他是根据对亚级恐怖组织的考察得出的。然而，有时恐怖组织的发展受到国家秘密参与的控制、影响或促进。特别是在20世纪80年代，恐怖主义已成为一些国家疯狂追求的外交政策目标（通常是秘密地），但没有采取公开军事行动和随后打击报复的忧虑。国家仍在国际事务中发挥最有力的作用，而且任何恐怖活动背后，都应质疑一国实际或潜在的作用。如果不考察国家行为者的作用，对恐怖主义根源的研究将是不完整的——这也是我们必须认真分析的第三个视角。

第三层面：国家的作用

第三层面是外交政策界分析的主要层面。许多观察者和政策制定者都关注国家在延续或支持跨国恐怖主义行为中的作用。普遍的看法是，无论效果是否立即显现，赞助国家的支持通常是恐怖组织实施重大和破坏性的国际恐怖袭击时必不可少的。许多分析人士认为，国家是国际体系中最危险的恐怖主义罪犯，因为国家积累的资源最多——包括武器、金钱和人力——也有最强大、最持续的动机利用恐怖主义作为打击更为强大的国家的手段。了解国家的作用对了解国际恐怖主义的根源至关重要。虽然当前许多恐怖袭击没有任何国家的直接支持，但许多人士依然相信国家支持的恐怖主义是当前美国及其反恐盟友安全与利益的最大威胁。

从这一观点出发的政策处方显而易见：对跨国恐怖主义最有效的反应便是打击那些被证实曾赞助恐怖主义的国家，以减少全球恐怖主义的整体威胁。最重要的是，这项政策应防止被证实为支持恐怖主义的国家发展或继续发展核武器、化学武器、生物武器和放射性武器等大规模毁灭性武器。“基地”组织破坏性的袭击可以被视为跨国恐怖组织愿意使用实质性武器攻击西方的佐证。恐怖主义的赞助国使用类似武器——或让国际恐怖主义组织这样做只是时间问题。总之，根据这种观点，在21世纪应对“基地”组织和相关国际恐怖主义组织最好的方法是美国针对恐怖主义赞助国制定国家政策。

人们对国家与恐怖主义组织互动、催生恐怖主义的作用曾做过详尽的研究，在恐怖主义研究文献中记有许多有趣的案例研究和启发。特别是关于国家应对原生恐怖主义威胁的行为，人们进行了仔细的研究，一方面是国家在出其不意或使用非常规力量的情况下催生的恐怖主义历史案例，另一方面是中央政府预防不力或反击不力而引发的恐怖主义案例。但遗憾的是，对国内恐怖主义最有效的国家应对政策泛泛而论不仅漏洞百出，而且可以轻易被史实反证；因此，它们一般无法直接指导当代国家政策。

国家赞助恐怖主义的兴起是20世纪后期国际恐怖主义最重要的进展之一。虽然在此之前就有国家大举赞助恐怖主义，最明显的例子是苏联及其附庸国，但某些国家以恐怖主义作为外交政策工具的做法急剧增加。在美国主导地位日益突出的时代，相对较弱的国家可以通过恐怖主义机制，以针对强国财产和公民的隐蔽恐怖主义活动增进其利益。例如，在1983年和1984年因国际恐怖主义而丧生的美国人比以往15年前加起来还要多；除了极少数例外，这些袭击都是由国家赞助的恐怖团体实施的。这一变化引起了人们的极大警惕，因为与此前情况相比，国家能够向恐怖活动提供的资源支持要多得多。纵观20世纪80年代，由国家支持的恐怖团体实施的恐怖行动比过去几十年中那些没有国家支持的恐怖行为致命得多。

美国曾试图以多种方式回击国际恐怖主义的策源国——最明显的包括在《1979年出口管理法》正式认定恐怖主义赞助国。这一指称将自动制裁名单上的国家，制裁措施包括禁止从美国向其出口武器，禁止《外国援助法》规定下的任何援助及其他税收和收入的不利政策。遗憾的是，这个名单极其僵化，一旦列入就几乎不可能删除——这一事实严重削弱了对在列国家行为的所有潜在影响力。一些国家在列是出于重要的外交政策和安全原因，而非赞助恐怖主义，这样的国家诸如朝鲜、利比亚和古巴等，它们近年来对恐怖主义的赞助急剧减少。这种方法符合把国家赞助恐怖主义与武器扩散、侵犯人权、违反条约、屠戮或虐待公民等其他危险和令人厌恶的行为混为一谈，而这是当前的流行趋势。这一趋势的结果便是削弱了对恐怖主义策源国或对恐怖主义集团赞助国的影响力，也是对美国希望改变或谴责的其他行为的无力回应。

国家赞助的恐怖主义曾是并仍将是致命和严重的挑战，而且我们有理由相信，在新千年中它演变成更令人担忧的形态。20世纪末，恐怖主义组织逐步从国家直接赞助转变为更无规律的群体，它们大多有机会获取国家资源，但直接受控于国家的可能性越来越小。许多观察人士担心，苏联解体后恐怖主义团体获取核武器和裂变材料的渠道增多，苏联科学家流向获利丰厚的恐怖主义团体，以及有关大规模毁灭性武器的信息越来越容易在互联网上获得等。过去，先进技术的研发需要国家资源，但现在情况似乎不再是这样；国家对先进技术信息的垄断显然是被削弱了。这一危险已经有实例证实：无论在反恐工作者还是恐怖分子本身眼中，1995年日本邪教奥姆真理教以神经毒气沙林袭击东京地铁系统被视为一个重要的分水岭。虽然人们更熟悉的恐怖威胁（特别是国家种族/分离主义恐怖主义）继续占主导地位，以宗教为动机的非国家恐怖主义增加——他们的目标是开放性的，而且有把“信徒”和其他人分开的摩尼教敌友分明的倾向——已令人们严重担忧他们可能在实施恐怖袭击时完全不顾及国家的长期利益。

然而美国在打击国际恐怖主义运动的政策反映了美国坚定把重点放在国家资助并控制恐怖主义模式的态度。就此而言，这种关注也许是不恰当的，而且势必被突发性事件压倒。“基地”组织不是由一个国家赞助的，它实际上本身就是一个国家。

“基地”组织先是在苏丹，而后在阿富汗接管了国家主权的传统要素，包括对人口和领土的控制以及对使用武力的有效垄断。他们不仅是某个国家的尊贵客人。然而，阿富汗从未出现在美国国务院列出的赞助恐怖主义国家的名单上，而且直到1999年前，“基地”组织甚至没被列为外国恐怖组织。关注有组织的国家和支持恐怖活动的庞大、僵硬的官僚结构之间的战争是美国由来已久的习惯，但这可能令政策制定者看不到空前危险的非传统威胁。以“基地”组织和相关团体为代表的跨国恐怖主义有能力破坏国家本身的领土完整和价值取向，通过削弱国家保护其公民免受直接攻击的能力摧毁国家与国民间的契约。这种形式的恐怖主义是对国家主权与国家本身合法性的威胁。接受国家在背后支持实质性恐怖主义威胁的老生常谈要容易得多，因为政策制定者在与国家打交道方面有长期的经验，而且可以依靠许多（并不断增长的）传统国家导向型的军事资源。此外，国家可以更容易受到威慑。然而至于不断演化的跨国恐怖主义，这一重点可能受到误导，并且拘泥于单一、有限的分析层面。

同在这一分析层面的是关于国家内部崩溃是恐怖主义重要根源的观点——即问题不是“无赖国家”而是“失败国家”。这种观点尤其反映了“基地”组织把训练营、企业和总部都设在苏丹和阿富汗等国的事实。言下之意是正常运作的国家应对在其领土“寄居”的恐怖组织引发的暴力行为负责。但这个关于恐怖主义起源的观点很难立足：失败国家本身通常更可能是恐怖主义的推动者，而非恐怖主义的原因。他们向恐怖分子提供理想的自主权，而且大有可乘之机；然而，根据失败国家的定义，他们通常是无法控制恐怖团伙所在的领土。最接近真相的原因是，这些失败国家的贫困人群很容易受到相对富足的恐怖团伙的诱惑，因而是恐怖团伙的潜在兵力资源。但要讨论这一因素的实质问题我们必须回到第一层面。

第三层面的另一相关问题是恐怖主义与民主国家政府之间的关系。人们对美国政府制度的热望和认为其他地方都可以并应该建立美国模式的理想主义信念令一些美国人断言，独裁政府的不公正现象是恐怖主义的根源。该观点认为，缺少自由（如投票权、新闻自由、男女平等、就业机会平等）引发的挫折以恐怖主义的方式爆发。同样的，过去美国在阿拉伯世界的政策基础——本质上被认作美国为保持区域稳定并获取石油资源而对腐败或不公正政权的支持——被视为反美恐怖主义的根源。也是因为这种解释，传播民主体制赋予中东和南亚各国人民之间更大的自由可被视为对极端主义驱动的国际恐怖主义问题的解决方案。

因此，基于多种原因，厘清民主与恐怖主义之间的关系对了解21世纪恐怖主义的根源是必要的。首先，许多分析人士认为，来自中东和波斯湾地区的恐怖主义威胁是把人们的政治不满转为宗教渠道的回应，继而把人们对自身政权本质的失望聚焦为针对美国的暴力行为。这种观点认为，如果这些政权——如埃及和沙特阿拉伯——允许群众更多地参与政治，人们的政治异见可以得到表达，那么其对美国的威胁将会削弱。针对美国的恐怖暴力行为应归咎于美国在该地区的政策，尤其是那些推动反民主政权延续的政策。由于一些人认为美国政府行事虚伪，帮助支持腐败的阿拉伯国家政权，尤其是唆使以色列政府对巴勒斯坦人采取行动，因此美国成为众矢之的。依照这个逻辑，如果美国政策着眼于促进阿拉伯世界、包括巴勒斯坦地区的民主建设，那么它将收获双重回报，不但许多阿拉伯和波斯的穆斯林将生活在公正的社会中，也会为异见分子以破坏性更小的方式发泄自我提供机会。这种观点并不局限于美国的观察人士；也受到阿拉伯世界很多受人尊敬的学者的认同。

国家的本质近期受到相当多的研究和争论，特别是民主制度和恐怖主义之间的相关性问题。这一议题在过去的十年里尤为突出，在此期间人们对民主和平的研究兴趣在美国安全研究中占主导地位。遗憾的是，描述性的历史回顾和定量研究所显示的现有证据表明，结论令人失望而又出人意料，恐怖主义在民主国家比其他制度类型的国家更占优势。这一结论有各种减缓因素，如研究者也许难以获得在独裁国家中恐怖袭击有关的信息等。20世纪中叶期间欧洲和美国的左翼和右翼暴力事件也可能扭曲了研究。尽管如此，现有的证据也无法证实许多西方人士理想化的希望，即民主会减少恐怖主义。

介于恐怖袭击发生地点与恐怖集团策源地之间的重要区别也许正在显现。在20世纪恐怖袭击的案例研究中，对袭击负责的恐怖团体通常（有些例外）来自袭击发生地区附近；而当今的情况似乎不符合这一趋势。21世纪恐怖主义的演变可能会引发恐怖主义事件和恐怖主义根源分化的结论。研究者尚不清楚民主政府是否会减少还是增加在他国领土发动恐怖袭击的可能性。人们需要对恐怖主义和民主之间的关系（如果有）进行更多的研究。现有研究无法支撑民主和恐怖主义势不两立或者鼓励民主发展必然减少恐怖威胁的观点。

学术文献无法支持民主政权必然带来恐怖主义不断缩减的假设。至少从反恐角度来看，从这一假设出发的政策同样可能存在缺陷，甚至也许会使情况恶化。和其他许多问题一样，也许有其他压倒性的强烈关切理当优于反恐行动。遗憾的是，在这个问题上，所谓的公平做法和符合所谓狭隘的反恐利益的做法可能完全相悖。

第四层面：国际体系

或许最难分析的层面——但也是近年来国际关系专家和政治学家提出假设最多的层面——是国际体系在恐怖主义源头上发挥的作用。人们提出了很多观点，而笔者在此没有详尽列出；在第四层面的分析中，笔者谨探讨三个对恐怖主义源头最显著、最有影响力、最严肃的解释。

任何对国际体系原因的研究都绕不过萨缪尔·亨廷顿 1993 年在《外交》月刊发表的《文明的冲突》（随后推出了同名书）一文中提出的有力观点。亨廷顿的理论是，目前伊斯兰世界和西方世界在文化和意识形态上的根本性矛盾加剧，而且冷战后的下一场全球大较量将在伊斯兰激进力量和西方展现的现代模式间展开。尤其在“9·11”事件发生后，这一看法引发的结论是：“基地”组织和相关团体（有时被称为“国际圣战”组织）的威胁来源从根本上是宗教性、文化性和系统性的。他们超越了民族国家，更便于作为一种和 20 世纪共产主义类似的国际思想运动来理解。

恐怖主义与思想理念之间的关系牢牢根植于现代国际历史中。事实上，我们可以说，席卷政治或意识形态的理念和国际恐怖主义活动量级不断提升之间的关系是现代恐怖主义的一个显著特点。戴维·拉波波特在本书第 2 章介绍了这些广泛的恐怖主义浪潮。拉波波特认为，恐怖主义近代早期——可追溯到法国大革命——广泛的国际恐怖主义浪潮首先针对的是君主制；其后是反对殖民帝国；第三次的背景是国际强烈反对美国卷入越南战争。问题是当代，即被拉波波特称为“第四波”的恐怖主义是否是受到相当大范围的国际力量的驱动，如果是这样，是否如亨廷顿所说，这股力量来自伊斯兰教的国际化激进形式——或其他理念。

如果当前国际恐怖主义威胁的来源主要是国际运动或意识形态，那么其对国际社会的总体威胁正不断增加，成功应对这一威胁——尤其是在短期内成功应对——的可能性就会显著减少。如果亨廷顿的理论是正确的，即文明的冲突正在走向巅峰，那么应对这种以恐怖主义为幌子的挑战更可能会使用传统的国家和国际权力工具直击问题的根源。

但这个“如果”是非常重要的。在对国际恐怖主义根源的这种解读下所采取的一些行动可能会极大加快这一现象其他根源的发展，推动亨廷顿所描述的这一冲突。当然也有必要指出，尽管在某重大事件发生后，人们自然会集中致力于某种类型的恐怖主义，但完全无关伊斯兰教的国际恐怖主义仍在世界许多地区继续威胁着成千上万的无辜民众。恐怖主义是一种由来已久的现象。亨廷顿也许可以首先提出国际恐怖主义的许多根源与“文明的冲突”完全无关的理念。“9・11”事件后美国大多数评论员都持有一种种族偏见，这是可以理解的，但不应允许这种态度扭曲对全球恐怖主义行为总体来源的完整分析。

在第四个层面的分析中，国际体系生发了很多人们熟悉的、无视国家边界的政治动机，如极端意识形态（如鼓舞了红军派和光辉道路等左翼团体的马克思主义）、关于国家权力和构成的另类观点（如鼓舞了新纳粹团体、雅利安国民组织和基督徒身份认同运动追随者等右翼团体的法西斯主义）以及领土争端（如巴勒斯坦解放组织、泰米尔猛虎组织和爱尔兰共和军等推动了国家种族/分离主义团体的民族主义）。虽然近年来右翼和左翼团体的数目已有所下降，但这些政治动机没有消失——尤其是其中许多国家种族/分离主义团体的强烈意向在冷战结束后达到了新的水平。

像国际体系中大多数政治暴力的表现一样，恐怖主义可能因人类更广泛的组织原则变化而产生，这种变化包括现代世俗国家的演变和分权，更不用说另类政治模式的理论吸引了。国际恐怖主义的根源比任何一种文化或宗教都更多样、更复杂。在任何情况下，如果文明之间有所冲突——或者说因这个被广泛引用的假设而正在形成冲突——它都可能使我们只看到一个层面的分析，当然，这甚至都不是阿拉伯世界国际恐怖主义的唯一原因。

玛莎・克伦肖认为，最近发生的恐怖主义行为是内战扩大至国际体系的结果。她认为美国面对国际恐怖主义越来越弱势是美国参与海外事务的结果，而打击美国利益是为了实现在其他国家内的政治剧变。克伦肖认为发生在 2001 年 9 月 11 日的恐怖主义事件是“在全球化内战背景下对美国力量的战略反应”。

如果克伦肖是正确的，那么通过国际恐怖主义反映国内冲突便不只是美国的问题，而是对国际社会的系统性挑战。尤其是在全球联系日益紧密的时代，局部冲突的遥远反射也会产生严重影响。它唤起了破坏稳定的广泛不满，而此前这些愤懑只局限在相关领土或地区，针对的是本地或相邻的国家。国际间恐怖团体间的联系并非新事，对遥远地方的攻击也有悠久的历史，但越发通过恐怖主义手段把当地不满“国际化”的倾向可能是一种新兴的模式。

这一假说对反恐行动颇有意义。如果国内当地民众的不满爆发成为系统性挑战，那么国际体系本身必须制定一种手段来应对更广泛恐怖主义的威胁，这在过去是国家职权范围之内的任务。在某种意义上，这里必须以相反的视角进行分析，系统所受的威胁将面对跨越国家主权的系统性反应。跨越国家边界的威胁可能会有新的威胁性，需要国际社会空前协调的应对。

对恐怖主义根源第四层面的另一个相关分析视角认为恐怖主义是对全球化国际力量的反应。“全球化”是一个过度宣传、含糊不清，并且常常被草率使用的术语；在此，“全球化”意味着在经济、政治、社会和安全领域逐步扩大的国际渗透的过程，这一过程不受传统国家主权的控制。从这个角度来看，全球化的形式包括西方化、世俗化、民主化、消费主义等，市场资本主义的发展是对抵制这些力量带来的变化——或者说，至少是它们不可避免带来的扭曲和不平等现象——的保守文化的挑战。目前的反美恐怖主义现象因此可以解读为主要对美国领导的全球化的国际回应。

根据这一假说，当代国际恐怖主义既是对全球化的反应——因此确立了新的目标——也是对全球化的促进，为协调、实施攻击创立了新途径。换句话说，现代国际恐怖主义的目的和手段可以说都受到了这种系统性现象的影响。这些手段包括使用新技术、恐怖主义集团空前的跨边界行动以及支持来源的变化，从过去几乎全部来自本地人口到现在更广泛多样的国际支持者。这种观点认为，反美主义与反全球化运动密切相关，因为（有意或无意）美国的强大力量是全球化进程中的主要驱动。目的主要包括对美国这一单极体系的领导者以及其他西方现代化象征的攻击。

这一假说侧重于对传统现实主义国际关系解读通行要素——权力——的解释，而且把国家控制权的逐步瓦解视为恐怖主义等更多暴力事件的预兆，这是对国家垄断使用武力的明显挑战。恐怖主义是国际权力分配中更广泛历史变化所有形式——政治、经济、军事、思想和文化——的副产品，这与西方主导的全球化力量的表征是相同的。在国际巨变之际，人们（尤其是那些没有从变化中获益——或者受益不够多、不够快的人们）抓紧替代手段来控制和理解他们的环境。如果目前的趋势继续下去，全球不断扩大的差距以及信息和联系的蓬勃发展很可能会加速步入21世纪——除非恐怖主义不断从激进的保守宗教和伪宗教理念中汲取灵感抵制这种趋势。

很多学者最近在探讨不断变化的国际体系内全球化和恐怖主义之间的联系，但人们对两者关系的理解仍然很不全面，需要在第四层面进行大量分析研究以证实或推翻很多假设。这部分研究不足的部分原因——正如玛莎·克伦肖在第3章所说——是因为恐怖主义研究的领域和国际关系研究领域之间普遍缺乏重叠。各学科学者所持有的鲜明观点和研究模式令他们大多依赖各自领域内的熟知观点和既定论调。过度依赖第四层面的分析而不了解其他分析框架的详细内容便是结果之一。

结　语

研究评价国际恐怖主义根源的各个分析层面会让人们明确认识到所有四个层面都是至关重要的。在试图确定恐怖主义根源的过程中，最好要尽可能全面，避免偏离反恐行动政策选择的结论。这在任何思考活动中都是合理的，因为复杂的思考几乎总是比过于简单化的思考更能反映真实世界。对国际恐怖主义复杂、凌乱的跨学科分析才是令人信服的。

但还有更多的考虑。有明确的证据表明，过去对恐怖主义根源有限分析框架的依赖曾经，并将继续对当前反恐政策选择的辩论造成真实影响。我在本章举了很多例子，但仍挂一漏万。例如，在第一层面的分析中，过度信赖必须捕获本·拉登才能抵消威胁的目标忽视了该组织力量和潜在成员（第二层面）报复行动的可能性等其他因素。最佳政策应该承认即使这样明显的成功也有不利之处，并做好了抵消不利情况的准备。在第二层面的分析中，反恐政策有时未能考虑到恐怖团体内可能普遍存在的信仰结构——例如，恐怖分子的世界观也许随着反恐军事行动而强化，让他们越发相信是在为组织的生死存亡而战斗。因此，有必要在规划军事行动时联同公共外交和对外援助等其他政策工具可能会更有效地破坏恐怖组织的群体凝聚力。这些非军事工具不应是马后炮。在第三个层面的分析中，对支持恐怖主义国家的侧重可能会让政策制定者看不到“基地”组织的松散本质和其在领土、财政和后勤资源方面类似于国家的相对自治权。在国际反恐行动中，把打击矛头直指实际或潜在支持恐怖主义的国家可能基于的是一个片面和过时的印象，对新的 21 世纪相关性不大。在第四个层面的分析中，有关国际全球化与文化冲突等流行观点也许更多的是掩盖，而非凸显当代恐怖主义的根源。根据尚未证实有关国际恐怖主义根源的观点而制定决策是尤其不明智的，尤其是更多出于意识形态而非理智分析的政策。这一层面的恐怖主义研究仍处于萌芽阶段，有时对反恐专家曾长期关注的其他传统层面的结论一无所知。

恐怖主义是一个极其复杂的现象。尤其是在悲剧事件发生后，其成因几乎全都陷入过于简单化、情绪化的解读。虽然很多工作还有待完成，我们仍可利用在此列出的四个分析层面进行重要、有益的研究。该研究中的真知灼见可以使美国及其盟国更有可能在长期反恐行动中取得成功。至关重要的是，不应选择性地把结论作为样本，而应审视并帮助建立整体的研究体系，以确定哪些经验教训适用案例研究、哪些不适用。最好的观点是有意识地跨越概念、学科、文化甚至意识形态的分别，使反恐行动的政策决策基于对国际恐怖主义根源优化、客观的分析。

第2章　现代恐怖主义的四次浪潮

戴维·C·拉波波特（David C. Rapoport）

2011年9月11日是恐怖主义的漫长血腥历史上最具毁灭性的日子。人员伤亡、经济损失和人们的愤怒都史无前例。事实可能最终证明，它也是最重要的日子，因为它促使小布什总统对恐怖主义宣战，他说“这场战争不会结束，直到找到、阻止并打败每一个具有全球影响力的恐怖组织为止”。

不管“9·11”事件多么史无前例，小布什总统的宣布并不算是绝无仅有。100年前，当一名无政府主义者在1901年9月行刺总统威廉·麦金利时，他的继任者西奥多·罗斯福呼吁展开一场斗争，以根除各地的恐怖主义。

没有人知道当前这场斗争是否会比之前的斗争更加成功，但通过对反叛（非国家）恐怖主义历史的特征进行研究，我们能对未来的困难有更加充分的认识。那段历史表明恐怖主义在我们的文化中何等根深蒂固，提供了值得思考的比较，并且带来了一种了解“9·11”事件及其余波的独特之处的视角。为此目的，在本章中，我会审视现代恐怖从125年前第一次出现到现在的历程；我强调延续性和变化，尤其是在国际因素方面。

浪潮现象

现代恐怖主义起源于19世纪80年代的俄国，并在十年内开始在西欧、巴尔干和亚洲等地区出现。几十年后，这一浪潮正式成型。无政府主义者发起了这一浪潮，他们的主要战略——对高官的暗杀行动——被当时几乎所有其他群体采纳，即使巴尔干地区和印度的那些有民族主义目标的人也不例外。

世俗造反恐怖主义的典型案例更早的时候就已出现，但是只局限在特定的时间和国家。例如，三 K 党对联邦政府结束“重建”的决定起到了巨大的作用，但是当代还没有能与之相提并论或者与之相似的组织。

“无政府主义浪潮”是历史上首次出现全球性或者真正国际化的恐怖主义现象。三个相似、前后相连并有交叉重合的表现形式接连出现。“反殖民主义浪潮”始于 20 世纪 20 年代，一直持续了约 40 年。然后就是于 20 世纪末急剧消亡的“新左派浪潮”，到今天只在尼泊尔、西班牙、英国、秘鲁、哥伦比亚等国遗留了一些依然活跃的团体。1979 年出现了一股“宗教浪潮”。如果此前的三股浪潮可以作为借鉴的话，“宗教浪潮”可能将于 2025 年前消亡，与此同时，一股新的浪潮也将出现。“浪潮”的独特性及持久性表明，恐怖主义已经扎根于现代文化。

“浪潮”作为一个不为人熟悉的概念值得更多关注。学者们主要关注的是恐怖主义组织，这一倾向有充分理由。因为恐怖主义组织发动恐怖主义行动，政府主要关心的是如何解散这些组织。恐怖主义的研究者也只是关注当代事件，而这使我们对“浪潮”不够敏感，因为一个“浪潮”的生命周期至少有一代人。

“浪潮”是什么？它是在某个特定时期的一个活动周期，具体包括扩张和收缩阶段。一个核心特征是其国际性。在一个共同的强有力能量的推动下，几个国家出现相似的活动，而这种能量塑造了活动参与团体的个性和相互关系。“无政府主义者”、“反殖民主义者”、“新左派”、“宗教主义”，正如这些词语所示，每一个“浪潮”背后都有一个不同的推动力量。

每一个“浪潮”的名字都反映出它的主要但非唯一的特征。例如，每个“浪潮”中都有不同数量的民族主义组织，每一个“浪潮”都塑造着自己不同的民族元素。无政府主义者为他们提供战术，经常还有培训。第三波民族主义团体表现出极为显著的左派思维，而第四波民族主义也服务于宗教目标或者对其作出反应。第二波中的所有团体都有民族主义倾向，但是这一波之所以被称作“反殖民主义”，是因为那些抵抗国家在是否维持殖民地位的问题上犹豫不决。正是因为这种举棋不定才使那一波“浪潮”在早期制造了一批成功的恐怖主义行动。在其他“浪潮”中，这种犹豫不决要么不存在，要么可以忽略，也没有民族主义抗争取得过成功。

每个“浪潮”都由组织机构组成，但是“浪潮”和组织机构又有着非常不一样的生命节奏。正常情况下，组织机构先于与之关联的最初的“浪潮”而消亡。“新左派”组织在这一方面的特点尤为明显——一般是持续两年。然而，这一“浪潮”保有充足的能量来创造一代继承者或者新团体。当一个“浪潮”的能量无法催生出新的组织时，这一“浪潮”就将消亡。抵抗、政治妥协以及几代人思想观念的变化，都是解释这种消亡的关键因素。

一个组织有时比它最初所属的“浪潮”存活更久。例如，爱尔兰共和军就是最老的现代恐怖主义组织——最早出现于1916年，当时并非恐怖组织，此后该组织一共在两个连续的“浪潮”中发起了五次运动（第四次运动发生在20世纪50年代，使用游击战术）。至少有两个分支，即真爱尔兰共和国军和传承爱尔兰共和国军目前依然存在。巴勒斯坦解放组织成立于1964年，1967年开始活跃。当越共退出历史舞台后，巴解组织的国际联系和活动使其成为“新左派”浪潮中的首要力量。当然巴解组织的主要诉求是民族主义。最近，巴解组织（法塔赫）的一些分支已经在第四波“浪潮”中变得活跃，即使该组织最初完全是世俗主义。当一个组织超越一个“浪潮”而存在，它就能反映出新“浪潮”的影响力——这一变化可能会给组织及其成员带来特殊的问题，我们将能看到这一点。

前三个“浪潮”各自持续了一个时代，持续时间较为接近一个生命周期。在这样一段时间里，充满梦想的父母失去对孩子的吸引力。虽然那些被袭击者的抵抗可以对恐怖组织为何鲜有成功作出关键性的解释，但是每一个“浪潮”的寿命显示出它也有自己的生长势头。随着时间的推移，恐怖主义组织越来越少，因为这一“事业”的问题本质逐渐显现。这一模式对于研究诸如法国、苏联、伊朗等革命国家的人士并不陌生。革命的继承者并不像革命创立者那样珍视革命。在反殖民浪潮中，这一过程看起来还与殖民列强有关。新一代人发现摒弃殖民观念要容易得多。这种“浪潮”模式意味着大众文化中的关键政治主题值得关注——正是这些主题将一代人同另一代人的思潮和气质区分开来。

第一波“浪潮”为何出现在那个时候，有很多原因可以解释，但是两个关键因素显而易见，而且对此后的“浪潮”起到了推动作用。第一个是交流与交通模式的变革。电报、报纸和铁路在19世纪的最后25年迅速发展。发生在一个国家的事件一两天后世界各地都能知晓。知名的俄国无政府主义者满世界跑，以在其他国家博得同情和激励。正如彼得·布洛德豪的旅行所展示的那样，这些无政府主义者在国外的影响力大于国内。大众化的交通使大规模移民成为可能，从而带来了移民群体，这使他们在“新”国家和“老”国家的政治中都举足轻重。接下来的发明继续缩小了时间和空间。

促成第一个“浪潮”出现的第二个因素是学说或文化。俄国作家为恐怖主义创造了一个战略，这也成为后继者可以使用、改进、传播的遗产。谢尔盖·涅查耶夫在这一方面是领军人物。尼古拉·莫佐罗夫、彼特·克鲁泡特金、谢尔盖·斯特普涅科和其他人也为之作出了贡献。他们的努力使这一“浪潮”得以持久。三K党之所以没有追随者是因为没有人解释它的战术。当我们将俄国人的做法与那些总是局限在自己的宗教传统中的古代宗教恐怖主义者的做法相比较时，就更凸显出俄国人的巨大成就了。对那些宗教恐怖主义者来说，宗教传统是他们自我辩护和规矩先例的来源。每一个宗教传统都催生出特定类型的恐怖主义者，有时一个传统之下的战术是如此整齐划一以至于它们看起来只是一种宗教仪式。

将涅查耶夫的《一个革命者的教义问答》与本·拉登的训练手册——《反抗暴君的“圣战”军事研究》相比，就会发现它们有一个非常重要的特征，即他们有通过学习朋友与敌人的经历而变得更加“有效”的极为强烈的愿望。这一方面的一个巨大不同就是妇女的角色。涅查耶夫认为女人是“无价的资产”，而且她们也确实是第一波“浪潮”的关键领导人和参与者。本·拉登将他的书献给穆斯林妇女保护事业，但是他却无视经验所展示给我们的妇女恐怖主义者。妇女从不参与他的恐怖力量，除了斯里兰卡之外，妇女几乎完全被排除在第四波“浪潮”之外。

每一波浪潮都带来能够反映那一波的特征的重要技术性著作，这些著作也有助于现代社会为形成恐怖主义“科学”而作出的共同努力。在涅查耶夫和本·拉登之间的第二波和第三波分别还有乔治·格里瓦斯的《游击战争》和卡洛斯·马里格赫拉的《城市游击战迷你手册》。

“革命”是每一波浪潮的最高目标，但是对革命的理解是不同的。革命者制造了政治合法性的新来源，而且这通常意味着民族自决。反殖民浪潮就被这一诉求所主导。一个民族应该自己管理自己的原则被美国和法国的革命传承了下来。（法国大革命还将恐怖主义这一词语引入了我们的词汇）因为“人民”的定义从未（也许永远不可能）是清晰和固定的。然而，即使这一原则的神圣性放之四海而皆准，

“人民”这一概念却是此起彼伏的冲突的源泉之一。革命还可以意味着为消灭一切形式的平等而对权威进行的激进重建。这是第一波浪潮的基本主题和第三波浪潮的重要主题。第四波浪潮的群体则利用各种各样的神圣语篇或启示来寻求合法性。

本章将关注加速形成每一波浪潮的重大事件以及参与群体的目标和策略，焦点将放在全球背景。我分析了五个主要参与者的互动：恐怖主义组织、移民社群、国家、持同情态度的外国公众，从第二个浪潮开始，还有超国家组织。

第一波：创立学说

现代恐怖主义的创立者继承了一个那些曾经依靠小册子和宣传单来发动起义的传统革命者突然间似乎被淘汰的世界。涅查耶夫说，民众当时认为这些革命者就是“闲散的话痨”。需要一种新的宣传沟通形式（彼特·克鲁泡特金将这种宣传形式称为“基于行动的宣传”）。这种形式必须能够被听到并获取尊重，因为造反者采取的行动存在严重的个人风险，必须有高度的忠诚。

对于现代社会的无政府主义分析主要有四点。社会中隐藏着巨量的矛盾和敌意，社会为抑制、传播敌意而设计出的传统惯例造成了愧疚，并为解决不公、实现个人愉悦提供渠道。然而，通过展现这些传统惯例只是历史的创造，那些曾经被认为不道德的行为后来也被赞誉成“为解放人类而作出的高贵努力”。正因如此，恐怖主义曾被认为是摧毁传统惯例最快速、最有效的途径。按照这一逻辑，恐怖主义凶手将自己从令人崩溃的罪恶感中解放出来，成为不同类型的人。他们强迫那些捍卫政府的人以打破自己宣称要尊重的规则的方式来作出回应。那些毫无例外地不断重复的戏剧性的行动将导致社会分化，革命因此变得不可避免，至少无政府主义者是这样认为的。

一起引发了此后几十年动荡的事件可以解释这一进程。1878 年 1 月 24 日，维拉·查苏利奇导致一名虐待政治犯人的俄国警官受伤。她将武器扔到地上，并扬言自己是“恐怖主义者，而非杀手”。此后的审判很快就成了对警长的审判。查苏利奇获释时，民众抱以雷鸣般的掌声。

一场成功的运动需要学会如何战斗、如何牺牲，而最令人羡慕的死则是因为一场法庭审判发生的，在这场审判中，有人宣布承担责任，并利用这一场合控诉政权。俄国恐怖主义历史上的一个重要人物斯特普涅科将俄国的恐怖主义者描述为“高尚、恐怖、令人难以抵抗地出色、将伟大人性的烈士与英雄两种高贵品德合二为一”。最近的一个发明——炸药成为特别的武器，因为袭击者经常自己也会丧命，因此炸药并不会成为罪犯可能会使用的武器。

恐怖主义活动超越了战争的规则与惩罚等用来管理暴力的道义规则。战争的规则将战斗者和非战斗者区分开来，战争的惩罚则将有罪者和无辜者区分。无一例外的是，大部分旁观者都会给恐怖主义暴行贴上标签。叛乱者将自己描述为恐怖主义者而非游击队员，并称自己源自法国大革命。他们寻找政治目标或那些能够影响公共态度的人。恐怖主义是一个战略，而非目标。使用的战术取决于该团体的政治目标以及面临的特定情形。持续不断地判断瞬息万变的情形既是一门艺术也是一种科学。

这一战略的发明者的信心来自诸多当代事件。在俄国以及此后的案例中，出乎预料的重大政治事件凸显了政府的脆弱性。希望被唤起，希望总是叛乱活动不可或缺的润滑剂。能够体现俄国脆弱性的转折性事件是年轻的亚历山大沙皇二世为几乎一夜之间改造体制而作出的极大努力。1861 年，他大笔一挥，释放了占总人口三分之一的农奴，并承诺为他们提供资金购买土地。三年后，他设立了有限制的地方自治，“西化”司法体系，废除死刑，并放松了审查权力和对教育的控制。希望被唤起，却无法很快得到满足，这可以从供农奴购买土地的资金并不充裕的事实中得到体现。在不可避免的失望之后，针对高级官员的系统性暗杀行动开始了，最终亚历山大本人也未能幸免。

俄国的叛乱分子激励并训练了其他组织，即使是那些怀有不同政治目标的人。他们的努力很快有了结果。热衷于暗杀行动的亚美尼亚和波兰的民族主义团体现身俄国，并通过抢劫银行来资助各自的行动。此后，巴尔干人也爆发了，因为很多团体发现从土耳其帝国分出来的国家疆界并不令人满意。在西方，俄国的无政府主义者在海外殖民地逃亡并寻求避难，他们对沙皇政权充满敌意，于是一个无政府主义的恐怖主义运动开始形成，并影响到印度的激进主义分子。那些海外人士为依然在俄国挣扎的组织带来了一些意想不到的成果。1905 年，俄国的恐怖旅在瑞士设立总部，从芬兰（沙俄帝国的一个自治国）发动袭击，并从亚美尼亚的一个俄国人协助训练的恐怖主义组织得到武装，日本人则通过美国富豪以洗钱的形式为他们提供资金。

国际恐怖主义活动第一波的高潮发生在19世纪90年代，也被称作“暗杀的黄金时代”。那时，君主、首相、总统，一个接一个地倒下，通常是那些能够自由穿越国境的暗杀者所为。最直接受到影响的政府呼吁国际警察合作并实行更严格的疆界管控，西奥多·罗斯福总统认为当时就是启动首次国际行动以消除恐怖主义的最佳时机：

> 无政府主义是对全人类的犯罪，所有人都应该团结起来反对无政府主义者。他们的罪行应该被定性为违反所有文明国家签署的条约……所规定的国家法律的犯罪行为。

然而，这一共识仅仅维持了三年。美国拒绝向圣彼得堡会议派代表团参加，而该会议旨在考虑德国和俄国为实现上述目标而发起的一个协议。美国担心这可能要求它更广泛地参与到欧洲政治中，然而它自己却没有联邦警察力量。意大利因另一个不同但也显而易见的担忧也拒绝参加，如果无政府主义者回到他们自己的国家，意大利国内的麻烦可能比国际上的更严重。

应对国际恐怖主义的第一次努力以失败而告终，因为不同国家因各自利益有不同的目标方向。随着时间的推移，这种分歧又出现了新的表达形式。保加利亚为马其顿的民族主义者提供避难所和基地，以协助其在土耳其帝国实施行动。关于塞尔维亚人为斐迪南大公的暗杀者提供帮助的猜测成了第一次世界大战的导火索。此后恐怖的四年所带来的意外结果抑制了恐怖主义者对暗杀战略的热情。

第二波：大部分取得了成功，新语言出现

一波浪潮的界定标准是一个国际事件。然而，奇怪的是，第一波浪潮是由国内政治局势引发的。一个标志性的国际事件，即凡尔赛和约的签订，催生了第二波浪潮。战胜国采用国家自治原则，将战败的帝国瓜分（主要在欧洲）。战败方的非欧洲成员被认为是尚未准备好独立，就成为直接由战胜国管辖的托管地，直到这些领

土可以独立了。

不管战胜方是否完全知道上述决定所带来的影响，它们都破坏了自己的合法性。爱尔兰共和军在20世纪20年代取得了一定程度的成功。二战后，恐怖主义组织在除苏联之外的所有帝国都发展起来（苏联并不把自己看作殖民大国）。恐怖主义活动在爱尔兰、以色列、塞浦路斯和阿尔及利亚等国的创立中起到了关键作用。帝国瓦解后，这一波随即退去。

大部分恐怖主义者的成功都发生在凡尔赛和约签署25年之后，这一时间延迟需要解释。第二次世界大战强化并扩大了凡尔赛和约的影响。战胜方再一次强迫战败方放弃帝国，这一次殖民疆域则都在海外（中国东北、朝鲜、埃塞俄比亚、利比亚等），而且这些疆土并没有成为被授权管辖的国家。战胜方开始解散自己的帝国，而且在此过程中它们对恐怖主义活动并没有回应，比如在印度、巴基斯坦、缅甸、斯里兰卡、突尼斯、埃及、摩洛哥、菲律宾、加纳和尼日利亚等国的恐怖主义活动。这表明西方世界执行自治原则的坚决程度。美国已经成为主要西方大国，并持续施压以消除帝国的存在。随着二战的进展，这一进程得以加速，因为苏联人时刻准备帮助潜在的叛乱者。

第二波浪潮的恐怖主义运动发生在那些因特殊的政治问题而使撤离并非最佳选择的地方。例如，巴勒斯坦的犹太人和阿拉伯人对于如何解释英国统治的终止有相互对立的版本。阿尔及利亚相当多的欧洲人口不想让巴黎放弃其权威，在北爱尔兰，大多数人想继续当英国人。在塞浦路斯，土耳其人群体不想被希腊人统治，而这就是“为塞浦路斯而斗争全国组织”（EOKA）的目标，然而英国则想继续让塞浦路斯成为其中东行动的基地。

目标冲突的问题反映在斗争是如何得到或未得到解决的。恐怖主义者的确让帝国主义撤离，但是这并非斗争的唯一目的。梅纳赫姆·贝京的伊尔根通过战斗获得整个英属巴勒斯坦托管地，但是愿意接受分割。爱尔兰共和军从未接受过英国在未经该地区许可的情况下将不会离开爱尔兰的事实。“为塞浦路斯而斗争全国组织”的目标是将塞浦路斯与希腊统一，但是愿意接受一个该组织为了一个极为复杂的赛普合并运动而努力颠覆的独立国家。阿尔及利亚是例外，因为欧洲人都跑了。然而，阿尔及利亚民族解放运动最初的宣言称，它想保留那里的人口，并建立一个民主国家。这两个目标都没有实现。

第二波浪潮的组织认识到，他们需要一种新的语言进行自我描述，因为恐怖主义者这个词语已经积累了太多的负面含义，以至于那些将自己定义为恐怖主义者的人容易导致巨大的政治负担。以色列的组织“以色列自由战士”是最后一个自我命名为“恐怖主义组织”的团体。伊尔根*的领导人贝京（Begin）（“以色列自由战士”的犹太复国主义对手）主要关注目标而非实现目标的手段，并将其成员描述为与“政府恐怖主义”作战的“自由战士”。这种自我描述是如此有吸引力，以至于所有后来的恐怖主义组织纷纷效仿。因为反殖民战斗比第一波浪潮的目标看起来更有合法性，所以这种“新”语言对潜在的政治支持者也有吸引力。政府还认识到“恰当的”语言的政治价值，并开始将所有的暴力叛乱者描述为恐怖主义者。媒体希望尽量避免看起来有党派倾向，从而进一步丰富了语言。例如，美国主要的报纸经常将同一批人描述为恐怖主义者、游击队员、战士。

恐怖主义者的策略也在第二波浪潮中发生变化。因为海外群体贡献了更多的资金，所以银行抢劫就变少了。第一波浪潮表明，暗杀高级政治人物有可能适得其反，因此第二波浪潮中几乎没有暗杀行动。巴尔干地区是一个例外，这是一个奇怪的地方，要知道第一次世界大战正是爆发于此。其他地方只有“以色列自由战士”（英国人将之命名为“斯特恩帮”）依然坚持暗杀战略。与另外两个竞争对手相比，“以色列自由战士”的效果要差很多。然而这可能也已经成为此后的反殖民运动的重要教训。与暗杀有些关联的“自我牺牲殉道”看起来也没那么重要。

新战略比旧战略要更复杂，因为可选的目标种类更多，而且以合适的顺序袭击目标也很重要。第二波浪潮的战略寻求消灭作为政府耳目的警察，首先是通过对警官或者其家庭成员实施系统性的暗杀。第二波浪潮的支持者认为，如果取代他们的军队不能取得反暴力成果，以增加社会对其事业的支持，那么军队就会看起来百无一用。如果暴力行动和反暴力的过程是精心策划的，那么看起来弱势和别无选择的一方则会受益。

主要能量都放在游击队风格（打一枪换一个地方）的行动，即那些超越战争规

---

* Irgun，在英国统治巴勒斯坦时期进行地下活动的犹太复国主义右翼组织。——编注

则的袭击，因为他们的武器处于隐藏状态，袭击者没有明确标示。诸如伊尔根的一些团体努力发出警告以限制平民伤亡。在一些地方，比如阿尔及利亚，恐怖主义活动只是一个包括游击战的更加全面的造反行动的一个方面。

与第一波相比，第二波的恐怖主义者利用四大国际要素的方式全然不同、更加有效。不同的民族主义团体依然承认共同的国际革命传统的共同纽带和遗产，但是特定团体所赞颂的英雄们基本上都是本国的。一个潜在的假设是，如果有人与国外恐怖主义者加强联系，那么其他国际资产的效用将降低。

海外群体时常展示出此前未曾有过的能力。19 世纪的爱尔兰叛军从爱尔兰美国社群获得了资金、武器、志愿者，但是在 20 世纪 20 年代，后者的努力变本加厉，并引导美国政府向英国施加强大的政治影响，让其接受爱尔兰国家。犹太人的海外群体，尤其是居住在美国的，施加类似的影响，犹太人大屠杀的恐怖程度最后也被揭露。

有血缘关系人群的其他国家也非常活跃。阿拉伯国家为阿尔及利亚的民族解放阵线提供关键的政治支持，那些与阿尔及利亚相邻的国家提供恐怖组织可以发起袭击的避难所。希腊支持部分塞浦路斯人抵抗英国人的起义，塞浦路斯建国后，继续支持抵抗这个国家的起义。害怕的土耳其籍塞浦路斯人也向土耳其寻求援助。土耳其部队然后入侵了塞浦路斯（1974 年），目前仍驻扎在那里。

当恐怖主义活动的目标以及本土情况得到不同的理解时，外部影响也会明显变化。爱尔兰的不同经历很好地说明了这一点。20 世纪 20 年代的早期努力被认为仅仅是反殖民的运动，而爱尔兰美国群体的影响也是最大或者最有效果的。海外群体对爱尔兰共和军在二战及冷战期间旨在将北爱尔兰并入爱尔兰共和国的短时间运动并不是那么感兴趣。相互冲突的担忧弱化了海外的热情和影响。

随着第二波浪潮的推进，一个新的、第五元素开始发挥作用，即超国家组织。当塞尔维亚的亚历山大一世 1934 年在法国马赛被暗杀时，国联曾通过起草两份条约来控制国际恐怖主义，其中一个是在 1937 年为国际法庭起草的。然而，两个条约都未见效。国联的两个成员，即匈牙利和意大利，显然是鼓动了这次暗杀，并且阻挠了反恐努力。二战后，联合国继承了国联在殖民托管地问题上的终极权威，而这些托管地正是目前出现大规模恐怖主义活动的地方。当英国决定从巴勒斯坦撤军时，联合国在“分而治之”合法化的问题上起到了关键作用。此后，所有的反殖民恐怖主义者通过战斗来吸引联合国的兴趣。联合国的新成员几乎全是曾经的殖民地，而正是它们为联合国内部的反殖民情绪提供了更多的声音、关注和机会。越来越多的联合国辩论参与者经常使用贝京的语言将反殖民恐怖主义者描述为“自由战士”。

第三波：过度的国际主义？

引发第三波或者“新左派”浪潮的主要政治事件是惨痛的越南战争。越南南方民族解放阵线以“原始武器”对战美国的现代科技，重新点燃了当代体系脆弱可击的极端希望。一些组织在第三世界和西方世界的腹地发展起来，而战争也激发了西方国家青年群体对现有体系价值的强烈怀疑。很多西方团体，如美国的地下气象员、西德的红军派、意大利的红色旅、日本的赤军、法国的直接行动，都将自己视为第三世界大众的先锋队。苏联国家则鼓动暴力活动的爆发，并提供精神支持、训练和武器。

正如在第一波，极端主义和民族主义经常合二为一，这一点可以从巴斯克人、亚美尼亚人、科西嘉人、库尔德人、爱尔兰人的斗争中看出。第一波中的每一次民族主义运动都失败了，但是这一次有了新的关联，因为民族方面的担忧总是比极端主义的诉求更能够得到支持。在第三波中，虽然自治最终模糊了极端主义的纲领计划，民族主义团体比其他团体更具持久性，但是没有成功者，而且他们中的幸存者也会失败。包括西班牙、法国、英国、土耳其在内的有关国家并不将自己认作殖民国家，民族主义成功所必需的怀疑也就不复存在了。

当越战 1975 年结束时，巴解组织取代越南南方民族解放阵线成为一个新的英雄模范。巴解组织诞生于 1967 年中东战争后的六天里，当时三支阿拉伯军队遭遇溃败。巴解组织的存在和坚持战斗为那些认为只有恐怖主义活动才能消灭以色列的支持者们提供了公信力。该组织对于其他团体的核心意义后来得到进一步加强，因为其从阿拉伯国家和苏联得到强大支持，并且使其他团体也可以使用建造在黎巴嫩的训练设施。

第一波和第三波浪潮有一些惊人的相似。妇女在第二波中只能充当信使和侦探，而现在他们再一次成为领袖和战士。第一波中的“戏剧性目标”取代了第二波中的军事目标。国际劫持就是一个例子。恐怖主义者认识到，一些外国着陆场地是可用的。第三波前 30 年共发生了 700 次劫持事件。

他们通过劫持飞机获取人质。然而，还有其他方式也可以制造人质危机，人质危机也成为第三波浪潮的特征之一。最为难忘的事件是意大利前总理莫罗被红色旅劫持。政府拒绝谈判，莫罗被凶残杀害，尸体丢弃街头。1978 年，桑地诺民族解放阵线成员劫持了尼加拉瓜议会，这一事件如此胆大妄为以至于引发了大规模群体暴动，并在一年后推翻了苏慕萨政权。在柬埔寨，M—19 曾试图在 1985 年 4 月 19 日通过劫持最高法院来复制这一成功案例，但政府拒绝投降，冲突导致近百人丧生。恐怖主义者杀害了 11 名法官。

绑架曾经在 73 个国家发生——尤其是意大利、西班牙和拉丁美洲的国家。从 1968 年到 1982 年，共有 409 个国际绑架事件发生，涉及 951 名人质。最初，人质向劫持者施加政治影响，但很快就出现另一个更严重的担忧。公司为其管理人员购买保险，绑架的后果变得更加严重。当钱是主要问题时，绑架者发现人质谈判更容易满足他们的条件。拥有数据的观察者估计，绑架共“赢得”3. 5 亿美元。

已遭摒弃的暗杀高层人物的策略开始再次出现。例如，爱尔兰共和军及其多个分支机构暗杀了英国驻爱尔兰大使（1976 年）以及蒙巴顿勋爵（1979 年），并试图杀害撒切尔首相（1984 年）和梅杰首相（1991 年）。巴勒斯坦的“黑色九月”暗杀了约旦首相（1971），并试图暗杀约旦国王侯赛因（1974 年）。“黑色九月”在占领喀土穆的沙特阿拉伯大使馆时还杀害了美国大使（1973 年）。同年，西班牙巴斯克民族分裂组织埃塔杀害了西班牙首相。

暗杀在第一波和第三波中的逻辑并不相同。第一波中的受害者被暗杀，是因为他或她担任公职。新左派浪潮中的暗杀则经常是一种“惩罚”。约旦首相与国王曾经在一次野蛮的战斗中将巴解组织赶出他们的国家。同样，针对英国首相撒切尔的暗杀之所以发生是因为她对 9 个爱尔兰共和军绝食者的死亡“负有责任”，这些人拒绝被当作正常的罪犯对待。莫罗被暗杀，是因为意大利政府拒绝开启人质谈判。德国的赤军团提供了另一个典型的模式：其发动的袭击中有 15％涉及暗杀。虽然赤军团的目标并非最高层公众人物，但是它确实杀害过柏林最高法院院长和一位知名企业家。

已经被摒弃的“国际恐怖主义”这个词自然而然地再次被使用。革命的民族精神再一次带来了不同民族团体之间极为牢固的关系，而当第一批古巴境内以及此后巴解组织的训练设施开放使用之后，这种关系得到进一步强化。目标的选择也更具国际维度。相比于本土而言，一些团体在国外实施了更多袭击。例如，巴解组织在欧洲的活跃度要超过在约旦河西岸，而且它们在欧洲的活跃度有时还高于许多欧洲当地的团体。不同的民族团体在袭击中相互合作，如慕尼黑奥运会大屠杀（1972年）和经合组织部长被劫持事件（1975年）等。

在自己的国土，这些团体经常选择具有国际意义的目标。以巴解组织袭击喀土穆的沙特大使馆事件（1973年）为标志，针对外国使馆的袭击从此开始。秘鲁团体图帕克·阿马鲁为了获取相较于对手“光明之路”的政治优势，劫持了日本大使馆的72个人质达四个多月（1996—1997年），直至营救行动将使馆内的每一个恐怖主义者击毙。

有一个国家的人成为大多数团体的首选目标。第三波浪潮中三分之一的国际袭击都涉及美国目标。这反映出美国的重要性。在拉美、欧洲和中东都能找到美国的目标，因为这些受恐怖分子包围的政府，大都得到美国的支持。

美国虽然是异常显著的目标，但冷战的考虑有时让美国无视其对恐怖主义的厌恶。在尼加拉瓜、安哥拉及其他地方，美国支持当地的恐怖主义活动。这表明放弃一个被认为有价值的目的是多么困难，即使必须使用一些不光彩的策略时亦是如此。

第三波浪潮中的组织发现自己为无法在不同的国际因素之间就不同需求进行谈判而付出代价。对革命的民族精神的坚持疏远了国内和国外的自由派，尤其是在冷战期间。在第三波浪潮中，爱尔兰共和军失去了众多的爱尔兰美国移民社群的支持。第三波最初的目标是建立一个团结的社会主义的爱尔兰，而该组织愿意接受利比亚和巴解组织的支持为其带来了问题。最重要的是，还没等到爱尔兰海外移民社群和美国政府再次对爱尔兰问题展现出持续的兴趣并出手协助争端的解决时，冷战就结束了。

与海外移民社群的关联让一些恐怖组织忽视了国内的支持者。德国无政府主义团体“6月2日”的一个领导人说，该组织对巴解组织的迷恋诱使其在水晶之夜纪念日袭击一个犹太教会堂，而那一天经常被认为是犹太人大屠杀的开始。他说，这种“愚蠢”使其组织疏远了潜在的德国支持者。当恐怖组织合作方的力量极不平衡时，弱势的一方发现它的兴趣是无效的。因此，德国的“革命基层组织”劫持了巴勒斯坦人民解放阵线的合作伙伴后，就无法从他们的合作者得到帮助以释放囚犯。“依赖瓦迪·哈拉比和他的团体”的“革命基层组织”因与哈拉比团体的议程完全不同，而不得不终止关系，很快陷入崩溃。

巴解组织一直都是一个松散的联合会，经常会发现国际联系的代价非常昂贵，因为这种国际联系导致组织内现有的派别分歧更加严重。20世纪70年代，巴解组织的创始人和情报首领伊亚德写到，巴勒斯坦的事业在叙利亚和伊拉克的国内政治中是如此重要，以至于这些国家觉得有必要抓获巴解组织内部的分支，以实现各自的目标。这使它很难像“伊尔根”和“为塞浦路斯而斗争全国组织”曾经做到的那样，安于实现一个有限的目标。

与阿拉伯国家的纠缠为双方都带来了问题。来自埃及占领的加沙的空袭引发了一次与以色列的灾难性战争（1956年），阿拉伯游击队从此被禁止从各自国家发动空袭。来自叙利亚的巴勒斯坦方面的空袭让叙利亚陷入“六天战争”，此后叙利亚严格控制那些在本国范围内运行的团体。当巴解组织的一个派别劫持了飞往约旦的英国和美国的飞机时（1970年），约旦军队重创巴解组织，从此巴解组织失去了家园，而这也是巴解组织首次以非以色列人为袭击目标。最后，针对身处英国的一名以色列外交官的一次未遂的暗杀行动引发了1982年的黎巴嫩入侵，并迫使巴解组织离开家园，而这个家园对于巴解组织有着非常重要的意义，尤其是从外国恐怖组织的角度来说。（具有讽刺意味的是，暗杀是由与伊拉克有关系的阿布·尼达尔的背叛者策划的。该组织此前曾策划两起对巴解组织领导人阿拉法特的暗杀。）此后，巴解组织的新大本营突尼斯禁止巴解组织训练外国团体。从很大程度上讲，巴解组织作为一个有效的恐怖组织的事业几乎结束了。有意思的是，《奥斯陆协议》表明，当巴解组织不那么危险时，它反而可以实现更多的目标。

为了保持对各自命运的控制，各国再一次开始“赞助”各种组织（第二波浪潮已经摒弃这种做法），而赞助者再一次发现这一做法代价昂贵。20世纪80年代，英国与利比亚和叙利亚断绝外交关系，因为后两者在英国国土上支持恐怖主义。当伊朗拒绝让法国人就一个伊朗侨民的暗杀审讯其使馆人员后，法国与伊朗断绝关系。1991 年海湾战争期间，伊拉克出乎意料的克制凸显出国家支持的恐怖主义的弱势。伊拉克的确曾经威胁使用恐怖主义手段，而这一威胁也促使西方国家预测恐怖主义分子将遍布欧洲。然而，如果这个威胁变成现实，萨达姆·侯赛因将因战争罪接受审判，而尽力去避免这一结果也是伊拉克独裁者当时能够保持克制的最可能的原因。

第三波浪潮在 20 世纪 80 年代开始退潮。革命的恐怖主义分子在一个又一个国家战败。以色列对黎巴嫩的入侵（1982 年）消除了巴解组织训练恐怖组织的设施，国际反恐合作也越来越富有成效。正如在第一波浪潮，国家之间展开公开、正式的反恐合作。美国在英国的协助下轰炸了利比亚（1986 年），因为利比亚是一个支持恐怖主义的国家，所以欧共体也对其实施武器禁运。曾经于 1904 年试图在圣彼得堡实现的警察力量的国际合作也变得更加有力，成立于 20 世纪 70 年代中期的特莱维小组于 1994 年加入欧洲刑警组织的行动。然而，不同国家之间依然存在分歧。即使是亲密的盟友也无法一直合作。法国拒绝向西德、意大利、西班牙引渡巴解组织、红色旅和埃塔恐怖组织的嫌疑人。意大利对于美国引渡一个劫持阿基莱·劳伦号游轮的巴勒斯坦嫌疑人的请求不予理会（1984 年）。意大利拒绝引渡一个库尔德人（1988 年），因为意大利法律禁止死刑，而土耳其法律则没有此规定。美国拒绝引渡一些爱尔兰共和军的嫌疑人。这种事情不会停止，除非各国在反恐问题上的法律和利益趋于一致，而这一天是不可能到来的。

联合国的角色在第三波浪潮中发生了巨大变化。现在，作为前殖民地的“新国家”发现恐怖主义威胁到了它们的利益，它们尤其要躲避民族主义运动。从 1970 年到 1999 年签署的主要联合国条约都规定绑架、人质劫持、对政府高级官员的袭击、对外国设施的“恐怖主义爆炸”以及为国际恐怖主义活动提供资金都是犯罪行为。语言的变化意味着态度的变化。在联合国的辩论中，“自由战士”再也不是一个常用词语，而恐怖主义则被用在了一个文件的标题中：《制止恐怖主义爆炸国际公约》（1997 年）。有证据表明，利比亚的情报人员参与了泛美洛克比空难的制造，使安理会一致通过决议要求利比亚引渡嫌疑人，（1988 年）集体制裁在十年后完全发挥了效果，利比亚就范。这一情况将继续影响联合对利比亚恐怖主义活动的回应。然而，联合国内部依然存在非常严重的含糊不清和冲突，反映出一个一直都存在的事实，即恐怖主义服务于不同的目的，而有些目的是可以得到回报的。具有讽刺意味的是，最严重的模棱两可涉及第三波浪潮的主要组织——巴解组织。它获得了联合国的正式地位，并被100多个国家承认为有权获得巴勒斯坦管辖地的国家。

第四波：何等独特，何等漫长？

当第三波浪潮开始退潮时，“宗教浪潮”开始聚集力量。宗教因素在现代恐怖主义中一直都很重要，因为宗教和民族的身份经常重叠。亚美尼亚人、马其顿人、爱尔兰人、塞浦路斯人、法裔加拿大人、以色列和巴勒斯坦人的斗争都可以解释这一点。在这些案例中，目标就是建立世俗国家。

今天，宗教具有极为广泛而不同的意义，为一国提供辩护理由和组织原则。宗教浪潮催生了一个有时表现为世俗的团体，而这只是对过度宗教狂热的反应。斯里兰卡的佛教徒试图改造整个国家，而主要由印度泰米尔人组成的恐怖组织则志在建立一个分割的世俗国家。

伊斯兰处在这一波浪潮的中心。伊斯兰组织已经实施了最有影响、最致命的国际袭击。同样重要的是，这些为第四波浪潮提供希望的政治事件源自伊斯兰，取得的成功显然影响了其他地方的宗教恐怖主义团体。

虽然还没有直接证据证明后一种关联，但事件发生的时间表让人不得不如此猜测。在伊斯兰运动爆发后，锡克教徒寻求在旁遮普建立宗教国家。犹太人恐怖主义分子试图炸掉伊斯兰在耶路撒冷最为神圣的神殿，并对巴勒斯坦市长发起暗杀行动。一个犹太人在亚伯拉罕墓杀害了29名穆斯林朝拜者（希伯伦市，1994年）。另一个犹太人暗杀了以色列总理拉宾（1995年）。将佛教、印度教和基督教教义掺杂在一起的奥姆真理教制造东京地铁毒气事件（1995年），导致12人死亡，3000多人受伤，并在世界范围内制造了很多恐怖组织很快都会使用大规模杀伤性武器的恐慌。

基于对《圣经》种族主义解释的基督教恐怖主义出现于没有固定组织的美国“基督教身份”运动中。带着真正的中世纪“千禧年”的风格，全副武装的农民公社由那些从国家撤出以等待世界末日前的“基督复施”和伟大的种族战争的家庭组成。虽然一些观察者认为“基督教身份”运动与俄克拉荷马城爆炸案（1995 年）有关，但是该运动的暴力程度一直都比较小，至少到现在为止来看是如此。

伊斯兰世界的三件大事带来了重大政治转折的希望，这对于启动第四波浪潮至关重要。1979 年，伊朗革命爆发，一个新的伊斯兰世纪到来，苏联在未受到任何挑衅的情况下入侵阿富汗。

伊朗的街头游行导致伊朗国王世俗国家的分裂。该事件同时也清晰地向信仰者表明，宗教比第三波浪潮中盛行的民族主义具有更大的政治吸引力，因为伊朗的马克思主义者只能赢得少量的支持来对抗伊朗国王。哈梅内伊宣布，“伊斯兰没有前线”，“他”的革命改变了所有穆斯林之间的关系，以及伊斯兰与世界其他地方的关系。最近，伊朗人激励并协助伊朗之外的什叶派发起恐怖主义运动，尤其是在伊拉克、沙特阿拉伯、科威特和黎巴嫩。在黎巴嫩，什叶派穆斯林受到中世纪刺客自我牺牲策略的影响，发明了自杀炸弹袭击，带来了意想不到的效果，在 1982 年以色列入侵之后，驱逐了美国和其他国家为履行和平使命而进入该国的军队。

具有标志性意义的伊朗革命的到来出人意料，但是一些穆斯林一直都坚信那一年意义非凡，因为它象征着一个新的伊斯兰世纪的开始。一种备受尊敬的伊斯兰传统观点认为，救世主将在一个新世纪之初降临，而正是这种期望经常在此前的穆斯林世纪之交之际引发动乱。在 1979 年的新世纪最初的几分钟，穆斯林袭击了麦加的大清真寺，伤亡人数达十万。不管当时各地恐怖活动的具体原因如何，非常令人吃惊的是，如此多的逊尼派恐怖主义活动同时出现在埃及、叙利亚、突尼斯、摩洛哥、阿尔及利亚、菲律宾和印度尼西亚。

1979 年，苏联入侵阿富汗。来自整个逊尼派世界的志愿者增强了抵抗力量，加之美国又提供援助，1989 年就将苏联赶走了。这是使苏联陷入令人吃惊、不可思议的瓦解过程中非常关键的一步。宗教已经消灭了一个世俗超级大国，对于恐怖主义活动，这是一个有着重要影响的令人震惊的事件，第三波浪潮因此受到了致命的打击。拥有大量穆斯林人口的土地曾是苏联的一部分，如车臣、乌兹别克斯坦、吉尔吉斯斯坦、塔吉克斯坦、阿塞拜疆，都成为伊斯兰叛乱分子的新的重要场所。伊斯兰力量也引爆了波斯尼亚。克什米尔再一次成为一个关键问题，1990 年之后的死亡人数已经超过五万。接受过培训的自信的阿富汗“老兵们”是这一新的、现在仍在持续的冲突的主要参与者。

“自杀炸弹”容易让人想到无政府主义者的扔炸弹之举，现在已成为最致命的策略发明。虽然传统的智慧认为只有对天堂的愿景才能激发出如此的行为，但是这一策略在黎巴嫩取得的成就让世俗的泰米尔猛虎组织感到震惊，于是他们在斯里兰卡也通过使用这一策略给自己的运动注入新生命。从 1983 年到 2000 年，他们使用的自杀炸弹比其他所有伊斯兰团体使用的总和都多，而且泰米尔猛虎组织的自杀炸弹经常是妇女，这是第四波浪潮中非常少见的现象。为了提升他们在国内的政治影响，巴勒斯坦的宗教团体开始使用自杀炸弹，迫使世俗的巴解组织的部分派别开始效仿。

第四波浪潮已经展现出其他有特色的国际特征。恐怖主义团体的数量急剧下降。20 世纪 80 年代，大约有 200 个恐怖主义团体处于活跃状态，但是在接下来的十年，这一数字下降到 40。这一趋势好像与主要目标人群（民族与宗教）规模的变化有关。诸如伊斯兰的一个主要宗教群体比任何民族团体都大得多。这与不同的文化传统可能也有关系。大量的世俗恐怖主义团体主要来自基督教国家，基督教传统总是会比伊斯兰教传统催生出更多的宗教割裂。伊斯兰团体比它们在第三波的“前辈”也更加持久。黎巴嫩、埃及和阿尔及利亚的主要团体都维持了 20 多年，目前依然在运转。这些团体都是大型组织，本·拉登的“基地”组织是最大的，有大约 5000 个成员，在 27 个国家有小组运行。更大的恐怖主义团体以前经常抱有民族主义目标，一般有几百个活跃的成员，几千个可以随时征召的人员。巴解组织至少在黎巴嫩是一个特例，它在那里有大约 2. 5 万个成员，并努力将自己改造成正规军。同样的，大部分“基地”组织的新成员都曾经在阿富汗的内战中为塔利班效力。

美国的角色也发生了变化。伊朗称美国为“大撒旦”。苏联被击败后，“基地”组织将美国认作其主要敌人，这一点直到“9·11”事件之后被广泛认识到。伊斯兰团体从一开始就寻求毁灭它们的美国目标，包括军事和民用设施，这也是第三波浪潮中的一个未知模式。他们的目标是美国军队从中东撤出。美国军队被赶出黎巴嫩，并被迫放弃在索马里的人道主义行动。此后还发生了针对也门和沙特阿拉伯的军事据点的袭击。科尔号驱逐舰经历了第一次针对军事舰船的恐怖主义袭击（2000年）。所有针对位于阿拉伯半岛和非洲的美国军事目标的袭击都招致了回击。此外，美国人并没有在这些事件后撤军。对美国驻肯尼亚和坦桑尼亚大使馆的袭击（1998年）造成严重伤亡，针对“基地”组织目标发起的巡航导弹袭击也无功而返。这是美国首次对一个团体而非国家使用巡航导弹。正如彼得·伯根所指出的那样，“这些袭击带来了一个负面影响，它们将本·拉登从伊斯兰世界里一个边缘化的人物变成了一个全球名人”。在美国本土的袭击始于1993年，对世贸中心的袭击取得了部分成功。七年之后袭击千禧年庆祝之夜的计划被中止。此后就发生了“9·11”事件。

“基地”组织对发生在阿拉伯半岛、非洲和美国本土的袭击负责。它最初的目标是迫使美国从沙特阿拉伯撤出军事基地，因为这里有伊斯兰两个最神圣的场所。穆罕默德先知曾经说，地球上只能有一个宗教，而沙特阿拉伯成为一块基督教和犹太教都能够暂时居住几十年的土地。“基地”组织的目标在逊尼派世界引起共鸣，并被反映在其独特的招募形式中。大多数志愿者来自阿拉伯国家，尤其是埃及、沙特阿拉伯和阿尔及利亚，阿富汗的训练营接收来自至少60个穆斯林和非伊斯兰国家的逊尼派人。此前的每一个恐怖组织，包括伊斯兰团体，都只从某一个国家招募。巴解组织和“基地”组织之间在训练设施上的反差反映了这一事实。前者的培训对象是其他组织派来的团体，而“基地”组织只接收个人。

除了伊斯兰圣地的撤离之外，“基地”组织后来制定了另一个目标，即一个伊斯兰教教法管辖下的单一伊斯兰国家。本·拉登给予那些在逊尼派国家活跃的伊斯兰团体大量的支持。很多穆斯林都认为这些国家是坍塌的殖民影响的残渣。就在美国拒绝离开沙特阿拉伯时，它通过援助被袭击的国家而使第二项努力陷入困境。美国避免直接干涉，因为这可能会激怒伊斯兰世界。给予被袭击国家的支持取得了一些成功，“9·11”事件应该被理解成恐怖主义团体为了重振一个失败的事业而作出的孤注一掷的努力，途径是不加区分地激发所有人的反应。

对“9·11”事件的回应跟“9·11”事件本身一样前所未有。在联合国的支持下，100多个国家（包括伊朗）加入对阿富汗各种形式的袭击。然而参与者中没人意料到干预竟如此迅速、坚决。阿富汗对于入侵者来说一直都是难缠的国家。此外，恐怖主义的历史表明，即使反恐力量对藏有恐怖分子的国土比较熟悉（这一次并非如此），根深蒂固的恐怖分子依然有着极强的相持力量。

“基地”组织在阿富汗如此迅速的崩溃有很多原因。它首先违反了恐怖组织的一个基本原则，即一直在地下运行。“基地”组织一直都公开进行大规模的训练活动。就像以色列当初将巴解组织从黎巴嫩赶出的经验，公开运转的恐怖团体是脆弱的。此外，“基地”组织和巴解组织都是外来力量，而其大本营所处的国家也不愿意看到它们的存在。最后，“基地”组织并没有为入侵的可能作准备。原因尚不清楚，但是有证据表明，美国此前的回击让它们并没把美国当回事，它们认为美国将避免打击困难的目标，也不会来阿富汗。

巴解组织在突尼斯重整旗鼓，前提是放弃大规模的训练项目。“基地”组织能接受这样的限制吗？即使能够接受，有国家愿意冒险步突尼斯的后尘吗？巴基斯坦的旋转门政策意味着它有可能会这样做。但是，作为“基地”组织曾经的主要支持者，巴基斯坦在美国的压力之下作出政策转向，开始给予盟军不可或缺的支持。

截至本书成稿时，世界依然不知道“基地”组织的领导层到底发生了什么，但是即使剩下的部分能够重新集结，这一组织如何在没有避难所的情况下运转？扎瓦赫里很可能是本·拉登的接班人，他在阿富汗训练场地失去之前警告自己的同仁“胜利……对国际联盟的胜利将不会实现……我们在伊斯兰世界的中心获得一个基地之前，不会胜利”。彼得·伯根对“基地”组织极为出色研究也提出这一点。

“基地”组织在阿富汗受到的冲击改变了该组织此前的惯例。一般情况下，“基地”组织的潜伏小组一直处在非活跃状态，直至发起袭击的时刻到来，这通常是“基地”组织的高级领导层发出命令。这在恐怖主义历史上非常特别。正常情况下，小组是活跃的，因此需要更多的自治，这样才能防止警察渗入一个小组而不会波及其他小组。这种小组有更多的自由发起袭击。他们通常会更加迅速、频繁地这样做，但是一个持续活跃的小组可用的成员人数和资源限制他们只能去攻击较脆弱或者受保护程度较小的目标。如果从高层传来的命令不再带有“基地”组织的特征，袭击模式将必须变得更加“正常”。自从阿富汗惨败以来，袭击目标一只是“较软的”，主要是那些未受保护的民用目标。对旅游景点的摧毁，比如对突尼斯的古代犹太教会堂和巴厘岛夜总会的袭击表明，“基地”组织通过伤亡人数最大化来展示自己的特征。

最后的思考与问题

与犯罪或贫困不同的是，国际恐怖主义是最近才出现的现象。它在过去的125年一直存在，意味着其植根于我们这个世界的某些重要特征中。技术和学说在其中发挥了关键作用。后者反映了一种将恐怖主义活动理性化或者使其高效化的现代倾向，马克斯·韦伯认为这是现代生活的独有特征。第三个需要简要指出的因素是民主思想的传播以不同方式影响和塑造了恐怖主义活动，民族主义或分裂主义是最容易得到支持的事业这一事实就表明了这一点。

民主改革计划的失败激发了第一波浪潮，第二波浪潮的主题是民族自治。不管多么令人费解，第三波浪潮的主题是现有体制并非民主。第四波浪潮的精神指南从表象上来说是明显的反民主，因为在缺失对世俗主义作出有意义的衡量标准时，民主思想是不可想象的。

出于很多原因，恐怖主义组织经常都是短命的。有时，他们的未来是由致命的战术错误决定的。公开运行的决定在恐怖主义历史上是罕见的，而盟军的阿富汗军事行动快速取得成功则表明了原因。如果"基地"组织成功完成重建，它可能会发现必须要成为一个活在地下、能够得到当地人支持的"普通"的恐怖组织。这还意味着但并不能表明，"基地"组织的袭击也将变得更加"普通"。

不管"基地"组织发生了什么，这一波浪潮都将继续，但是要继续到何时，目前还不得而知。此前几波浪潮的生命周期可能误导了我们。每一波浪潮的启动都有一个世俗的原因，而宗教群体的突出特征是它们能够持续多久。因此，第四波浪潮可能会持续更久，但是伊朗革命的过程表明实际情况或许并非如此。如果历史重复的话，第四波浪潮将在20年后结束。然而，历史还显示，政治总是会制造一些大问题来激发能经常发明新应对之策的恐怖主义者。让这一情况很有意思、令人害怕的是，这些问题总是在意料之外出现，或者至少是没有人能够预料到它们的悲剧进程。

"9·11"事件后形成的反恐同盟与以往不尽相同。"9·11"事件不是美国的悲剧——世贸中心有无数的外国大型公司，也有很多外国人伤亡。联合国的介入也使其自身的转型进入高潮。现在已经很难听到联合国再像50年前那样将恐怖分子称为自由战士了。

仅有过的另一反恐同盟在一个世纪前出现，其目标是通过扰乱关键的通讯交流和移民条件使浪潮变得不可能。当然没有人对它寄予太大希望，其在三年后分崩离析（1904年）。如今的同盟能持续多久？“9·11”事件将不会被轻易忘记，而且现在的努力集中在一个组织上，也更加容易持久关注。

当目前针对“基地”组织和亚洲其他与之有关联的小规模团体的运动结束时，下一步将发生什么？还没有组织被认定为下一个目标，在此之前都有理由怀疑，不同国家将可能显现出此前一直存在的一种倾向，即根据各自国家不同的目的而非手段，将这些恐怖组织区别对待。克什米尔和巴勒斯坦是恐怖主义活动最重要的两个活跃场所。在克什米尔，伊斯兰起义者正在严重分裂当前同盟的两个重要成员。印度认为他们是恐怖分子，但是巴基斯坦不这样认为。这两个都拥有核武器的国家之间的战争将把同盟的反恐战争推到一边。成功的外部调停可能会带来一个类似的结果，因为这将要求在一定程度上接受起义者的合法性。巴以冲突有些类似，很多重要的国家对那里的恐怖主义问题都有着不同的理解。

伊斯兰激发克什米尔地区的恐怖主义活动，但这个问题就像在宗教因素的重要性有所下降的巴勒斯坦一样是一个本土问题。第四波浪潮中的其他组织从多大程度上也是本土的？反恐同盟能够如何深度介入符合当地政府利益的局势？我们支持本土政府应对“当地”恐怖分子的经历并不总是符合我们的利益，尤其是在伊斯兰世界。

奥姆真理教使用大规模杀伤性武器的努力使美国官员感到这一波浪潮最重要的教训就是恐怖分子将会把那些武器用在我们身上。“9·11”事件强化了这种焦虑，即便只是配有美工刀的自杀炸弹制造了那个灾难。恐怖主义的历史表明，廉价、容易制造、便携、易于使用的武器一直都最具吸引力。

第四波浪潮中的廉价与特色武器是自杀炸弹。黎巴嫩的胜利令人印象深刻，自杀炸弹在斯里兰卡和以色列一直都非常具有破坏性。将外国军队从一个国家驱逐出去是一回事，但是让一个民族放弃自己国家的一部分（斯里兰卡）或者离开自己的土地（以色列）则是另外一回事。在后者的案例中，自杀炸弹的支持者遭受的伤害看起来比其敌人还要大很多。

“9·11”事件是如何影响我们对外国威胁的理解的？这是一个重要的问题，必须进行更多的讨论。涅查耶夫说，叛乱者的恐怖主义活动所制造的恐惧与愤怒破坏了一个社会的传统道德原则与思维方式。他强调的是国内语境，而且现代恐怖主义的历史表明，国内的反应经常是不加鉴别和自我毁灭性的。同样的模式也存在于国际语境下吗？

2003年的入侵伊拉克表明，涅查耶夫的观点对于国际语境也是恰当的。发动战争的理由是，伊拉克可能会为恐怖主义者提供大规模杀伤性武器，或者自己使用这些武器袭击西方国家。这种考虑适用于数个国家，即所谓的“邪恶轴心”国家。“9·11”事件之后，美国抛弃了此前的威慑理论。我们此前提出这一理论，以帮助应对那些拥有大规模杀伤性武器的国家，而且该理论在此前的50多年中都非常有效。先发制人应该更适合新的时代。威慑曾经管用，是因为那些国家知道他们暴露在外，而且如果他们使用那些恐怖的武器后，自己也可能被摧毁。地下恐怖主义团体并没有这种脆弱性，因此在第一波浪潮后，先发制人策略已经成为反恐战略的重要组成部分。威慑与行动相关联，而先发制人在意图得到评估时则更加恰当，而这是一个总会陷于严重的模棱两可中的任务。我们有没有理由去判定国家与恐怖主义团体之间的关键区别已经消失了，而且我们应该将战争与和平的决定交到非常不完美的情报机构的手中？

伊拉克战争对于反恐战争的意义目前尚不明确。联盟之间的凝聚力削弱了，伊斯兰团体趋弱的命运也可能会复苏。如果先发制人的打击再一次使用到其他国家身上，或者如果伊拉克的胜利被解读为占领，上述两种可能都很可能变成现实。

第3章　恐怖主义、战略与大战略

玛莎·克伦肖（Martha Crenshaw）

在2011年9月11日之后，在安全研究、国际关系和外交政策专家就美国在后冷战时代的大战略展开的争论中，恐怖主义居于中心。例如，斯蒂芬·沃尔特（Stephen Walt）断言，“9·11”袭击引发了美国外交政策历史上最迅速、最巨大的转变。这一转变通常被称作一个“分水岭”。

然而，这场有关大战略的争论并没有预见到恐怖主义的威胁。流行的国际关系理论没有预见到早已开始的那些发展所带来的后果，正如它们未能遇见到冷战的结束。人们过去通常不将恐怖主义视为一项重要的国家安全威胁，除非它将两项危险结合在一起：对美国本土的威胁，以及“大规模杀伤性武器”的使用——这类武器的定义是核、化学、生物或放射性武器。即使在那时，有关恐怖主义对国家安全至关重要的观点在政府内外的外交政策专家中也得不到广泛认可。

“恐怖主义研究”界的分析人士——一个不同于国家安全专家的群体——也没有为有关大战略的争论作出多少实质性贡献。他们往往将精力集中于解释恐怖主义，而非提出解决方案，他们很少在其他外交政策问题的语境下考虑恐怖主义。事实上，这些专家常常不相信对恐怖主义采取一种连贯策略是可能的。

“9·11”袭击事件要求人们重新思考恐怖主义以及如何应对恐怖主义。这项任务要求政府和学术界的外交政策和恐怖主义专家携手努力。不管对恐怖主义的应对是一套为特定情况而设计的个别反恐行动，还是一项适用于多种情况的一般性战略，它都必须考虑到对美国安全与利益的更广泛构想。这样一种综合的构想必须以对力量和安全的新想法为基础。后冷战世界中的战略思维必须考虑到非国家行为体的非常规力量：愿意违背准则以及可能不受军事威胁影响的冒险者。一种新的安全构想也必须考虑力量欠缺所带来的有害影响，以及力量可能会带来的破坏。

在本章中，我首先会列出制定一种将方法与目的联系在一起的连贯应对策略所需要的条件。接下来，我会对“9·11”袭击之前的那段时期展开分析，讨论那段时期中有关大战略的争论、“恐怖主义研究”专家在如何应对恐怖主义方面的主张以及政府所采取的行动。随后，我会对“9·11”事件对大战略提议以及政府对恐怖主义的应对所带来的影响进行评价。最后，我提出一个问题：当前美国在恐怖主义问题上的立场是否满足有效战略、大战略和政策的要求。

定义战略、大战略与政策

要想分析对恐怖主义的应对，一项必要的准备就是从理论上分别对战略、大战略和政策的概念要求作出界定。然而，值得指出的是，实际上，这几个名词很多时候被互换使用。

战略——通常指军事行动——要求有明确说明的政治目的。战略是一种使手段能带来合意目的的计划。它关乎手段与目的的关系，即如何策划政府的行动，以使其能带来合意的结果。手段必须足以实现目的，但好的策划不会定下过高目标，以至于资源无法为其提供支持，也不会定下含糊的目标，以至于人们无法设计出有目的的行动来实现它们。任何战略的成本都必须相较于预期收益可以接受，并且风险必须合理。然而，无论战略或许多么必要，但它并不总是可行的。一些限制可能会阻止战略的实施。

“大战略”是一个包含更多内容的概念，它解释如何运用一个国家的各种资源来实现国家安全。它确定这个国家的关键安全利益是什么，找出安全利益所面临的关键威胁，并说明应对这些威胁的手段。因此，“大战略”是复杂和多方面的，并且指向一个遥远的时间范围。它建立一个协调单项战略目标的综合框架。它将解释保护国家免受恐怖主义危害能够并且应该如何与其他外交政策目标联系在一起，这些目标的例子包括防止大国挑战者出现，传播民主，并控制大规模杀伤性武器的扩散。

政策对战略以及“大”战略或更高战略的目标进行界定。它是一种对目的的声明。反恐战略的中心目的是防止美国领土遭受导致大量平民伤亡的袭击。恐怖主义并不会像苏联的核能力在冷战时期那样带来毁灭的威胁。曾经和现在陷于危险的并不是国家存亡、物质力量或美国武装力量以及国家安全体系的完整性，而是美国国内平民的个人安全。然而，这一目标必须与其他政策意图相协调。政策必须在相互竞争的价值观中确定优先事项。

“9·11”事件之前的大战略之争

20世纪90年代参与对美国外交政策未来进行争论的学者们在大战略的目的上意见一致——它应该界定美国利益并对其进行排序，确定这些利益面临的主要威胁，并制定保护这些利益的政策方针，虽然他们在大战略的内容上存在分歧。然而，他们都对恐怖主义漠不关心。安全研究和国际关系领域的学者们提出的政策建议通常并未将恐怖主义列为美国安全所面临的一项主要威胁。美国至上地位或优势地位的倡导者将注意力集中于潜在的强国挑战者，而不是恐怖主义。“选择性接触”的倡导者敦促美国只将努力重点放在那些最强大的国家。“离岸制衡”的拥护者认为美国应该在国际体系中扮演制衡者的角色，并避免对外承担责任，他们更有可能将恐怖主义的风险说成是国际参与减少的一个原因，而只是作为一个次要理由。例如，莱恩（Layne）以下述一概而论的说法来支持脱离接触的论点，他说：“冲突的风险，以及美国本土遭受袭击的风险，直接来源于优势地位对美国利益的广泛定义所要求的海外参与。”一篇支持“克制”的类似文章在一条脚注里提到了恐怖主义，称其为“美国几乎并未面临可察觉的安全威胁这一好消息”的一个例外。接下来的一段解释了美国应该继续试图防止并应对恐怖主义，但在世界事务中的克制会减少恐怖分子袭击美国目标的动机。

这种忽视的一个原因或许是大战略研究通常从现实假设出发，虽然也有人尝试将国内可变因素包含在内。在这样一个框架中，威胁来自国家，而不是非国家，那些最强大的国家对美国利益最为重要。软弱或失败的国家以及秘密的地下阴谋并不会对美国在世界上的地位构成挑战。从这一角度来看，威胁很容易解读。这些威胁源自现在或未来能挑战一国权力的敌对国家。最主要的思维模式是对最坏情况的分析，在这种分析中，人们必然要将敌对意图与崛起的大国联系在一起。

此外，安全研究和国际关系领域并不特别欢迎对恐怖主义感兴趣的学者，原因正是恐怖主义未被视作一个对该学科或是对大战略的制定非常重要的问题。作为一种思考角度，它并未参与抽象理论或模型设计。对恐怖主义的研究过于以政策为导向，以至于无法在学术上获得巨大影响力。

这条一般性规则有一些例外。罗伯特·阿特（Robert J. Art）在为一种选择性接触的大战略展开辩护时说，一项关键美国利益正在防止美国本土遭受大规模杀伤性武器袭击，此种袭击可能来自使用核武器或生化武器的“狂热恐怖分子”。然而，在这一框架内，只有与大规模杀伤性武器的扩散结合在一起时，恐怖主义才变成了一种危险，国家所带来的威胁仍旧大于跨国行为体。最有先见之明的分析人士是阿什顿·卡特（Ashton B. Carter）和威廉·佩里（William J. Perry），他们将“灾难性的”恐怖主义界定为一项关键威胁，并且呼吁将应对恐怖主义纳入“预防性防御”的总体战略。然而，他们的贡献并未对总的“大战略”争论带来多少影响，这可能是因为两位作者都是前政府高官，而不是学者。

“9·11”事件之前的“恐怖主义研究”

恐怖主义专家往往忽视了该问题的战略维度。恐怖主义研究脱离于外交政策和国家安全研究，也脱离于国际关系理论。正如兰德公司的伊恩·莱塞（Ian Lesser）所得出的结论，“对恐怖主义进行的当代分析大多聚焦于作为一个独立现象的恐怖主义政治暴力，未有提及它的地缘政治和战略背景”。同样，人们在讨论反恐政策时很少谈到它在更广泛的国家安全规划中的位置。莱塞暗示，这种忽视是因为人们认为恐怖主义不是一种实际存在的威胁，除非它使用大规模杀伤性武器。

与此相反，理查德·福肯瑞斯（Richard Falkenrath）称，聚焦恐怖主义的学者对大规模杀伤性武器的威胁持怀疑态度。在他看来，那些专家批评克林顿政府的国内准备计划，因为他们认为使用大规模杀伤性武器的恐怖主义威胁可能性极小并且让人分神——他们作出这一判断是基于对过去的观察。福肯瑞斯称，恐怖主义研究有益于诸多方面，例如了解动机，但它无法提供战术预警、评估威胁或确定优先事项。它的预测往往是线性的：由过去直接预测未来。

对国际关系受到的这种忽视的一种可能解释是，恐怖主义专家通常代表跨学科兴趣。他们来自社会学、心理学、人类学、历史学、法学、刑事司法、通信以及政治学背景。在政治学中，聚焦恐怖主义的学者们不常涉足国际关系领域。他们同样可能或更有可能是国内冲突领域的专家。多学科性使人们很难建立一套能对认识恐怖主义威胁或分析应对措施的不同角度进行协调的统一理论假设。

尽管如此，在“9・11”事件之前，政府内外的恐怖主义专家大多得出结论称，对恐怖主义作出一种无区分的应对要么不妥，要么在政治上是不可能的。他们得出这一结论的原因所根据的是这项威胁的特征以及国内政策的性质。

威胁的特征

2000年，保罗・皮勒（Paul Pillar）对灵活性欠缺提出警告说：“恐怖主义威胁并非真的是‘一项威胁’，而是以不同方式和程度威胁美国利益的各类行为体所使用的一种方法。”不同背景下的关键区别应该“构成量身打造一种实际上针对每个组织或国家的不同反恐政策的基础”。因为应对之策应该根据具体情况而定，所以它复杂并且困难，不适于一概而论或大肆谈论。在皮勒看来，“人们已经将很多注意力放在令反恐措施更有力、更广泛、数量更多上……更多的注意力需要放在判断这些措施对个案的有效性或适用性上”。

早先的分析曾提出过类似的观点。1986年，利文斯通（Livingstone）和阿诺德（Arnold）称：“设计并实施应对恐怖主义的有效国家政策的任务涉及范围甚广，排列方式众多，更好的做法不是采取涵盖一切的一般性战略来解决所有问题，而是采取众多野心更小的分战略，这些分战略合在一起能够提供一个在全球范围内控制并镇压恐怖主义的总体性框架。”同样，也对里根政府的反应进行了分析的马克・塞尔默（Marc Celmer）称，恐怖主义这个问题不适宜制定战略。澳大利亚防务专家、恐怖主义分析家格兰特・沃德洛（Grant Wardlaw）也警告说：“制定一项针对恐怖主义的一般性政策的想法本质上就是错的——对抗恐怖主义必须以差别化的、具体问题具体分析的方式。”沃德洛警告说，政策应该保持笼统，以便在应对他所认为的“几乎无限的可能出现的恐怖主义情形”方面保持灵活性和想象力。类似的观点在20世纪90年代仍然存在。例如，杰弗里・西蒙（Jeffrey D. Simon）得出结论称，从反恐经历中得出的关键教训是“不要宣布任何官方的反恐政策”。

事实上，批评人士认为对一般性政策的公开声明不仅无效，而且会带来反效果，因为它们破坏了国内政治支持。沃德洛称，坚决的政策言辞很可能在原则不得不妥协——这种情况难免会发生——时令政府尴尬。他还指出，当政府向公众宣布它有一项管控恐怖主义的战略时，后来的每次恐怖事件都令该政策看起来无效。同样，如西蒙所说，绝不妥协的原则——自 1974 年以来美国政策表面上的基石——常常遭到违背。“伊朗门”事件是此类公开矛盾行为中最为突出的。只有当政府作出承诺时，政策的连贯性才是必要的。

应对恐怖主义的概念上的困难的另一个方面是应对该问题的刑事司法与国家安全途径之间的紧张关系，这反映在政府内部的机构斗争中。自 20 世纪 80 年代起，专家们就恐怖主义应界定为罪行还是战争展开了争论。每一类问题需要一套不同的政策应对。如果它属于犯罪，那么一项执法战略就是合适的。如果它是战争，那么军事应对就是正当的。

国内政治

“恐怖主义研究”学派中的另一种观点渴望构建更为系统、更具总体性的政策结构，但他们认为，由于国内政治原因、而非该问题的固有棘手性，这是不可能的。专门从事政策分析的以色列学者耶海兹克尔·德罗尔（Yehezkel Dror）主张，“恐怖主义是一个具备极端例子的一些特征的不常见——虽然并非异常——的现象”，这使人们很难理解它，并且几乎不可能预测它。然而，他得出结论称，“大政策”或“大战略”是不太可能的，这是因为民主政府不愿意构建它们，而不是因为这种现象是不确定的。他认为，只要“离散渐进主义”和正常的决策似乎能取得效果，政府就没有动机采取更加雄心勃勃的战略。因此，“在一个问题以一种据信令人满意的方式得到应对时，人们几乎就不愿意进行政策创新”。因为政府面临很多紧迫问题，所以它们倾向于尽可能长时间地将一个问题保持在“普通领域”。与此同时，民主国家缺少筹备大政策的必要条件。它们学习能力很差，并且对复杂情况的应对很糟。而且，德罗尔怀疑，以权力分散和无事先准备的反应为特征的民主国家即使在有大政策可用时也不会实施。他预测，一项灾难性的打击或许会促使一个民主政府采取行动，如果这项打击明确显示渐进政策已经失败。

多年来，分析人士们强调了同样的一些阻碍有效战略的国内障碍。一个障碍是不断增加的承担反恐使命的政府机构。在很多方面，官僚机构的激增是这项威胁的复杂性所带来的结果，但责任的扩大也是惰性和渐进主义的结果，因为新职能被加在了老机构身上。决策过程也需要协调有国内和国外管辖权的机构的活动。在此背景下，批评人士指出了上层强有力领导的缺乏。在这一过程中，权力高度分散，从而允许并鼓励了不同执行机构之间的斗争。白宫和总统断断续续的关注造成的结果是政策不协调。伴随每场恐怖主义危机，恐怖主义都会上升为总统议程中的最重要内容。在两场危机之间，其他关键问题与恐怖主义争夺关注，它的地位又会下降到最不重要的位置。总统顾问们往往将恐怖主义视为一个无法取胜的问题。有次序的关注也受到新闻媒体，尤其是电视的鼓动。20 世纪 80 年代，更多的利益团体开始参与政策过程，包括受害人家属（例如泛美航空 103 号班机爆炸案遇难者的家属）。国会也开始更有力地敦促行政部门更加积极主动、更加高瞻远瞩，这主要是公众意识的结果。在有一些如此分散并且独立自主的权力中心——它们均对民众的想法十分敏感——存在的情况下，任何一届美国政府都会发现，筹划并实施一项连贯的战略是一项艰巨任务。

“9·11”事件之前的政府反应

克林顿政府和老布什政府往往以对冷战后世界中的美国政策的先入之见来解读恐怖主义。像学者们那样，决策者以支持在其他语境中所确立的世界观的方式来界定恐怖主义威胁，并制定反恐战略。恐怖主义被纳入了一个业已存在的框架。

虽然恐怖主义在冷战后的世界中成为了一项越来越严重的威胁，但克林顿政府起初无意将恐怖主义视为一项主要的国家安全威胁。例如，曾在驻外事务处（Foreign Service）任职、撰写了一本有关美国恐怖主义政策历史的著作的戴维·塔克（David Tucker）得出结论说，在里根政府的战略——它将恐怖主义同苏联和冷战联系在一起——之后出现了“战略真空”。如保罗·皮勒（Paul Pillar）所说，恐怖主义并非一般外交政策规划的组成部分。

克林顿上台时坚持的原则是恐怖主义应该归为“现代”问题，例如全球有组织犯罪、疾病流行和环境灾难。这些危险未被说成是专门针对美国利益的威胁，而是各国都面临的共同危险。这种对该问题的观点符合克林顿政府对多边途径的偏好。

因此，克林顿政府采取了温和的态度。它的政策基于四项简单原则：不对恐怖分子让步或为其提供奖赏，制裁支持恐怖主义的国家，国际合作，实施法治。

然而，一些事件很快引起政府关注。1993 年的世界贸易中心爆炸案以及 1995 年奥姆真理教在东京地铁系统制造的沙林毒气事件和同年的俄克拉荷马市爆炸案使恐怖主义进入了国内政策议程。来自国会和当地执法机构以及“第一响应人”的压力就恐怖分子使用大规模杀伤性武器——尤其是化学和生物武器——的可能性创造了一种紧迫感。针对生化威胁的“国土防御”受到政策制定者的关注，虽然恐怖主义专家仍对恐怖分子使用大规模杀伤性武器的可能性持怀疑态度。美国驻肯尼亚和坦桑尼亚大使馆在 1998 年同时遭受炸弹袭击，1999 年的“千禧年”阴谋，2000 年 10 月美国“科尔”号军舰在也门遇袭，这些事件都未能令恐怖主义成为国家安全的一项重点或外交政策规划中必不可少的要素。一系列受到国会委托的报告和研究警告称，恐怖主义应该摆在国家议程中的更重要位置，但其他国际问题与恐怖主义争夺关注：例如索马里、海地、波斯尼亚、科索沃和南亚危机以及管控与俄罗斯、朝鲜和中国的关系。总统还将精力集中于为巴以冲突的解决进行斡旋。

克林顿政府并不被动。它对东非爆炸案作出的反应是对苏丹一家被怀疑与“基地”组织有关的制药厂以及位于阿富汗的训练营（其中一些是由巴基斯坦情报机构运作的）实施了巡航导弹打击。中央情报局旨在扰乱本·拉登行动的秘密行动在 1996—2001 年稳步扩大。这些行动聚焦于逮捕本·拉登并让他受到审判——或者可能是在这些努力失败的情况下杀死他。“基地”组织激进分子嫌疑人被捕带来了美国法庭上的 30 多次成功起诉。被判有罪者包括为第一起世界贸易中心爆炸案负责的人以及 1998 年东非爆炸案的一些罪犯。在联合国的支持下，对阿富汗塔利班政权的经济和外交制裁逐渐得到加强。然而，政府相信公众不会支持军事反恐努力的升级，尤其不会支持派遣地面部队。政府还拒绝向巴基斯坦施加强大压力，迫使其停止支持塔利班。

在从为 2000 年大选进行的漫长角逐尘埃落定到 2001 年 9 月这段时间，小布什政府也有其他关切，多数是国内问题。它对应对恐怖主义似乎并没有强烈的紧迫感。在克林顿政府执政的最后几个月，国家安全委员会（National Security Council）工作人员制定了一项有关更积极的反恐战略的计划，包括武装北方联盟（Northern

Alliance)，以对抗塔利班。新的国家安全委员会决定让这项提议接受政策评估，这一过程到接下来的9月才完成。

“9・11”事件对大战略争论的影响

“9・11”袭击事件驱使恐怖主义在更广泛的国际关系以及外交和安全政策领域由不受关注变得地位突出。它目前在大战略争论中居于中心地位。之前曾忽视恐怖主义的学者们现在承认它是一项主要的国家安全关切；事实上，一些学者认为恐怖主义威胁是对冷战后的外交政策彻底进行重新定位的时机。例如，巴里・波森(Barry Posen)呼吁不要再将恐怖主义作为“受到管控的政策”对待，并且应该推出一项真正的战略——他认为先前没有这样一项战略的原因在于国内政治、官僚惰性和情报工作乏力。同样，斯蒂芬・沃尔特（Stephen Walt）提到了与国内政治进程有关的问题：公众缺乏对外交政策利益的极大兴趣，领导们未能看到对外接触的固有风险，领导们的党派性，特殊利益集团的影响，以及国会的不负责任。他提议美国更加认真地对待作为一个大国的角色。

然而，巴里・波森认为，在“9・11”事件之后，替代性大战略的倡导者们一般会将其加进他们对恐怖主义的解读，而不是利用这个案例来重新审视他们之前的假设。一种外交政策视野的倡导者们都认为恐怖主义的“新”威胁证明了自己在“9・11”事件之前提出的观点或理论是有道理的。若干分析人士认为美国政策不太可能改变方向。例如，沃尔特认为美国不需要一项新的大战略，那只是重新为优先事项排序，以便将管控反恐联盟、控制大规模杀伤性武器、重建阿富汗并改善与阿拉伯和伊斯兰世界的关系包括在内。虽然斯蒂芬・米勒（Steven Miller）不一定支持现状，但他也认为“9・11”袭击事件不会改变小布什政府最初遵循的单边主义基本政策。虽然在短期内这个问题占据了公众和总统的议程，但大战略不太可能改变。米勒预测，这些袭击事件的影响将是暂时的。

另一方面，阿什顿・卡特（Ashton Carter）认为“9・11”事件证实了他之前的观点：美国正在遵循错误的大战略，它迫切需要一项按照他在“9・11”事件之前提议的方向的一项新的大战略。他认为，灾难性的恐怖主义，而非大国竞争在可预见的未来很可能成为国际安全研究的中心。

克制的美国外交政策的拥护者们毫不意外地引用了美国对优势地位的追求作为“9·11”袭击的部分原因，他们将袭击事件解读为要求制定一项减少国际参与的全新大战略的警钟。他们认为，美国霸权是原因所在；重新定位美国的外交政策，使其在世界上的角色变得没那么突出将是解决之策。维持秩序和稳定的责任应被转移给其他国家，以鼓励多极化，而不是优势地位。美国应该成为国际事务中听天由命的旁观者。

美国在“9·11”事件之后的反应

美国外交政策历史表现出了一种对冲击作出反应的模式，只有一次来自恐怖主义的、在美国国土上导致数千平民伤亡的毁灭性打击才可能带来根本性的政策改变，这或许是必然的。美国过去在对新出现的威胁作出反应方面速度迟缓，与1941年珍珠港遭袭和1950年朝鲜战争爆发的刺激效果的比较在“9·11”事件之后变得常见。

在多起劫机带来冲击后，小布什政府对恐怖主义宣战。一场对恐怖主义的战争意在摧毁敌人的行动能力，而不是为威慑或强迫而影响他的决策。使用战争的比喻将这个问题定义为一项对国家安全的威胁，使军事接触成为解决之策，并且预测最终会战胜对手，虽然官员们提醒公众这场战争将十分漫长。在此框架内，除进攻性战略之外的另一种选择就是失败，而失败是不可接受的。这个战争比喻也与美国的政治文化和话语相一致，这种政治文化和话语也支持对抗毒品、贫困、犯罪和其他社会问题的战争。

“9·11”意外袭击所带来的极高伤亡数字以及袭击目标（实际目标和计划目标）的性质大大提高了风险。美国当时愿意使用先前被认为在政治上不可接受的方式：以地面部队进行干预，力争推翻积极支持一个恐怖组织的政权，并摧毁该组织的根据地。克林顿政府和小布什政府先前都曾考虑并采用过其他选择来让塔利班停止支持本·拉登。2001年10月在阿富汗的军事行动发生在屡次要求塔利班交出本·拉登无果之后，与此同时，得到联合国支持的多边制裁开始实施。事实上，国务卿科林·鲍威尔（Colin Powell）在轰炸开始后说，塔利班的“温和元素”可以会在未来的政府中拥有一席之地。

为支持这场战争，地区和国际联盟得到了巩固。曾经的塔利班盟友巴基斯坦被说服，开始支持美国的战争努力，乌兹别克斯坦和塔吉克斯坦也是如此。这项战争努力超出了目的是在阿富汗击败塔利班政权并摧毁“基地”组织基础设施的直接军事行动；它还向那些遭遇与“基地”组织有联系的当地叛乱的政权——主要是也门、菲律宾和格鲁吉亚——提供包括培训在内的军事援助。美国还组织了一个国际联盟，目的是使反恐战争合法化，在阿富汗提供行动援助，并干扰“基地”组织的行动。从欧洲到亚洲的国家警察和情报部门被调动起来，抓捕“基地”组织嫌犯，切断他们的资金来源。中情局的秘密反恐行动得到了加强。数百名嫌犯被抓获——一些人作为“非法战斗人员”关押在古巴的关塔那摩湾，其他人留在愿意扣押并审问他们的政府手中。美国政府还强调公众外交，以削弱伊斯兰激进行为在伊斯兰国家，尤其是在中东的公众支持基础。

国务院 2001 年的年度报告对美国政策的描述是：（1）在有人质遭到劫持时不向恐怖分子妥协，不与其进行“交易”；（2）将恐怖分子绳之以法（例如在美国进行审判）；（3）孤立支持恐怖主义的国家并向其施压，劝说其改变行为；（4）支持帮助美国的国家进行反恐努力。这一表述概括了外交、情报、执法和财政方面的努力。报告最后提到了军事工具，主要是持久自由行动（Operation Enduring Freedom）。这份文件强调了各方面的国际合作。

在塔利班政权遭到推翻、“基地”组织在阿富汗的根据地遭到铲除后，小布什政府开始扩大其外交政策构想。2002 年 9 月，随着《美国国家安全战略》的发布，一套新原则正式得到申明。这项计划的很多元素是在反恐战争之前就有的。然而，国家安全顾问康多莉扎·赖斯（Condoleeza Rice）称，“9·11”事件是一次“地震”或地壳板块移动，类似于 1945—1947 年发生的引发冷战的事件。这次打击令美国对其世界角色的构想变得更加清楚明确。当时，她认为，反恐以及防止不负责任的国家获得大规模杀伤性武器界定了国家利益。

2002 年的国家安全战略承认非国家行为体是重要敌人，并且贫弱国家十分危险。这份战略报告呼吁在威胁彻底形成之前应对威胁，并称先发制人作为预防性自卫是正当的。为此，美国将寻求国际支持，但在美国利益和“独特”责任需要的情况下，它将单独行动。这项战略需要更具全球性的军事存在。与此同时，它包括公共外交或是一场“思想战”，以使恐怖主义不合法，并且改变让恐怖主义得以兴盛的环境和意识形态。小布什政府将这种有力应对解释为对付“邪恶”的道义需要。被美国列为“无赖国家”的敌人——伊朗、伊拉克和朝鲜——是这样一些国家：它们表现出通常不友好的意图，压迫国民，对邻国构成威胁，并且拥有或正在获得大规模杀伤性武器及运载工具。

这项国家安全战略首先要求伊拉克的政权更替。换掉萨达姆·侯赛因（Saddam Hussein）被认为不仅能够解决可能使用高致命性武器的一个无赖国家的威胁，而且能够解决中东的一系列问题，包括巴以冲突和民主缺失。按照预期，一个新的、民主的伊拉克能够成为其他阿拉伯国家的榜样，成为一个新的地区稳定之源。美国政府还宣称伊拉克与“基地”组织有联系，并且很可能向该组织提供大规模杀伤性武器。因此，让萨达姆·侯赛因下台还会有助于反恐。

2003 年 2 月，美国政府公布了一份补充性的《打击恐怖主义国家战略》。这项战略所根据的假设是，“9·11”袭击是战争行为，敌人是恐怖主义，而非某个有名有姓的对手，打败恐怖主义是美国政府眼下的首要任务。这项战略的目的是，在威胁真正转化为对美国领土和利益的袭击之前发现并化解这些威胁。这份文件规定，美国在必要时将采取单边行动，并且为了自卫将采取先发制人的行动。美国不会等待恐怖分子采取行动，而是会采取以执法和情报、军事力量以及旨在封锁恐怖分子财源的国际合作为基础的进攻性战略。各个方面的美国力量都将在这场斗争中得到使用，美国将协助那些缺少资源对抗恐怖主义的国家。防止恐怖分子获得并利用大规模杀伤性武器是这项战略的中心目标；这项威胁被认为是现实存在并且迫在眉睫的。这项“4D”战略被总结为“击败、拒绝、减少和防卫（defeat, deny, diminish, and defend）”：美国将摧毁恐怖组织；拒绝让它们得到国家支持；应对容忍并鼓励恐怖主义的深层环境（包括找到巴以冲突的解决方案）；保卫美国、美国公民以及美国在海外的利益免遭袭击。胜利被定义为实现这样一个世界：恐怖主义不是美国人以及他们的朋友和盟友的日常生活的主要特征。只有在长期的持续努力后才能实现的目标是，根除威胁美国生活方式的恐怖主义。

在宣布这项反恐战略之后不久，小布什政府通过发动伊拉克战争展示了其先发制人的单边主义战略的新现实。为了除掉一个支持并很可能继续支持恐怖主义并且已经获得并打算继续获得大规模杀伤性武器的政权，此次军事行动被说成是有必要的。美国迅速终结了萨达姆在伊拉克的统治，并且在这一过程中实现了最少的美国及其盟友的人员伤亡，从这些方面来说美国是成功的。然而，代价是疏远了美国的很多最亲密盟友。而且，事实证明，战后的占领艰难并且棘手，这在一定程度上是因为那些使用游击战术的暴力反对派组织和个人的出现。萨达姆在袭击中躲过一劫，将领导一场对占领部队的消耗战的可能性当时看起来越来越大。未能发现大规模杀伤性武器也破坏了美国在批评人士眼中的可信度——虽然美国公众并不这么看，但他们在战后不久仍然对这场战争和占领十分支持。

关键评估

美国对恐怖主义的反应在多大程度上实现了战略的要求？对恐怖主义的反应——不管是一项综合的一般性方针还是一套为不同情况“量身打造”的应对策略——能够纳入美国的一项大战略吗？击败恐怖主义与为推翻伊拉克政权或其他“无赖国家”而进行干涉之间是什么关系？

先看看反恐战略。“9·11”袭击打破了美国在对恐怖主义的反应中似乎存在的渐进主义模式。反恐战争的雄心勃勃毋庸置疑，尽管克林顿政府与小布什政府的反应之间的延续性比后者愿意承认的要多。然而，反恐战争中的目标界定以及目的与手段之间关系的逻辑性并不完全明确。目的是否过高，以至于没有手段能实现它们？什么是对恐怖主义的胜利？对消灭威胁美国生活方式的恐怖主义如何加以衡量？

阿富汗战争有两个目标。作为一场对塔利班政权的战争，这项战略表面上在短期内获得了成功，因为塔利班政权被推翻了。然而，毛拉·奥马尔（Mullah Omar）仍然下落不明。这次对“基地”组织的军事行动的结果存在问题。该组织成员仍存在于阿富汗和巴基斯坦的一些地区，并继续利用恐怖主义来袭击西方利益。重大袭击事件在突尼斯、摩洛哥、沙特阿拉伯、肯尼亚和印度尼西亚发生。而且，这个对手是拥有一个全球网络或‘特许经营’集团结构的非国家行为体，拥有相当大的当地自主权和灵活性，即使在某一地区被击败，它似乎也能够重整旗鼓。“基地”组织似乎并不依赖国家支持；可以想象，该组织能依赖多个分散的行动中心，从而可以在没有一个固定的区域基地的情况下存在。因此，对国家进行的先发制人的打击可能收效甚微。

美国不仅发起了对塔利班和“基地”组织的战争，它原则上也对“具有全球影响力的恐怖主义”宣战。这场战争的对象并不是作为一个单独的非国家实体的“基地”组织，而是该组织——或者还有其他任何组织——选择使用的手段。这项目标是开放式的，因此它可能永远无法实现。

此外，反恐战略所带来的意想不到的、可能代价高昂的后果以及新的国家安全战略可能促使这项威胁在未来成为一种对美国在伊拉克以外的世界各地扩大的军事参与作出的反应。鼓励各国镇压恐怖主义可能带来对所有反对派的镇压，从而促使怀有极端目标并且憎恨美国的新地下阴谋集团建立。这项战略并未就美国协助别国政权对抗各种与“具有全球影响力”的恐怖主义有关的暴力挑战确定界限，而“具有全球影响力”这一表述也没有得到界定。例如，一场当地冲突与“基地”组织之间的联系有多大的时候美国才应该介入？

2002 年宣布的先发制人战略适用于所有威胁，不单是恐怖主义。它旨在提前摧毁敌人的袭击能力，而不是影响它的“意志”或作决策时的考虑。这项决策的拥护者将其视为一项为保卫美国利益而改变危险现状的努力。依赖先发制人还可以用来避免由缺少恐怖袭击的战术警告或缺少证明国家共犯的铁证所导致的困境。与此同时，对先发制人的袭击的害怕可能令对手首先实施打击。朝鲜、叙利亚和伊朗就是这方面的例子。

因此，反恐战争是一项早在“9·11”袭击之前就受到政府青睐的优势和单边主义大战略的核心。然而，从击败恐怖主义的角度来说，使用军事力量对敌国，尤其是伊拉克采取先发制人的行动可能代价高昂。如果这项新的国家安全战略能够被定义为一项大战略，那么它就可能与一项有效的反恐战略并不“兼容”。一种后果是，伊拉克战争令反恐联盟的成员相互疏远，而它们对于美国的执法和情报努力至关重要。北约在这一问题上陷于严重分裂。

美国的战略规划者们似乎并没有对打完并赢得一场先发制人的战争之后会发生什么进行深入的思考。美国似乎没有准备好应对伊拉克政权倒台之后的严重不安全和无序。反恐战争的影响可能极为负面。例如，如果战后对伊拉克的占领被认为是美国敌视伊斯兰教的证据，那么这可能激发来自“基地”组织或其他极端组织的恐怖主义。具有讽刺意味的是，美国的行动可能带来伊拉克民族主义高涨，从而会团结并激发包括恐怖主义在内的暴力反抗。同样，阿富汗在美国宣布军事胜利后仍不稳定并且局势动荡。美国当时未能杀死或拘押萨达姆和本·拉登。

如果从长期来看推翻萨达姆政权没有带来伊拉克和邻国的民主化，而是带来了更大的不稳定和更多压迫，那么恐怖主义继续存在的可能性进一步加大。如果人们将针对美国利益的恐怖主义认为是国内冲突的一种国际化形式——在全球化进程的推动下，当地的不满“溢出”到国际舞台——那么最初具有局限性并且范围很小的暴力就可能在伊拉克以外的地区转化为“具有全球影响力的恐怖主义”。值得注意的是，过去美国力量的展示并未让恐怖分子放弃。在 1986 年对利比亚的突袭之后发生了 1988 年泛美航空 103 号班机爆炸案。1998 年对苏丹和阿富汗的打击并未使“基地”组织收手。

美国为“减少”据信滋生恐怖主义的条件所作的努力包括解决巴以冲突以及在伊拉克建立民主稳定。在伊拉克战争之后，小布什政府承担了比它最初的预期积极得多的角色。然而，失败的风险仍然很高。后果可能远远超出这场战争本身的范围之外。如果美国——由于它的参与、它的力量以及它与以色列的联盟——被认为应该对以色列继续针对巴勒斯坦人的暴力行为负责，那么它作为恐怖主义目标的吸引力将会增强。

结　语

有关美国对恐怖主义所作反应的本次回顾提出了若干关键问题。何种美国外交政策或大战略会与控制恐怖主义“兼容”？为了阻止人们使用此类手段，美国能以何种方式塑造物质和思想环境或者是规范环境？如何能够协调美国的所有资源？尤其是，军事手段应该与经济和政治工具存在怎样的关系？

第一条结论是，决策者应该避免脱离背景来考虑恐怖主义。因此，反恐战略必须与大战略相联系，大战略必须与政策目标相联系。这些区分并不总是明确体现于美国对恐怖主义的反应中。人们很容易将对恐怖主义的应对与一个总体性的概念结构联系在一起，该结构决定了自上而下的推理。然而，恐怖主义出现的当地政治背景决定它的轨迹，威胁评估不应该一概而论地认为恐怖主义是一种完全统一的力量。政策必须灵活。决策者必须学会处理复杂性和含糊性。

例如，“基地”组织在具体并且可能很独特的历史条件下发生了演变。苏联对阿富汗的侵略、美国对“圣战者”的支持以及1991年海湾战争中盟军的胜利是不会被复制的起到催化作用的关键事件。因此，认为“基地”组织将成为未来恐怖主义的一种范式的想法可能是错误的。一项击败“基地”组织的成功战略可能针对其他威胁并没有效果。事实上，作出千篇一律的应对可能非常危险，如果这使对手们能够绕开他们所知道的威胁进行策划的话。

而且，战争的对象是对手，而不是方法。我们能否通过对使用一种做法的人发动战争而宣布这种做法非法，这是一个没有定论的问题。根除所有“具有全球影响力的恐怖主义”确定了一个开放式的政策目标。这个目标对任何战略来说都可能太过远大。衡量成功或许是不可能的，尤其是如果考虑到可能实施恐怖主义的行为体的数量和种类的话。

虽然在过去，可能只有国家算是值得考虑的对手，但美国不再能够怀着这样的想法行动。然而，用一场反恐战争来为美国对伊拉克的先发制人战略进行辩护的努力恰恰表明了这样一种对旧思维的依赖。威胁不再是独立自主的非国家行为体“基地”组织，而是一个熟悉的对手：伊拉克。有关伊拉克可能为“基地”组织提供生化、核以及放射性武器的说法是一种使政策焦点回归一个以国家为中心的世界及其力量均衡的方式。在此框架下，非国家行为体只有在它们是国家的“代理人”时才获得重要性；它们不被视为独立行为体。

鼓励不容忍异见的政权放宽限制，为适度反对意见的表达开辟空间，以及推动民主，这些也是一项旨在塑造国际环境，以使其对恐怖主义更不利的大战略的组成部分。美国必须致力于为对现状不满的人们提供另一种富有吸引力的未来。否则，很多感到愤愤不平的人很可能会受到吸引，加入极端和反美事业。一项先发制人的大战略是否助长了这项意图，这不得而知。

同样关键的一点是，美国的反恐努力在国际社会看来要是合法的。其他国家的支持对于干扰恐怖主义活动以及控制大规模杀伤性武器的传播必不可少，但伊拉克战争忽视了盟友的异议。美国的大战略不应该忽视国际安全领域的相互依赖。

第二部分

国际反恐斗争中的政策工具

第 4 章　外交

迈克尔·A·希恩（Michael A. Sheehan）

美国无法仅凭一己之力打败国际恐怖主义。美国与其盟友铲除“基地”组织在阿富汗的避难所将提升从菲律宾南部到非洲北部的其他“基地”组织根据地的相对重要性。因此，外国政府的角色如今比以往任何时候都更加重要。未来识别并逮捕恐怖分子的工作大多将由外国执法机构来完成。然而，每个国家都有看待恐怖主义威胁的不同视角、不同的投入程度和不同的支撑反恐努力的能力。没有多少国家的投入程度完全能达到美国的水平。一些国家可能认为这个问题跟一系列其他更紧迫的国家问题比起来优先级不高，因此态度消极或冷淡。还有一些国家可能很在意，但没有对付恐怖分子的手段。另外一些国家可能担心，如果它们镇压“基地”组织及其支持者，它们会遭到直接报复或受到自身社会中的本土极端组织憎恨。

美国领导层面临的挑战是建立并维持一个有效的反恐联盟，有效的外交将是这项努力的基础。恐怖分子坚决、耐心，并且必定会坚持袭击美国和其他目标。他们在短期内不会被打败。要想完成这项任务，美国领导层需要付出同样持续、专注的努力。一项有效的战略不会完全消除虔诚的狂热分子不定时的袭击，我们今后将学着适应这些。然而，我们需要一项成功的战略来令这些组织边缘化，至少防止他们组织灾难性的袭击，获得大规模杀伤性武器，或者破坏伊斯兰世界——尤其是巴基斯坦和印度尼西亚——的稳定。小布什总统及其继任者的政府将需要保持专注，将反恐摆在外交政策议程的第一位。这种专注不仅对于维持美国的努力是必要的；它对于保持美国主要伙伴的投入也至关重要。

在对抗国际恐怖主义的斗争中，美国的外交政策是管控我们与关键伙伴的关系，以说服、诱劝或强迫它们打败首要的国际恐怖主义威胁：“基地”组织及其相关组织。换句话说，美国的外交力求确保关键国家保持对抗恐怖分子的政治意愿，尤其是那些驻在本国的恐怖分子。如果政治意愿得到确立，那么随后的提供培训和设备以及共享情报的项目将可奏效。没有真正的政治意愿，这些努力将遭遇失败。当然，资源有助于激发并维持意愿，美国外交官将需要采取并行策略——诱劝其他国家做更多事情，提供情报和资源来支持具体项目，并最终让关键伙伴为结果负责。

因此，外交是一项综合的长期国际反恐战略的基石，该战略寻求在政治上使人们不再信任、在行动上扰乱并最终打败那些最暴力的组织。外交不仅仅是对话；它是利用所有可用的外交政策工具来影响其他国家——既包括盟友，也包括敌人，以便让恐怖分子失去他们运作所需的实体空间和政治空间。外交互动包括情报、执法和军事领域的双边、地区和国际层面的合作。持续的外交活动不仅寻求为美国反恐战略提供适当的政治和财政资本投入，而且寻求使反恐战略与美国的其他国家利益相协调，后者包括推动人权、加强民主以及保卫美国的全球经济、政治和安全利益。

在本章中，我将讨论美国外交在对抗国际恐怖主义威胁的斗争中所扮演的角色。虽然重点放在“基地”组织和有关激进组织，但国际外交接触的原则适用于所有恐怖组织，这些原则包括让恐怖分子没有集结、转移、联络、培训、筹资和散播信息的空间。

“基地”组织威胁发生转变

“基地”组织所构成的威胁自“9·11”袭击以来发生了重大转变，从而更加突显了外交在击败这个在其阿富汗营地被毁后重组的、分散的组织方面所扮演的角色。虽然“基地”组织网络严重受损，但它仍然是美国利益在世界各地所面临的最重要的恐怖主义威胁。“基地”组织不同于等级森严、高度结构化的组织（例如秘鲁的“光辉道路”组织（Shining Path）或土耳其的库尔德工人党（Kurdistan Workers' Party），对后者来说，备受敬重的领袖被抓致使该组织几近崩溃，而结构松散的“基地”组织拥有分散的中央指挥机构。对“基地”组织特征的最好描述是由网络组成的网络。该组织的中央领导层为附属组织提供资金、指导和专门技能，行动计划自上而下，也自下而上地形成。当地的小规模团伙在策划和实施恐怖袭击上拥有相当大的独立性和积极性，中央领导层只对其进行松散的协调。驻东非的多处美国使馆遭受的同时袭击以及“9·11”袭击表明了这种具有巨大杀伤力的当地行动、中央集中策划和支持的双重能力。

美国的军事行动使“基地”组织在阿富汗不能再轻松行动，并且可能会迫使该组织以很多方式作出调整和演变。第一，因为美国的军事行动，阿富汗已经不再是“基地”组织高层领导逃避惩罚的避难所。“基地”组织已经“转入地下”——避免受到优良的培训和武器攻击。它现在寻求替代性的实体空间和政治空间来进行重新部署，重建它在阿富汗失去的基础设施，包括训练营及其指挥、控制和通信设施。这项任务并不容易，但并非没有可能。数百可能数千名“基地”组织人员越过松懈的阿富汗边境逃走，他们大多逃到了巴基斯坦西部的部落地区，还有一些人经由伊朗去往中东和其他目的地。这种“转入地下”的进一步证据是，到2002年3月底，虽然美国在阿富汗开展了大规模军事行动（“蟒蛇”行动），但在已知的“基地”组织高层领导人中，有半数仍然在逃，本·拉登本人当时据报道正沿阿富汗和巴基斯坦边界活动。2002年10月美国在阿富汗的第82空降师在阿富汗与巴基斯坦边境实施的“阿拉莫扫荡”行动只发现了一些遭到遗弃的武器隐藏处，但确认了“基地”组织的残余力量正在边境另一侧的巴基斯坦城镇米勒姆沙阿（Mirim Shah）附近变本加厉地行动。同样在2002年10月，反恐官员估计“基地”组织高层领导人不仅仍然在逃，而且已经恢复了他们的恐怖主义活动。这些官员将艾曼·扎瓦希里（Ayman al－Zahwahri）发布的录音以及其他中层领导人恢复活动作为“基地”组织威胁持续存在的证据，扎瓦希里在录音中号召对美国经济展开攻击。而且，很多“基地”组织高层领导人和其他几十名该组织武装分子由美国常规部队能够触及的地方转移到了伊朗。根据《华盛顿邮报》报道，两名高层“基地”组织领导人塞义夫·阿德尔（Saif al－Adel）和马赫福兹·乌尔德·瓦利德（Mahfouzm Ould Walid）藏身于伊朗边境城市马什哈德（Mashhad）和扎博勒（Zabol）的宾馆。

“基地”组织网络的弹性及其向更小规模恐怖主义行动的转变以致命效果在2002年10月得到了展示，仅在那个月，“基地”组织成员就对正在科威特城附近一座小岛上开展演习的美军发动了小规模武装袭击，在菲律宾南部三宝颜市一个拥挤的歌厅引爆了炸弹，在也门穆卡拉沿海用一艘装载炸药的船只撞向了法国“林堡”号油轮，用高爆破性的汽车炸弹破坏了巴厘岛恬静的海滩度假胜地并导致180多人丧生，此外，他们在巴基斯坦卡拉奇和菲律宾马尼拉也制造了更小规模的爆炸事件。

第二，为了保护自身现有的运作空间，“基地”组织将采用秘密的谍报技术来避开当局。这项努力包括使用基层团伙来保护更大组织的身份；普遍使用多个化名，尤其是在转移时；限制基层组织之间的多数常规通信形式，尤其是在一次行动之前。据媒体广泛报道，“基地”组织在全世界60个国家维持着半自治的团伙。过去的经历表明，这些团伙在从佛罗里达到费萨拉巴德、从汉堡到希伯伦、从新泽西到雅加达的任何地方都能运作。2002年初，伦敦的反恐专家坚称，仅在英国就有100名“基地”组织支持者。2002年7月，《时代》周刊报道称，该组织有多达3000名核心人员分散在阿拉伯和伊斯兰世界各地，其目标是在全球补充并扩大他们的网络。

第三，可能也是最重要的一点，“基地”组织将寻求创造与赞同“基地”组织国际目标的地方极端伊斯兰组织和恐怖组织的共生关系。同时，它将支持地方主题，以便获取额外的“政治空间”，供其在政府软弱、不敢招惹当地伊斯兰教徒的国家运作。此类联盟的基础在20多年前一个“伊斯兰国际”形成时就已经建立。其根源是阿富汗对抗苏联的“圣战”以及随后的内战，在战争中，数千名来自沙特阿拉伯、阿尔及利亚、埃及、也门、巴基斯坦、苏丹和很多其他伊斯兰国家的“圣战者”获得了培训和实战经验。共同的战斗经验以及在这期间建立起来的个人联系为今天继续存在的国际网络奠定了基础。

阿富汗以及它在巴基斯坦和中亚的相邻边界地区最有可能仍将是“基地”组织及有关组织的“主要沼泽地”。然而，这些组织已经在加强过去与世界其他地区的联系，以补偿他们失去的庇护所。这些地区主要存在于这样一些国家：在这些国家内部，伊斯兰激进分子拥有据点，主要与地方当局对抗，但他们也可能与“基地”组织一样都有反美或更广泛的反西方情绪。

在欧洲，一项重要的恐怖主义行动威胁来自北非的“基地”组织代理组织。阿尔及利亚、摩洛哥等国家的很多人在英国、意大利和法国进行前期恐怖主义策划时遭到逮捕。这些被捕的个人——有些与一个名为“北非阵线”的组织有关——可能是在代表伊斯兰武装组织或萨拉菲派“圣战”组织行动。据称，他们的计划包括实施可造成大规模伤亡的袭击，以及使用生物，可能还有化学制剂来制造恐惧。虽然他们进行了前期策划活动，但这些组织一直面对来自反恐机构的巨大压力，近年来未能在欧洲取得任何一次战术上的成功。如果来自欧洲政府安全部队的压力增加，极端主义行动者就可能会躲到加拿大或南美去，从而将他们的信仰和行动带到西半球。

在高加索地区和中亚，这些组织包括在潘基西峡谷（Pankisi Gorge）为车臣从俄罗斯联邦中独立出来而斗争的伊斯兰激进分子和寻求在整个中亚建立一个单一的伊斯兰国家的、在费尔干纳谷地（Ferghana Valley）活动的乌兹别克斯坦伊斯兰运动。在东南亚，伊斯兰团的目标是建立一个包括印度尼西亚、马来西亚和菲律宾南部穆斯林岛屿的独立伊斯兰国家；在菲律宾，“阿布沙耶夫”反政府武装、摩洛伊斯兰解放阵线和摩洛民族解放阵线都有可能会加强它们与“基地”组织的联系。“基地”组织网络深入东南亚的程度在《纽约时报》的一篇文章中得到了揭露，那篇文章称，在东南亚的该组织如今比一年前更具破坏性，反美情绪更加强烈。文章还提到，据人们所知，本·拉登最信任的副手之一留丹·伊萨姆丁（Riudan Isam-uddin）就身在该地区，因为参与了 2002 年 10 月的巴厘岛爆炸案，他现在是印度尼西亚当局密集搜捕的对象。在中东，最近的证据表明，一些巴勒斯坦团体可能与“基地”组织有联系。例如，在德国，当局在 2002 年春天捣毁了一个属于“认主独一”组织（al Tawhid）的恐怖分子团伙，那是一个由“基地”组织最高领导人穆萨布·扎卡维（Musaab Zarqawi）控制的组织。在那次德国行动中被捕的人中有四人是巴勒斯坦人。美国情报分析人士认为，来自各个组织的 800 名恐怖分子——其中多达 100 人与“基地”组织有联系——藏身于格鲁吉亚东北部没有法治的潘基西峡谷地区，那是在分离出去的车臣共和国（俄罗斯）和阿布哈兹共和国（格鲁吉亚）作战的激进分子的一个跨境中转基地。本·拉登的老家也门是“基地”组织追随者的另一个藏身之处。巴基斯坦当局曾抓获十名据称的“基地”组织成员，其中至少八人是也门人，包括“9·11”特工嫌疑人拉姆齐·比纳尔贡布（Ramzi Bi-nalshibh），这再次表明了也门在诸多恐怖分子避难所中的地位。

"基地"组织可能也寻求在伊朗、苏丹或叙利亚重建它的基础设施。然而，这些国家不太可能为"基地"提供一个未来的行动基地，原因有几条。邀请美国最想抓到的敌人进入它们的国家从而激怒美国是十分愚蠢的做法。此外，我们对这些政权进行更仔细的审视后会发现，虽然它们可能反对美国政策，并且曾支持或使用恐怖主义，但它们并不是"基地"组织的天然盟友。

"基地"组织将挺过美国反恐斗争的第一个阶段。它将隐蔽起来并作出调整，以抵抗旨在将其成员从他们当前的藏身之处铲除的更长期努力。尽管如此，"基地"组织仍将需要并利用农村和城镇中心。它需要偏远的农村地区——不管是在阿富汗、中亚、高加索、印度尼西亚还是菲律宾——来建训练营、开展作战、武器和爆破培训、进行思想灌输并使恐怖分子干部变得激进。此外，这些训练营提供了十分关键的场所，让恐怖分子能够建立信任和信心，以及在未来运作秘密团伙所需要的基本的真诚。"基地"组织要想在躲避执法的同时获取现代通讯、指挥和控制，卡拉奇、雅加达、伦敦或底特律等人口密集城市的市中心十分关键。因此，虽然美国的军事行动必须继续将"基地"组织从阿富汗及其周围地区彻底铲除，但一项更长期的、与当地执法和情报人员联手打击更小规模的恐怖分子"沼泽地"的外交努力将越来越重要。

外交的角色

外交在反恐战略中的中心地位源于这样一个事实：按照定义，国际恐怖主义是一种政治行为。说到"基地"组织，虽然它的政治意图近五年来发生了变化，但该组织的一贯主题聚焦于反对美国政策——尤其是美国在沙特阿拉伯的军事存在、攻打伊拉克的行动以及对以色列的支持。"基地"组织寻求一场与西方和世俗阿拉伯政权的战争，并寻求在那些伊斯兰土地上建立一个泛伊斯兰原教旨主义政权。这一政治目标混杂着对西方，尤其是美国及其生活方式的纯粹愤怒。

一项有效的美国反恐战略必须寻求建立政治意愿——寻求所有国家对恐怖主义的"零容忍"。为实现这一目标，外交官们必须建立若干条并行的、相辅相成的努力途径。美国的第一项挑战是剥去恐怖分子的政治目标外衣，将焦点置于他们的犯罪行为。外交致力于推动各国就恐怖主义威胁的性质达成共识，强调对所有恐怖主义形式——即使是“正义事业”——的零容忍政策。这并不容易，需要在外交渠道、借助国际公共外交作出不懈努力。一些外交官要求对“根源”进行冗长的分析，从而在无意中分散了反恐努力的焦点。的确，我们有必要了解一些恐怖分子似乎“茁壮成长”的环境，尤其是那些与当地叛乱有关的恐怖分子，但不应该允许这项调查将注意力从消灭“基地”组织团伙及其同伙上转移开来。将贫困等“根源”作为唯一的焦点可能起到反作用。“基地”组织的思想、资金和领导来自全世界最富有的地区（沙特阿拉伯和波斯湾），它的领导层以及很多关键成员来自上层阶级和中产阶级。

有效的外交将对于建立将恐怖主义视为犯罪行为的国际共识并且将这一共识转化为得到所有国家高度重视的实际行动必不可少。然后，外交官需要启动一系列单独但相辅相成的、将击败当地恐怖组织的途径。这些途径包括旨在加强国际和国内反恐法律的措施；增加用于培训、装备、情报利用和其他项目的资金；利用制裁以及不常用但十分重要的军事力量选择等强制措施。最后，外交官们必须在他们所在的地区和国家背景下仔细地组织这些项目，以管理相互竞争的优先事项，并维持关键伙伴的下述努力：明确谴责恐怖主义，并建立能逮捕恐怖分子或者至少阻止、干扰或减少其活动的有效政策和情报机制。

这些传统的反恐工具在被用来应对过去的恐怖主义威胁时取得了混杂多样的结果。这些工具都必须得到调整，以适应当前的威胁，更重要的是，必须以始终如一的决心得到维持。

对恐怖主义零容忍：国际和国家法律

国际和国家法律为反恐合作和行动提供法律框架。12部有关恐怖主义的联合国公约关注全面，涉及各种公认的、具体的恐怖主义活动（例如劫机、制造无添加辨认剂的塑胶炸药、劫持人质）；这些公约构成了一个国际反恐法律机制的基础。这样一种途径支撑了下述论点：法律的实施应该是对恐怖主义的主要反应，它可以消除常常干扰反恐讨论，更重要的是反恐行动的道德上的含糊不清。在“9·11”袭击事件后，根据《联合国宪章》第七章（武力的使用），联合国安理会立即通过了第1373号决议（2001年9月28日）。该项决议要求所有会员国防止和制止资助恐怖主义行为，将本国国民为恐怖活动提供或筹集资金定为犯罪，并且呼吁各国冻结可能用于恐怖主义的资金和其他金融资产。该决议将焦点强力集中于粉碎恐怖分子的金融生命线，建立一个让国际刑警组织和金融行动工作组等关键国际机构共享信息并合作执法的网络。该决议还建立了一个常设的反恐怖主义委员会，以跟踪会员国实施情况，并提供技术和其他协助。通过加强联合国所秉承的反恐应该以国际法为基础的基本前提，美国能在鼓励会员国签署、批准并实施这些公约和决议方面发挥关键作用。

这项努力的重要性或许不像逮捕一名“基地”组织成员那样能够立刻显现出来，但从长期来看，它非常重要。这些法律和安理会决议涉及政治和法律维度。在法律上，它们确认了恐怖主义行为的具体犯罪性，除去了恐怖分子的政治动机外衣。在政治上，它们能为接下来的国家法律提供一个框架，如果得到妥善执行，它们带来的结果将是，签约国制定禁止筹集资金以及其他与恐怖组织的共谋行为的国内法律，从而让执法机构拥有法治范围内的新工具。对那些想要实施这些法律但可能不知如何实施——或者可能不愿意这样做——的国家来说，这个框架能提供专业知识和政治掩护。对那些在执行这些法律方面行动迟缓的国家来说，它让美国外交官拥有与国家法一致的施压点和后续援助项目的出发点。例如，如果一个国家在银行业法律方面十分松懈，让恐怖分子得以通过该国银行转移资金，那么这个不断扩大的法律主体就使美国外交官能够向这些国家施压，要求其遵守国际法，而不仅仅是满足美国的希望。

在美国的国家层面，由国务院确定的“外国恐怖组织”名单是获得国际反恐支持的一项重要工具。这个“外国恐怖组织”程序包括识别恐怖组织，宣布它们非法，并没收它们的资产，它还对其他国家发挥重要的信号效应。例如，1997 年，“圣战者运动”被列入外国恐怖组织名单，这促使巴基斯坦安全机构疏远了该组织。宣布一个组织非法能带来立竿见影的效果：加入该组织、筹集资金或在其他方面与其发生联系自动变成了非法行为。当前的“外国恐怖组织”程序准备仔细、依法受到审核、可靠并且与国务院、司法部和情报系统合作实施。我们应该保持这一进程与政治无关，其他政府必须效仿美国，宣布恐怖组织非法。

在多年来向其他参与反恐的国家介绍这些法律的好处并且对其施加友好的压力

后，英国也加入了美国的行列，制定了一套类似的法律，宣布某些恐怖组织非法，从而让当局拥有了可阻止明显构成恐怖威胁的个人活动的新法律工具。类似的持续努力应该也扩展到其他国家，从而展示“外国恐怖组织”进程的重要性，并推动“外国恐怖组织”进程或类似进程在尽可能多的国家得到实施。

国际共识必须超越新法律的制定和恐怖组织的确定。它还需要一项应对恐怖主义威胁的真正承诺。国际努力只有借助交换条件的办法才能取得成功：“如果你追捕威胁我的恐怖分子，那我也将追捕威胁你的恐怖分子。”在这方面，一国的内在积极性仍是最关键的因素。这个因素也适用于美国。例如，20 世纪 90 年代，斯里兰卡政府对底特律地区为泰米尔伊拉姆猛虎解放组织提供大量资金支持表示了不满。虽然美国官员知道这项支持，但这项活动优先级不高，因为它并不对美国国民构成直接威胁。值得赞扬的是，美国联邦反恐官员对斯里兰卡政府的要求作出了回应，打击了设在底特律的为泰米尔猛虎组织提供资金的组织，从而巩固了美国在外国合作伙伴心目中的信誉，促使它们对自己管辖范围内的其他恐怖组织采取更多措施。

建设反恐能力：美国援助计划

来自美国的直接反恐、经济和军事援助是帮助各国改进反恐努力的最有效工具之一。这项努力包括国务院的“反恐怖主义援助”计划。很多政府对得到使其能够改进本国军事和非军事安全部门工作的美国援助十分感兴趣。到 2000 年，已有来自 100 个国家的 2 万名外国执法人员和机场安保人员在反恐怖主义援助培训计划的框架内接受了培训。小布什政府在其提交的 2003 财年预算中要求拨款 1. 21 亿美元用于反恐接触项目、培训和装备，以帮助其他国家打击全球恐怖主义。其中，5200 万美元用于建立一个反恐与安全培训中心，在开始运转后，该中心每年将对 7500 名伙伴执法人员进行先进反恐和安全措施的培训。该数字大大高于此前给反恐援助项目的预算分配，1997 年和 2001 年的数字分别为 2300 万美元和 3800 万美元。除国务院外，中情局、联邦调查局和五角大楼也可以在双边和多边领域发挥有益的协同作用。事实上，如今这些机构的“外国援助”预算越来越多，超过了国务院。虽然这些项目有所帮助，但各个单独的美国项目非常分散，从而错失了影响东道国的一个关键机会。政治意愿依然是关键；为确保政治意愿，并且能从投入中收到实效，美国在提供援助时应该坚持一项能取得成效的连贯、综合的战略。几乎所有国家（与华盛顿联系过于密切会带来政治问题的国家除外）十分乐意让他们的军队、情报或执法机构接受培训和援助。然而，确保这些投入有效用于美国关心的那些威胁要困难得多。国务院应该带头向东道国施压，要求其取得成效。因为联邦调查局和中情局的特工们需要依靠良好的关系来办案或取得情报线索，所以他们常常不愿意向东道国政府施压。然而，如果国务院得到正确的领导，它常常能够更好地向国家政治领导层施压，要求其取得成效。

因此，为使与当地协作的有效性和能力最大化，在可能的范围内，反恐预算应该由国务院管理，由合适的专家机构执行。这种办法并不是新的。数十亿美元的冷战安全援助项目就是由国务院管理的，项目包括为外国军队提供资金支持（军事装备）、国际军事培训（在美国学校培训外国军官）以及经济支持（经济援助）。把这些项目合并到一条预算线中也会令国会能够更好地发挥影响力。国会可以评估援助成效并增加压力，或者作出相应的调整。各部门和机构会反对此类措施；它们更希望像它们的国会委员会那样有自己的项目。然而，合并的努力是值得的。

军事援助与合作也可成功用于对付恐怖分子。在与美国情报或作战支持力量的密切协作下，果断行动的外国安全部队在追击恐怖分子网络时可能起到关键的效果。这项策略尤其适用于“基地”组织将在政府控制乏力之处寻求庇护的新环境。当地安全力量必须得到加强和补充，以提供主要的反恐努力。美国驻巴基斯坦前大使温迪·钱柏林（Wendy Chamberlain）指出：“打击恐怖主义不是仅靠在我们的国土周围建起更好的防护栏。还要靠与巴基斯坦警方合作推倒阿布·祖贝达（Abu Zubaydah）的‘基地’组织藏身所的大门。”自2002年2月以来，美国着手为反恐战争广泛开展培训，并提供有关装备。例如，除在乌兹别克斯坦和吉尔吉斯斯坦有相当大的美国军事存在外，五角大楼还投入了1200名官兵和1亿美元作为对菲律宾的援助，派100名官兵到也门，派150名军事培训人员到格鲁吉亚，在格鲁吉亚，美国特种部队为在潘基西峡谷打击激进分子的格鲁吉亚军队提供了培训和装备。作为回报，美国在其反恐斗争中得到了相当大的支持。到目前为止，136个国家已经在反恐战争中提供了某种形式的军事协助，46家多边组织发表了支持宣言。

北大西洋公约组织、美洲国家组织以及《澳新美安全条约》国家承担了与美国的集体防御条约义务。

考虑到恐怖主义的跨国性质，美国还必须通过协调地区反恐努力而援助有关国家。为达到这一目的，美国外交官们可以支持促进更密切合作的地区和国际机制的创立、对政策选择的讨论以及旨在减小恐怖主义威胁的新手段的发展。这项战略在高加索以及中亚和东南亚等地区尤为重要，在那些地区，恐怖组织利用松散的边境以及情报系统与执法系统之间的合作不足钻空子。美国外交官可以作为中间人帮助协调有时因为其他问题上的双边紧张关系而难以携手合作的国家之间的合作。由美国外交官发起的地区反恐论坛常常能够把这些组织召集在一起，让它们进行对话——这是有望通向情报共享以及联合培训和行动的第一步。

然而，这些双边和地区项目有三个方面需要稍作调整。第一，美国必须为外国政府提供更多财力援助，以加强反恐战争。2001 年，美国政府的反恐预算由 1998 年的 60 亿美元增加到了 97 亿美元。这是朝正确方向迈出的第一步，但预算增加中的很大一部分被建设反恐防御措施的美国政府机构吸收。更多的资源需要提供给培训和装备格鲁吉亚、也门、菲律宾和印度尼西亚等国家的援助项目，这些项目会使反恐斗争更接近其源头。在“9·11”袭击之前，在由克林顿政府向小布什政府过渡的过程中，国务院反恐怖主义协调员办公室已经制定了一项草案，计划将“反恐怖主义援助”拨款增加到 2 亿美元。在如今这个后“9·11”环境中，这个外国培训和安全援助计划必须至少扩大到 2.5 亿到 3 亿美元，开展一项为一系列国家的军事、情报和执法机构提供培训和援助的强有力计划。

第二，国务院必须协调所有美国海外反恐项目，不论它由哪个机构实施，以便更有效地利用有限资源，并且尽可能提高对一个国家的政治影响力。在必要的时候，国家安全委员会的工作人员可以帮助对机构之间的分歧作出仲裁，但实施应该仍然由国务院协调。如果美国无法协调自身各途径，那只会加大它试图援助的国家中的部门间协作难度。克服这一障碍的一种方式是大大增加国防部的反恐预算，这将使它能够为机构间项目提供资金。国务院为这种机构间合作提供资金和协调的一个很好的例子是，国防部在 2001 年初利用来自“反恐怖主义援助”预算的 200 万美元拨款对菲律宾特种部队进行了培训。

第三，在提供“反恐怖主义援助”以及其他形式的安全和军事援助时，美国必须确保获得援助的国家最后不会将它们依靠美国援助建立起来的安全机制用于对付合法的本地反对派。获得美国援助的国家大多拥有薄弱的司法制度和民主制度，尤其是在南亚、中亚和高加索地区。它们有可能借反恐的名义使用新培训和装备的人员来对付反对本国政权者。美国也面临与不民主政权或威权政权结伙的风险，从而进一步证实以美国为目标的激进伊斯兰恐怖组织的指责。

制裁和使用武力

反恐斗争还有赖于迫使国家和机构采取行动的遏制措施。事实已经证明，制裁过去在减少国家对恐怖主义的支持方面是有效的。更值得注意的是，美国的单边制裁与联合国安理会授权的制裁机制显然推动了穆阿迈尔·卡扎菲（Muammar Qaddafi）作出远离恐怖主义的决定。然而，国际恐怖主义不断变化的性质可能会限制对无赖国家实施制裁的价值，因为没有多少国家会想要被发现支持本·拉登等国际恐怖分子并承受国际社会的集体愤怒。

制裁将是一种更难用在“基地”组织这个例子中的工具。因为塔利班已被除掉，“基地”组织没有了直接的政府支持——它也不太可能获得这样的支持。然而，美国不应该将制裁这个工具从其“武器库”中去除。这一工具必须得到修改，以便在事实证明积极的激励措施不够有说服力时对付那些在反恐战争中表现不佳的国家。在这些情况下，制裁应该针对一个国家内的具体机构，而不是针对整个国家。这一类机构可能包括与恐怖组织有关系的安全机构、不严格实施反洗钱法的银行、未能实施有效安保程序的航空公司、机场或港口。

此外，美国可能考虑修改它有关反恐斗争关键参与国的工作报告。目前，国务院只有两个类别：支持恐怖主义的国家和不全力合作的国家，对前者需要立即实施广泛制裁，就后者而言，一套有限的制裁主要与防务物品的销售有关。第一类，即支持恐怖主义的国家在减少或者至少限制这些国家对恐怖主义的支持方面取得了相当好的效果。第二类未被广泛使用，因为它针对的对象会是重要盟友。例如，国会恐怖主义委员会建议，巴基斯坦和希腊（后者是因为它对“11月17日革命组织”应对乏力）应该被列入不全力支持反恐努力的国家。事实证明这在政治上很困难。

就过去的反恐工具——包括“外国恐怖组织”进程和“支持恐怖主义的国家”——来说，国会可能将不得不要求执行机构准备一份更为现实的表现报告，这份报告将使立法机构能够审核随后的援助资金。如果一套体系得以形成，它应该小心地避免一开始就实施太过严厉的惩罚，否则执行机构将不会认真对待这项措施。

使用武力应该是反恐斗争中的最后一着，但它是一个重要工具。在多数情况下，军事行动应该由行动地点所在国的国家军队实施。有时，如果东道国能从美国的某项专业知识中受益，美国可能会考虑参与。然而，在某些时候，美国应该考虑对外国恐怖分子采取直接行动。2001 年 10 月美国在阿富汗的行动就是一个很好的例子，说明了一小队特种部队官兵和中情局特工协助北方联盟和南方忠于哈米德·卡尔扎伊（Hamid Karzai）的部队实现了何等有效的旨在击垮塔利班和“基地”组织的军事行动。然而，未来的军事行动更有可能涉及对恐怖分子团伙或营地的小规模特种作战打击。美国特工过去在该区域的表现欠佳，但凭借在阿富汗战争后期针对更小目标的斗争中的经验，他们的表现应该正得到提升。情报，尤其是来自恐怖分子内部消息源的人际情报至关重要，可以为行动策划者提供足够的细节，供其打击恐怖分子团伙并尽可能降低对无辜平民造成附带损害的风险。

巴基斯坦的例子

巴基斯坦是反恐战争中的一个关键盟友。巴基斯坦跨越“国际圣战运动”在南亚和中亚的重心。它是一个核国家，是伊斯兰世界的一个领袖。在加强巴基斯坦民主制度的同时，美国外交官需要在巴基斯坦“把事情做对”，打造一种更广泛的，能在反恐斗争中带来效果的美巴关系。

外交官要做的第一步是使美国和巴基斯坦就在巴基斯坦和邻国阿富汗的威胁的性质达成共识，这是它们的持久政治和安全利益所在。“基地”组织的残余已经在巴基斯坦找到藏身之处，与支持他们目标的当地组织建立联系。他们也从一些激进伊斯兰学校获得支持者，这些学校培训很多暴力背离伊斯兰教义的准恐怖分子。仅仅将巴基斯坦的激进化穆斯林学校确定为恐怖主义源头是不够的；我们必须帮助巴基斯坦当局提供其他培养工程师和电脑程序员而非激进极端分子的学校。此外，在允许其他党派有合法的政治空间的同时，美国必须协助巴基斯坦当局对付政治界的暴力伊斯兰团体。华盛顿应该对巴基斯坦军队与沉溺于恐怖主义的克什米尔团体之间的任何联系进行谴责。零容忍政策必须始终如一。在保护包括非暴力伊斯兰党派在内的所有团体的政治表达权的同时，国家法律必须得到加强——可能以美国的"外国恐怖组织"进程的一种形式，这将使执法系统能够瓦解支持恐怖主义活动的团体。

这种关系的另一个关键要素是针对军队、警察和情报机构中的安全机制的援助项目。巴基斯坦军队的情报部门（三军情报局）和国家警察（情报局）在反恐中扮演重要角色。然而，该国军队与某些克什米尔组织有着令人头疼的关系，这些组织中的一些列在美国国务院的恐怖组织名单上。此外，该国军队过去与塔利班的关系令美国十分烦恼。美国对三军情报局的援助项目必须得到仔细调整，以确保它的总体政策和项目与美国的目标和原则相一致。美国也与巴基斯坦情报局有培训项目，该机构在历史上与令人烦恼的组织联系较少。美国应该考虑将其援助目标放在拥有最好表现记录的机构，从而提供一种正面的激励。当然，这种方法可能会带来不健康的官僚机构竞争；在理想情况下，两个机构都能得到大力支持。然而，要想确保培训援助资金能够实现美国的目标，美国可能需要作出一些艰难的决定。如上文所说，国务院应该对援助进行协调，以使配合和效果最大化。外交行动应该跟在上述举措之后：建立对威胁的共识，改进当地法律，以扩大的项目来加强安全机制。国务院的监督会确保人权标准也能得到遵守——并且结果得到衡量。

简而言之，美国在南亚的一项有效反恐战略包括一套连贯的、相辅相成的长期政策，这些政策会推动巴基斯坦与邻国和平共处、教育本国年轻人从事生产性工作并且能够在尊重法治的同时对付国内和跨国恐怖分子。这样一种战略需要美国为巴基斯坦提供经济、军事和反恐援助。巴基斯坦目前每年获得 5000 万美元的军事援助和 2 亿美元的经济援助。与每年以色列得到的 21 亿美元军事援助、6 亿经济援助以及埃及得到的 13 亿美元军事援助和 6.15 亿美元社会项目开支比起来，巴基斯坦的数额并不多。光是协助巴基斯坦安全机构进行培训和改革就需要一个每年至少投入 1 亿美元的项目。与冷战期间为萨尔瓦多等关键国家提供的资金比起来，这仍是一笔很少的资金。

与冷战期间一样，美国可能发现自己正在支持一些不民主的政权或者——可能说得更好听一些——处于各种民主过渡阶段的政权。在某些情况下，美国在短期内将不得不应对这些政权。然而，民主过渡仍将受到高度重视——不仅因为它本身会为美国带来的外交政策益处，而且因为它的长期反恐目标。尊重法治的强大民主社会最终也是最好的反恐伙伴。

结　语

自 2001 年 9 月 11 日以来，美国经历了一项极其巨大的转变。满载乘客的客机撞上象征美国骄傲和声誉的建筑的画面以及对遇难者的回忆永远烙在了世界的记忆中。认为美国大陆坚不可摧的想法已遭到粉碎，美国的弱点现在正得到重新评估。我们的反应必须与那些袭击的规模以及美国安全和利益在国内外遭受的不断变化的恐怖主义威胁相匹配。

美国需要一项全面、长远的外交反恐战略。这种战略必须首先寻求解决恐怖活动的地点多样性：在高加索、中亚和东南亚偏远的、常常不受法律约束的农村冲突地区以及世界各地人口密集的城市。我们的政策工具必须与恐怖主义网络所青睐的地点和多样性同样多样、细致和有效。

在打击这项全球威胁方面的国际合作是一种必要，而非奢侈。12 部联合国公约和安理会第 1373 号决议已经为合作行动提供了法律基础。然而，美国需要鼓励国际社会将重点放在这些国际公约和决议的实施以及加强国内法律制度的必要性上。美国能够通过将“反恐怖主义援助”计划的规模扩大一倍，使其达到每年 2.5 亿到 3 亿美元而援助其他国家的本地执法行动。然而，此类援助也必须得到为容易滋生恐怖分子的国家和地区提供经济援助的严肃承诺的补充。

国务院应该重新确立其在协调并指导国家援助战略中的主导地位，同时保持对下述目标的密切关注：逮捕恐怖组织成员，让这些组织没有召集、策划或实施另一次灾难性恐怖行为的空间，以此粉碎恐怖组织。

最后，美国政府必须一直将这项威胁作为关注焦点。反恐的外交手段要想取得成功，需要政府最高层的完全理解和参与，需要耐心利用外交和政治压力来维持联盟，还需要资源——资源会反映这些优先事项的重要性。

第 5 章　情报

保罗·R·皮勒（Paul R. Pillar）

恐怖主义为情报带来的基本问题很简单，也很可怕。一群同谋者策划一个阴谋。只有少数同谋者清楚他们的意图，虽然他们可能从别人那里获得帮助。他们不会对任何他们无法完全信任的人提及与他们的阴谋有关的任何事情。他们不会以可能被拦截的形式进行与他们的计划有关的任何沟通。他们小心翼翼地不让别人发现任何会泄露他们意图的东西。他们不购买、获得或制造任何从表面上看很可疑的物品。他们以正常、不引人注目的方式生活和活动，对于任何无法暗中完成的准备工作，他们将其作为这些活动的组成部分来完成。问题来了：我们如何能知道这项阴谋?

挑战并非仅限于此。像过去那些恐怖袭击的很多实施者那样，我们需要发现其计划的那些同谋者可能之前并没有参与恐怖主义，也不隶属于我们之前知道的恐怖组织。情报工作的目标不仅仅是得到证实的恐怖分子，而是任何未来可能实施恐怖主义的人。

与绝大多数我们要求情报系统处理的其他主题相比，恐怖主义是一个绝然不同并且更加困难的主题。这一情报目标——单个的恐怖主义阴谋——没有核武器项目和政治不稳定等多数其他目标那样的规模和鲜明特征。发现特定组织或国家以及潜在恐怖分子活动的需要使有关恐怖主义的情报问题——不仅仅是答案——与多数其他主题相比更不确定。在收集恐怖主义相关情报方面的一些最重要的局限性是这个主题和恐怖分子行动方式所固有的。这些局限是永久性和无法根除的。

一项令人痛苦但却真实存在的含意是，不管美国在反恐情报工作上投入多少脑力和资源，不管有多少聪明才智用到有关的情报行动中，不管情报系统为了应对恐怖主义问题多么积极地进行重组或改进，恐怖分子的一些所作所为实际上仍将无法为人知晓。一些恐怖主义阴谋将得不到发现，包括重大事件在内的一些恐怖袭击将会发生。情报在尽可能多地了解恐怖分子的活动，从而减少恐怖事件和死亡人数方面承担着极为重要的角色。美国情报部门过去从恐怖主义手中挽救了生命，它的使命完成得如何将在很大程度上决定未来有多少美国人将因为恐怖主义丧命或免因恐怖主义丧命。但即使最优秀的情报工作也永远无法拯救所有人。

在本章中，我会介绍情报在反恐中发挥的作用，以及哪些事情是我们不应该指望情报来做的；美国反恐情报系统过去演变的方向；未来的改革和演变能在哪些方面最有希望改进（但只是适度改进）结果。最后，我就一些旨在令美国情报部门在恐怖主义方面做得更好的好意努力如何可能带来反效果提出了警告。我主张在作出改变时要谨慎克制——尤其是在令人痛苦的恐怖袭击过后那段情绪激动的时期，反恐计划的改变大多是在这个时期作出的，我也主张要以现实态度来看待情报在帮助保卫一个国家不受恐怖主义伤害方面能够扮演的角色。

反恐情报的作用

人们最常期望情报部门在反恐方面所发挥的作用是发现恐怖阴谋的细节，以便能在这些阴谋付诸实施之前将其扼杀，或者作为一种次优的应对方式，通过迁移袭击目标、加强安保或将活动取消、改期而使预定目标得到保护。这是情报能有助于扼制恐怖主义的最直接、最令人满意，并且在此类事件公之于众时，能取得最令人瞩目的成功的方式。当然，情报机构需要尽其所能增加他们收集到此类有关具体阴谋的情报的机会。然而，由于上述原因，有关具体恐怖阴谋的情报常常无法获得。因此，不管这项作用多么令人满意并且可能令人瞩目，它永远不会是情报能对反恐作出的最大贡献。

这个事实令人不安，不仅对公众来说如此，对安全管理人员来说也是如此。考虑到关闭大使馆或取消航班等安全对策和预防行动需要付出的金钱或非金钱成本，依赖战术警报——以便在威胁存在时可以加强防护措施，在没有威胁存在时放松防护措施——是一种可以理解的趋势。研究1998年美国驻东非使馆炸弹袭击事件的，由已退休的威廉·克罗（William Crowe）上将领导的委员会指出，这种趋势是一个错误。它过于相信情报机构有可能收集到有关下一个将要付诸实施的恐怖主义阴谋的战术情报。情报机构必须努力消除这种错误的信心。情报机构不仅有责任向用户报告它们所掌握的有用信息，而且有责任告知用户它们所提供情报的局限，包括让用户对于未知情况有一定意识。没有哪方面的责任比恐怖袭击警告更加重要。

情报对反恐的真正最大贡献是收集有关单个恐怖分子、恐怖分子头目、团伙和组织的、可用于瓦解恐怖组织的信息。收集的信息可以相当具体（姓名、地址、电话号码等），即使它并未识别具体的阴谋。恐怖分子对于他们的袭击计划具有很强的安全意识，但他们并不是在与外界隔绝的情况下生活和行动。他们有身份（虽然有时拥有多个身份），他们会见面、活动、联络。可收集的信息有很多种，虽然这些信息支离破碎、并不完整，但它们能为恐怖分子嫌疑人的位置、活动和交往情况提供线索。拥有足够多的此类线索，我们就能逮捕、驱逐、审问，甚至起诉一名想成为恐怖分子的人。我们可以瓦解恐怖主义团伙，让团伙成员们不知道每个人可能会对当局供出什么。

虽然每种反恐手段都必须得到最充分的利用，但从某些方面来说，逐个恐怖分子、逐个基层组织地瓦解恐怖主义基础设施是最富有成效的。毫无疑问，与所有其他手段一样，这种手段具有相当多的局限性。最大的局限性是，一个想成为恐怖分子的人，尤其是尚未参与此前袭击事件的人能否一开始就引起情报机构的注意，这点并不确定。然而，潜在收益也相当大。围绕一个潜在的目标恐怖分子采取安全对策，那么在这些安全对策执行期间，你防止了这个目标实施袭击（可能是通过一种特殊手段的袭击）。瓦解一个恐怖分子团伙，你防止了这个团伙在任何时间、以任何方式袭击任何目标。因为恐怖分子常常从事其他非法活动（例如走私或使用假文件），瓦解他们的组织可以依赖外国警察和安保部门对本国法律的执行。这也能带来有益的意外效果。瓦解一个团伙，你能够在远远超出该团伙范围的一个恐怖组织内部引起怀疑和不信任，在瓦解一个团伙时查获的物品常常能提供有助于瓦解其他团伙——甚至是位于其他国家的团伙——的情报。美国情报部门在反恐方面的成功大多涉及此类瓦解。

情报能为反恐作出很多不同种类的分析方面的贡献。即使那些能被描述为对恐怖主义威胁的警告或评估的贡献也涉及十分广泛的范围，从高度战术性，到广泛战略性（见表5—1）。反过来，这些贡献服务于同样广泛的、这个国家试图应对这些威胁的多种方式。靠近战术一端的是，筛查有关可能的恐怖分子和可疑恐怖分子团伙的碎片信息，争取对这些信息有足够的了解，以将恐怖分子与非恐怖分子区分开来，推动可能的恐怖分子团伙遭到瓦解，并指导收集更多能填补了解空白的情报。在没那么具有战术性的层面有很多分析性问题，例如有关大型恐怖组织的意图和能力的问题，或有关一个特定国家或地区的总体恐怖主义威胁的问题。在这个层面的情报分析挽救了生命；例如，在1996年霍巴塔（Khobar Towers）爆炸事件发生那段时间，情报部门作出了驻沙特阿拉伯美军面临很大恐怖主义威胁的评估，这项评估成了成功防止装载那枚巨型炸弹的卡车进入军队驻地附近的安全措施的基础。如果卡车进入，它造成的人员死亡人数将远超实际死亡的19名官兵。在最具有战略性的层面，分析成为一项让情报用户了解国际恐怖主义的全球趋势和模式的任务。在此类分析帮助下作出的政策决定包括有关反恐资源的投入以及反恐应该如何融入更大外交政策议程的重要决定。

表5—1 恐怖主义警告与威胁评估范围

<table>
<tr><th colspan="2">威胁情报类型</th><th>涉及具体阴谋</th><th>战术性</th><th>战略性</th><th>大战略性</th><th>教育性</th></tr>
<tr><td rowspan="3">情报的具体程度</td><td>位置</td><td>确切地址</td><td>几个城市</td><td>国家或地区</td><td>地区</td><td>全世界</td></tr>
<tr><td>时间</td><td>确切时间</td><td>几天或几周</td><td>几周或几个月</td><td>几个月或几年</td><td>几年或几十年</td></tr>
<tr><td>目标</td><td>单一的指明目标</td><td>若干指明目标</td><td>一类利益（如大使馆或军事基地）</td><td>若干类利益</td><td>美国利益</td></tr>
<tr><td colspan="2">可能的对策</td><td>逼退阴谋；将目标撤离或转移</td><td>短期高成本安全措施；警惕犯罪分子</td><td>提高警报等级；暂时但可持续的安全措施</td><td>永久性的新措施和步骤</td><td>立法；重大国家项目</td></tr>
</table>

除对恐怖主义威胁发出警告或进行评估外，情报还以其他很多方式支持其他反恐工具。例如，有关极端组织性质和活动的情报为依照美国法律认定“外国恐怖组织”的决定提供根据。情报也在支持恐怖主义国家的活动方面作出类似的贡献。情报为外交提供支持的方式不仅包括为负责作出有关认定决定并说服其他政府与美国

开展反恐合作的高层官员提供信息，而且包括形成能与那些政府共享的资料。在军事力量用于反恐时，情报的贡献包括为那些我们会以军事行动作出反应的恐怖袭击确定责任，以及在武装力量用于其他目的时提供同样的、帮助军队确定目标方面的支持。对执法方面的支持包括详细的信息交流以及对线索进行跟进，这不光可以为恐怖主义罪行确定责任，而且可以追捕犯罪分子。

有关恐怖主义的情报分析是全源分析。也就是说，它利用一切可用的消息来源——人际和技术情报源以及公开的消息来源，以形成有关恐怖主义活动的洞见。很大一部分分析与政府以外的分析工作相似，但只有情报分析师能够将机密信息与非机密信息融合在一起，指导情报收集者试图填补空白的努力。

反恐情报分析还有其他两三种作用，这些作用虽然也有效，但像收集有关具体阴谋的战术情报一样，它们在情报工作中的角色不像人们常常以为的那样重要。一项作用是预测恐怖主义的战术和技巧（这关乎目标问题）。我们对恐怖袭击常常作出的反应之一是提出下述问题："为什么没有人想到那种袭击我们的方法？"答案常常是，该项战术确实得到了考虑，但恐怖分子可能使用的其他几十种方法亦是如此，其中很多方法同样看上去行得通。情报报告有时会显示某些组织对一种特定的袭击方法感兴趣，甚或正在发展使用这种方法的能力。情报分析必须使用该报告令安全管理者和决策者对他们应该作好准备对抗的那些恐怖主义战术变得敏感，并解释为何恐怖分子可能正更多寻求采用某些战术而非其他战术。然而，在对恐怖分子未来可能使用的方法进行理论上的推测方面，情报机构并没有特别优势。政府以外思考该问题的人士会进行大量这种推测。不论是在政府内还是政府外，预测下一次重大恐怖袭击所用的具体方法就回到了试图发现有关具体阴谋的情报这个基本问题。（在 2011 年 9 月 11 日的袭击事件之前，人们对恐怖分子可能用来袭击美国本土的方式进行了诸多推测。这些推测大多涉及生物、核或者其他奇特的材料或方法——仔细考虑这些推测可能最终在预测未来袭击方面发挥作用，但与实际发生的劫机无关。）一个大胆并正确预测了下一次恐怖袭击所用方法的机构（或分析人士个人）可能会在事后因为预知能力而受到称赞，但那可能只不过是侥幸猜中。

另一项在公众对情报分析的认知中很重要的作用是，将有关一次正在酝酿的恐怖主义阴谋的各个信息点串联起来。这项作用在分析上等同于收集具体阴谋情报的任务。像对该项任务一样，情报机构（它们通常与执法部门协同工作）必须不停搜寻它们所掌握的信息片段之间一切可能的联系。这项作用是情报机构不停进行的战术层面分析工作的中心，它们所利用的技巧包括将姓名或其他信息与之前的报告反复核对，以及派情报提供者填补可能还涉及其他联系的空白。这些机构面临一项现实，这项现实常常在一次重大恐怖主义事件后人们将焦点置于与那次事件有关的信息时受到忽视，它就是，这些“点”永远不会只有一组，而是有很多组，每一组都能以多种方式联系起来。它们都必须通过所有可用的名字核对和为情报提供者分派任务的技巧来进行积极追查。成功的追查通常会带来瓦解——这很可能防止未来那些仍然未知的恐怖袭击，而不是逼退一项正在进行的阴谋。很少有依据表明任何一组“点”能够预测下一次恐怖袭击并且比其他所有组都更值得关注。

恐怖主义情报分析表明了一项普遍适用于情报分析的原则：这项工作主要并不是预测，而是帮助情报用户应对一个不可预测的世界。它包括告知决策者威胁的范围，威胁性事态可能出现的方向，各个方向的相对可能性，表明一种方向而非其他方向正得到采用的迹象，以及每种可能性会对国家利益带来的影响。从一种意义上说，相较于对其他国家安全问题的分析，反恐分析距离预测更远，因为“预测”一次恐怖事件的全部目的就是防止它的发生。反恐分析人员可能永远不会像他们研究其他问题的情报界同事那样因为看到自己的预测变为现实而感到十分满足。情报在预测恐怖袭击方面永远不会“失败”的世界将是一个恐怖主义完全不存在的世界。一项我们能怀着十足的把握作出的预测是，这样一个世界永远不会变为现实。

反恐情报的沿革

在有关“9·11”事件以及美国对它所作的反应标志着相对于此前世界的一项重大转变的谈论中，美国反恐努力的持续性和历史遭到了忽视。这项努力中的情报部分在超过15年的时间里受到了密切关注。今天执行反恐情报任务的方法和机构是这段时间以来发展的产物，有很多教训得到了吸取，创新得到了试验。

美国人第一次开始对国际恐怖主义高度关切是在20世纪80年代，当时在黎巴嫩有建筑物被炸、人质被劫持，其他地方发生了一连串劫机事件。（在2001年9月之前，针对美国人的最致命恐怖袭击是1983年发生在贝鲁特的海军陆战队兵营爆炸事件。）由时任副总统的老布什领导的一个工作组在1985年撰写了一份报告，这份报告在某种程度上带来了次年中央情报局反恐中心的成立，该中心整合并加强了此前由中央情报局以及情报系统的不同部分来完成的反恐工作。反恐中心的建立是一场官僚体制革命，打破了中情局现有的层级，力图创造一个前所未有的集成要素。这个中心新颖的一点是将行动干事、分析师、报告干事、技术专家和其他专业人士纳入了一个组织。它提供所有恐怖主义相关事务的一站式服务。它通过让不同领域的人士真正并肩工作而实现了协同作用最大化。反恐中心成了后来为缉毒和反情报等方面而建立的中心的一个榜样。

后来的改进加强了协同作用和反恐中心的专业性。例如，一个常设的反恐分析师专业团队在20世纪90年代中期成立，替代了早先分析资源必须从中情局其他部门借的体系。发展该中心的多机构特征格外受到重视。十几家机构——包括承担情报、执法和监管责任的机构——开始在反恐中心设全职代表。例如，如果移民和归化局的干事与正在研究一个与某入境人员有关的案件的中情局分析师只隔了几张桌子的距离时，分享和交叉核对数据变得更加容易。情报与执法之前的关键关系得到了特别强调，尤其是通过人员的交叉任命。这些交叉任命包括，反恐中心的一个副主任职位留给一名联邦调查局的官员，一名同等级别的中情局官员会在联邦调查局担任相应职位。事实证明，此类安排很有好处，不仅能够促进信息流动，而且有助于打破美国反恐体系中情报与执法部门之间一度存在的巨大文化障碍。

反恐中心所体现的巨大投入和富有想象力的组织安排以更加专注的方式用在了本·拉登构成的威胁等具体话题上。20世纪90年代中期，早在本·拉登在美国成为一个为人熟知的名字或被起诉之前，早在任何人听说过“基地”组织之前，反恐中心就成立了一个将本·拉登作为唯一关注重点的特别部门。该中心将资源转移到一项协同努力，其目的是尽可能了解一切有关本·拉登及其活动的信息，发展更多有关他的消息源，并为决策者提出应对他所构成的威胁的可选方案。为确保快速反应能力，总部和前方之间的沟通步骤得到了简化。该部门成了以专注的方式应对令人烦恼但十分重要的问题方面的一个榜样。

专注于本·拉登的情报工作提供了在后来的事件发生后变得显而易见的深度了解。这项工作使1998年大使馆爆炸案的凶手很快得以确定，当然还使总统能够在短短几天内下令进行一次报复性打击。这也使中情局局长乔治·特尼特（George Tenet）能在“9·11”袭击事件发生后的一个小时内——在没有任何方面宣称对此承担责任的情况下，并且在得到任何事后报告之前——就非常有信心地说：“这一切都是本·拉登搞的。”

反恐中心的发展出现在一个更大的背景下，即情报界越来越注重反恐。反恐中心和情报界的其他反恐相关努力在20世纪90年代前半段时间因为国家安全项目的总体削减而受到了影响，但在90年代中期，在霍巴塔爆炸案等事件引发了人们对于恐怖主义的担忧后，这些努力受到了更大的重视；在美国驻非洲大使馆1998年遭到袭击后，它们的重要性得到了进一步提升。至少自那些使馆爆炸事件以来，没有哪个主题得到情报界的重视超过了反恐——尤其是发展适当安插的、有机会获得未来恐怖袭击计划情报的消息源的努力。

这段历史的重点是，在反恐情报方面，值得尝试的道路大多已经得到了尝试。需要重组的机构大多已经得到了重组，需要消除的体制障碍大多已经得到打破，必要的对各项工作优先顺序的重新确定大多已经完成，为了让官僚机构保持干劲儿而需要在其下面点起的火也已经烧了一段时间了。情报系统在改进其反恐努力方面取得的进展体现在它在以下方面取得的相当大的成功：恐怖主义行动得到预先制止，恐怖主义基础设施遭到瓦解，单个恐怖分子被抓获并得到依法惩处。不幸的是，困扰情报人员的他们无法透露自己的大多数成绩，但他们的失败却众所周知这一点对反恐特别适用，就反恐而言，失败是引人注目和十分惨痛的，但带来那些成功的行动却大多十分易逝，如果它们为人们所知的话。中央情报总监能公开谈到的成绩只是一些皮毛。

然而，带有“一切照旧”意味的态度不会得到容忍，尤其是在“9·11”事件之后的气氛中。任何听上去像是在说“我们已经在做我们能够做的一切合理之事”的回答在想要变革的国会和公众面前都行不通。要求新的程序、新的组织、新的某物的压力将继续存在。找到一些看上去新鲜并且实际上有可能改进反恐情报的事情将会很难。

对国家创伤的反应

在被认为是情报工作失败的重大事件之后，会出现大量评论和国会议员等人的言论，其主题是美国情报领域存在深层次的缺陷，并且需要全面改革。对重大恐怖主义事件来说，这种现象尤其明显。因为死亡数字巨大，“9·11”袭击之后的情况成了最好的例子。众议院情报委员会在伴随接下来的情报授权法案的报告中表达了这种普遍的调门，它称“情报系统内部从根本上需要进行一次文化革命以及重大的结构性改革”。

这项对改革的呼吁是对那个时刻的痛苦以及对人们渴望相信通过改革我们能够在某种程度上避免痛苦重演的想法作出的自然反应。很不幸地带有讽刺意味的是，某些方面的变革得到最大政治支持的这些时刻是最不利于实施可靠并经过深思熟虑的改革的时刻。互相指责的情绪和气氛并不适合进行逻辑严密的争论。议员们通常会急着制定法律，把周年纪念日当作最后期限（1996年在俄克拉荷马城爆炸案一周年即将到来之际通过的综合反恐法律以及2002年在“9·11”事件一周年之前有关国土安全法案的争论就是如此）。对于刚刚发生的恐怖主义事件的“后见之明”会歪曲事件发生前情报机构面临的现实，公众意识中会将在事件发生前已知的情况与事后发现的情况相混淆。

有关情报的理解上的最大问题是，人们往往仅关注与最近的例子有关的有哪些错误，在没有将有关数据点置于更广泛背景的情况下就得出有关总体表现的更广泛结论。一个来自“9·11”事件的例子是美国情报系统与执法系统之间的沟通问题。几个广为人知的错误（中情局迟迟未将两名劫机者列入监控名单以及联邦调查局总部拒绝让联邦调查局一个外勤办事处与中情局核对一些名字）成了人们广泛接受的一种看法的基础，几十名评论员对这一看法不加质疑地进行了重复，即“联邦调查局和中情局互相不沟通”。这些错误是自20世纪90年代整合得到加强以来每天在这两个机构之间以及更广泛的执法系统和情报系统之间流动的大量涉恐线索和其他信息中的很小一部分。依据公之于众的错误得出有关哪些方面需要改变的结论就像是一个盲人依据它在大象一条腿上摸到的瘊子*为它诊断病情。

类似的狭隘也体现在公众对于有关“9·11”事件的美国情报系统表现的认知中的其他一些方面。那次事件带来的冲击使人们很容易忽视该案例的情报现实与早先的案例何其相似——面对将阴谋隐藏得天衣无缝的密谋者，在有关一个组织对美国利益正构成威胁的良好战略情报中缺少针对具体阴谋的战术情报。就像本章开始时所描述的典型恐怖主义阴谋那样，“9·11”事件的劫机者似乎采取了简单却有效的措施来对他们的计划进行保密。他们似乎未曾就他们计划的存在同除少数知情者以外的任何人进行过交流，更不用说计划的细节了。本·拉登曾在他透露信息最多的录像带中说，就连某些劫机者都对那次行动的性质不知情。清楚会发生什么事情的可能只有该行动的主犯穆罕默德·阿塔（Mohammed Atta）、另一名驾驶飞机者和劫机者中的少数人，以及本·拉登和他的少数手下。我们很难反驳小布什总统认为那次袭击无法阻止的论点，也很难反驳调查那次灾难的国会情报委员会成员据报道得出的结论，即没有哪一条情报——如果它能得到适当分析——能够阻止事情的发生。

在2001年9月即将到来之际，有关“基地”组织对美国构成的恐怖主义威胁的战略情报很有力。2001年2月，中情局局长乔治·特尼特（George Tenet）在一年一次的有关美国国家安全在全世界所面临威胁的国会证词中强调说，来自恐怖主义的威胁“真实存在”并且“迫在眉睫”。他谈到，恐怖分子在行动上变得更加熟练，寻求应对围绕政府和军事设施的更强安保措施的方式，并利用同时袭击等战略令死亡人数更多。特尼特称，“本·拉登及其全球助手和同伙网络”是“最迫在眉睫、最严重的威胁”。这些陈述是非保密证词中的一般性警告；如往常一样，提供给决策者的保密情报会更加具体。随着那一年一天天过去，情报系统收集的情报促使其得出结论：这项威胁变得更加迫在眉睫，更加严重。据说对这项威胁的担忧令特尼特在那年夏天“近乎狂躁”，他一再将警告传递给高级政府官员。这并不是未能发现一项威胁的情报系统的表现。情报系统清楚地意识到了危险，利用一切机会收集更多的情报，并且直接感受到了无法收集到有关下一次袭击的确切目标、时间

---

* 瘊子，一种由病毒引起的皮肤病。——编注

和地点的详细情报的沮丧。

缺少战术情报的良好战略情报一直是对重大反美恐怖主义事件进行的事后调查中一个反复出现的主题。这是韦恩·唐宁（Wayne Downing）将军领导的1996年霍巴塔爆炸案调查的一项发现。它是对1998年非洲大使馆爆炸案进行调查的小组的一项发现。这个主题反复出现并不是因为不同的情报官群体一直在犯同样的错误，也不是因为情报系统固执地不肯改正一些系统性缺陷。它反复出现是因为了解恐怖组织计划存在固有的难度，并且因为针对恐怖主义的认真全面努力往往只会得到一类情报。

正确认识以往悲剧的重要性并不在于决定谁该掉脑袋或谁的职业自豪感应该受到伤害，它关系到针对未来恐怖主义的情报努力应该如何设计和组织，这里存在两项更基本的原因。一项原因是，解决某个问题需要清楚地了解哪里出了问题——或者哪里没有问题。为了改变而改变或许能够帮助一支输球的棒球队，但这不太可能从未来的恐怖主义手中挽救生命。

另一项原因是，正确认识以往的悲剧有助于让人们了解情报能够并且应该对总体的反恐努力作出多大贡献。明确获得有关具体阴谋的战术信息是情报的一项责任；我们很难想象这个层面的任何“政策失败”，因为对获得此类情报的明显反应是终止该阴谋。然而，在多数可用情报所在的更广泛层面，情报系统常常只能将政策这匹马牵到水边，但不能迫使它喝水。

一个例子是军事力量在阿富汗的使用。美国在2001年秋利用武器扫除“基地”组织的总部、训练营以及支持它的政权，因为“9·11”袭击像日本对珍珠港的袭击一样，激怒了美国民众和政府，让他们愿意承担如果没有这样一场灾难他们会避开的代价和风险。然而，与珍珠港袭击事件不同（在该事件之前或许有人对日本对美国宣战的意图持怀疑态度），“9·11”事件并未揭露有关“基地”组织意图或总体能力的新信息。该组织在阿富汗的存在规模和范围、它与塔利班的关系、它的全球影响力、它为美国造成致命伤害的大部分意图，这些是情报系统反复——并且准确——取得的工作成果的主题。在阿富汗的军事干预并未消灭“基地”组织，与“9·11”事件后的行动相比，在那里展开的一次先发制人的攻击在国际上更难辩解。情报系统的表现与美国等到“9·11”灾难之后才最终清除存在于阿富汗的恐怖分子老巢几乎没有关系。

组织、人员与文化

在有关如何改进美国情报工作的讨论中的突出主题已经存在了多年。人们在重大恐怖袭击事件后会更加频繁地听到这些主题。真正新鲜的想法少之又少。没有多少想法是专门针对恐怖主义的。很多想法涉及一个可靠情报项目的有效原则，但并不涉及对当前的工作作出改变。很多想法在更大程度上关乎人们以为情报系统如何运作，而不是它实际上如何运作。几乎没有哪个想法提供了一种破解有关洞察恐怖主义阴谋的难题的方式。

情报系统（或总统、或国会）如何应对诸如“获得更多有关恐怖组织的人际情报源”之类的要求？当然没有什么能够代替在一个组织内部，尤其是进行谋划的核心集团中拥有人际情报源，这就是为什么情报系统的领导层如此重视此类消息源的招募。然而，在人们对情报系统的表现表达的不满中，我们很难找到半点儿有关情报系统可以作出那些改变的哪怕是半具体的想法。

潜在想法的一个主题是情报系统的组织和结构。例如，几十年来有关中央情报总监对整个情报系统的控制（或缺乏控制）问题正重新得到关注。这种关注是健康的，这个问题的重要性有其他一些原因。然而，我们很难理解重新定义中央情报总监同中情局之外的情报机构——或其他的机构混合或合并体——的关系如何会对反恐情报的质量带来显著影响。已经通过反恐中心等机制实现的整合，加上所有机构之间就反恐需要得到最高重视达成的共识，使有关国家安全局如何融入政府组织机构图等问题的讨论看起来似乎几乎无关紧要。

能为反恐带来更大影响的组织上的改变是，通过合并情报系统和执法系统的反恐职能而对工作进行集中管理。一项提议是，通过实质上将反恐中心转给联邦调查局而做到这一点。虽然这项转变有利于人们常说的加强情报和执法系统之间合作的目标，但它的缺点是会将由此产生的反恐实体与负责收集有关恐怖主义的人际情报的外勤人员（他们必定由中情局行动司管理）分开。反恐工作中的整合非常重要——这就是为什么在这方面已经做了这么多努力的原因，但它已经快要达到一个极限点：进一步整合几乎无法或无法带来进步。正因为如此，对情报系统和执法系统之间现有的合作有一个清楚的了解非常重要。

人们经常谈论的另一个主题是情报人员的质量。常见的说法是，情报系统需要招募更多聪明能干的人来从事反恐工作。一位（匿名的）退休官员抱怨说："我在那里的时候，我们招不到任何一个来自常春藤联盟院校的人加入中情局。为对抗恐怖主义，我们需要应对社会渣滓，我们需要能够想出如何到海外做这些事情的非常聪明的美国人。"公共服务的这个部分的人员招募像多数其他部分一样，无疑受到了私营部门相对较大的职业机会吸引力的影响（虽然中情局一直有常春藤联盟的毕业生）。20 世纪 90 年代经济繁荣的结束以及人们在"9·11"事件后对情报工作的兴趣激增可能正在改变它对潜在新成员的吸引力。当然，人员质量很重要，这项特别的安全需要只是保持对有才干者的强有力激励、吸引他们进入并留在公共服务部门的众多原因之一。然而，认为仅仅通过将足够的聪明头脑用于这个问题就能解决洞察恐怖组织的问题，那是最优秀、最聪明者的狂妄想法。

一个相关主题是，一类中情局专家据称不受重视，即外勤专员，他们通晓工作国的语言，融入当地文化，依靠才智、胆量、计谋和对当地的了解收集关键情报。前行动专员格外频繁地谈到这一主题，它包括一项抱怨，即奖励机制已经变成"在某个连喝水都很危险的国家待上一年不会比在兰利（中情局本部所在地，位于弗吉尼亚州）做些琐碎工作更有助于升职"。这类人员的重要性降低令人遗憾，他们对于恐怖主义情报的收集的确至关重要，这就是为什么这类人员的重要性至少在近五年中丝毫没有被降低。相反，中情局和授权并划拨该局资金的国会委员会的一个主要关注点就是此类人员的招募和培训，这是一项扭转早先外勤人员规模缩减的长期努力的组成部分。

虽然那些单方面收集的单条恐怖主义情报或许很有价值，但真正有价值情报的稀少（因为洞察恐怖组织的固有难度）意味着多数针对恐怖主义的情报突破将继续涉及将从各种人员、技术和开放消息源得到的看似价值不大的信息拼凑在一起。为这些突破作出贡献的是进行这些拼凑工作的分析师、将信息传递到能够利用这些信息者的人手上的报告专员，以及确保情报收集资源部署在能补充而不是重复其他情报源的地方的管理人员。对美国利益构成最大威胁的是恐怖主义的跨国性质，这凸显了把在分散的各地收集到的不同信息拼凑在一起的重要性。对于在一个大洲获得资金支持、在另一个大洲策划、在第三个大洲由多国犯罪分子付诸实施（“9·11”袭击事件就是如此）的恐怖主义行动，即使是最有技巧的当地情报收集努力也不太可能了解到行动的全貌。生活在饮用水质量很糟糕的地方往往会带来更多腹部疾病，而不是对恐怖主义的洞见——至少不是那些可能被收集到正在兰利得到处理的文件中的洞见。

有关美国情报的讨论的另一个主题关乎机构文化。批评中情局的人一再将该机构的文化描述为“风险规避”。这个标签已经变得通用，它被无法得知它是否属实的评论员在没有多少公开指标显示该机构实际冒险程度的情况下一再当成事实重复。（这类指标的一个例子是，在阿富汗“持久自由军事行动”中因敌方炮火丧生的第一名美国人就是一名中情局人员，该人是在就与恐怖主义有关的信息审问被拘留者时被杀的。）

风险规避问题围绕中情局在1995年确立的指导方针，方针要求在招募涉嫌侵犯人权或实施其他严重暴力行为的情报消息源时需要额外得到总部高层的批准。国家恐怖主义委员会建议废除这些指导方针，指责其妨碍了掌握可能很有价值的恐怖主义情报的消息源的招募。该委员会的建议迎合了这样的观点：任何涉及更多官僚层级的措施都是不好的，任何让冒险的外勤人员继续开展反恐工作的措施都是好的。一篇有关这一话题的评论指出：“要知道，詹姆斯·邦德从来没有被迫填写文件或无数的繁琐表格。”然而，这些方针对恐怖主义情报消息源招募造成的影响——如果真造成了什么影响的话——被严重夸大了。每一项根据这些指导方针提交总部批准的提议都得到了批准，拖延少之又少，不足以影响招募工作的成功或是收集到的情报的有用性。再者，如果风险规避是一个问题，那么在或将带来争议的招募决定作出前让高层管理人员参与进来会降低那名负责招募的官员所承担的风险。

至少该委员会的建议有一个优点，那就是明确。然而，把它整理成法律更加困难，国会在2002年的《情报授权法》中就试图这样做。（你怎么告诉一个机构的负责人不要进行旨在确保对人权的尊重的监督?）结果听起来像是满是词语堆砌的说教，而不是一部法律。这部法律要中央情报总监以新的指导方针代替1995年的方针，新的方针要能“更加恰当地权衡并激励风险，以确保合格的情报官能够并且应该迅速从人际消息源那里收集情报，情报收集方式要确保能够及时提供可以对计划、恶意行动或事件有提示和警示效果的信息，并保证搜集到的信息得到广泛、迅速的分享，从而能够最大限度地采取保护美国人生命的行动”。这种华丽表述在指导行动规则和步骤的制定方面几乎毫无用处。尽管如此，该机构废除了 1995 年的指导方针，试图使作为其基础的人权考虑成为对于人际情报行动必不可少的更庞大的总部审核程序中不可分割的一部分。这个程序必不可少，因为其他信息必须被用于指引人际情报收集资源，使其用于最需要、有可能收效最大的地方，这些信息还必须被用于评估特工的可靠性和权限。具有讽刺意味的是，很多有关反恐的评论指出了整合来自不同消息源的数据的必要性，但忽视了管理人际情报收集这个方面的整合。

现实，而非浪漫主义

常春藤联盟院校毕业生去到连喝水都很危险的地方，并且在不受总部烦人指令妨碍的情况下将聪明才智和詹姆斯·邦德那样的胆量用在保护美国不受恐怖主义所害的工作上，这种形象迎合了我们的想象，但同情报和反恐的实际工作几乎没什么关系。情报系统未来的任务似乎更加普通，不仅因为它缺少上述形象中的浪漫一面，而且因为它与一段时间以来的样子没有那么大的不同。显然，改进空间是存在的——只要反恐的平均成功率不是百分之百，改进空间就会存在，也就是会永远存在，但即使美国情报系统的工作量大幅增加或工作方式发生重大转变，更叫人放心的结果出现的可能性也并不太大。

如果有更多训练有素的外勤行动人员，以及更多分析师、其他关键人员和与它们相匹配的经济和技术资源，这会带来一些不同，但并不会弥合一些让美国无法最终弄清恐怖分子动态的关键且明确的鸿沟。相反，这些增加只会略微提高获得有关恐怖分子活动的有用信息和洞见的机会，而这也只会略微提高阻止一些未来的恐怖袭击并挽救生命的机会。实现这一点是通过缓解若干机构的资源短缺，虽然近年来投入反恐上的资金和人力大幅增加，但这些短缺仍限制了这些机构实施其现在承担的广泛任务的能力。例如，联邦调查局的人力不足以监视并调查在美国的每一个应该因为可能与恐怖主义有联系而得到仔细检查的人。同样，如果通常多得叫人难以承受的待处理信息能够分成更容易应付的小份，由更多人手来处理，那么中情局或国安局在处理、利用并传播信息方面出现疏忽或拖沓的可能性就会降低。良好的管理和对自动化的熟练使用十分关键，但只能做到这一步。有待完成的核心工作仍必须由收集、评估并处理每条信息的熟练人才来完成，在未来的重大恐怖主义事件后，这部分工作将是被调查的内容。

除资源问题外，我们可以在两个主要领域寻求恐怖主义情报工作的潜在改进。两者都超出了情报系统本身所能做的范围。第一个领域关乎从外国政府那里获得信息。可能没有别的情报话题会比恐怖主义更加依赖对外联络。因为地理、文化或过去的接触等原因，某些外国政府将总能比美国更好地对某些恐怖组织采取行动。这些政府是否愿意分享情报，这不但取决于中情局作出哪些努力来发展联络关系，还取决于那些国家与美国双边关系的总体状态，这就属于更广泛的美国外交政策的职能了。而且，一些有最多的恐怖主义情报可以分享的政府是那些为美国政策提出了重要问题、包括恐怖主义相关问题的政府。为收集恐怖主义情报，美国需要敢于承担与有血迹斑斑历史的政权——不仅仅是个人——打交道的风险。

另一个值得注意的方面涉及情报与非情报消息源的整合。它主要并不是指联邦调查局等执法机构的刑事调查，在这些机构中与反恐情报的整合已经很多。在信息进一步整合方面，最具潜力的是其他类型的有关大量人员流动和活动的信息——尤其是有关旅行和移民的信息。为情报目的而对此类信息进行的全面挖掘（有别于对已经在接受调查的案件的污点调查）迄今为止并未进行，原因有几项，大多牵涉到此种努力的“大海捞针”性质以及它投入回报比很低的可能性。大量实际问题进一步降低了可能的收获，这些问题包括恐怖主义使用化名以及一些信息库的所有者不愿让他们所掌握的信息用于此类检查。而且，利用信息方面的一些关键工作仍将需要由评估独特案例的分析师来完成；他们无法通过编程实现数据挖掘算法。虽然有这些限制存在，但自“9·11”袭击事件以来，在国家关注重点和为反恐投入资源的门槛方面发生的转变值得人们重新关注在对可能有用的信息加以利用方面的这个领域。

我们可以为获取恐怖分子相关情报而挖掘有关大量人员流动的信息，这种做法的对立面也值得人们重新关注，那就是利用情报来限制潜在恐怖分子的流动。有关部门已经在利用监视名单这样做了，领事官员用这些名单来指导他们作出发放签证的决定，移民归化局的工作人员用这些名单来指导他们在入境点准许外国人进入的决定。虽然在一些广为人知的例子中，这些名单要么没被使用，要么不完整，但这个系统通常运转顺利，将很多恐怖分子嫌疑人阻挡在美国国门之外。最适合扩大此类步骤使用的领域是民航。例如，至少两三名“9·11”事件的劫机者因为之前与恐怖分子嫌疑人的接触已经受到情报系统注意，但他们能够用真实姓名购买机票并且在美国登上了民用航班，这样的事情怎么会发生？避免该事件重演的唯一方式可能就是对航空安全检查作出重大调整，从本质上说就是要求所有的航空乘客接受背景检查。这项战略提出了隐私权的问题，一些信息的挖掘也存在这个问题。这些问题，以及小小的回报是否值得投入高昂成本并实施侵扰，要求得到公众讨论以及国会的深入考虑。

国内情报

反恐和隐私之间的权衡在美国内部的情报收集中大量存在，美国内部的情报收集必须是总的反恐情报职能的一个主要组成部分。美国内部有关国土安全的争论在解决最重要的国内情报收集问题上十分迟缓。在国会对 2002 年国土安全法案进行考虑期间，围绕情报的讨论涉及新成立的国土安全部将拥有哪种情报要素以及该部门将与联邦调查局和中情局之间有怎样的关系。该问题没必要引起当时的争议。该部门的情报分支机构可以扮演与国务院的情报研究局同类的角色，该局是一个分析和协调机构，为满足国务院的情报需要而与情报系统内的其他部门密切合作。

美国在反恐情报方面所能作出的最大改变——这还没有成为国会讨论的一个主题——将是创立一个国内安全部门，它有别于中情局和国安局等对外情报机构和联邦调查局等执法机构。美国没有一个像英国的军情五处、德国的德国联邦宪法保卫局或日本的公安调查厅那样的机构，这很不正常。在本国内部收集有关外国恐怖分子的情报是其他国家这些相似机构的一项主要任务。

是否在美国成立一个这样的机构，这主要关乎这项使命是否应该留给联邦调查局。（中情局不适合承担这项任务，主要是因为它收集国外情报的使命在一些重要方面与此存在不同。例如，招募一名国外间谍可能涉及说服此人违反本国法律。）反对建立一个新机构的主要理由是，虽然联邦调查局主要是一个执法机构，但它一直承担收集有关对国家安全构成威胁的个人或组织的情报的第二使命。在“9·11”袭击事件后，联邦调查局局长罗伯特·米勒（Robert Mueller）通过重新组织并重新分配资源，对收集并先发制人地利用反恐情报给予了更多强调。另一项考虑是，创建一个新机构将意味着信息将不得不多经过一套组织线路，而考虑到执法与在美国国内收集威胁信息之间的关系，这些信息需要尽可能自由地流动。

建立一个新机构的主要理由是，因为联邦调查局的文化和专业知识是围绕执法以及收集刑事案件以供起诉的，所以，不论情报使命得到该局领导多少强调，它将永远是一项次要使命，即使不是名义上的使命。如果一项使命只是某人的次要使命，那么它不会真的得到很好完成。联邦调查局的特点密切围绕执法和刑事起诉，它是否适合承担一项情报使命，这点仍不确定，不管从上到下作出多少调整。联邦调查局特工的培训、技能和升职机会可能性都取决于刑法职能。这一事实在无数的工作习惯和模式中显而易见，例如，因为担心留下在审判中能被发现的文字记录，联邦调查局特工不愿意记录很多实质性讨论，而这样的记录对一名情报官来说是习惯。

联邦调查局外勤人员传统上的自主权以及这种自主权可能带来的信息脱节也是创建一个新情报机构的理由。局长米勒试图通过创建一个设在总部的、负责指导传统上由外勤人员处理的恐怖分子调查的“超级小组”来解决这一问题。然而，前方与总部的关系可能是一个组织的文化和运转习惯中最难改变的方面之一。虽然对银行抢劫案的调查等事通常能够完全在犯罪现场进行，但对恐怖组织的调查却不能这样，因为它们跨越国界。

建立一个新的国内情报和安全机构的另一个可能的理由是这样一项重大举措的象征价值，它能发出很多信号，表明这个国家重视该机构的使命并且令其拥有恰当完成任务所需的资源和法律权力。它将代表与过去的缺点决裂，代表国家关注重点的巨大变化。一个新机构将不受中情局和联邦调查局的包袱所累，这些包袱包括过去有关所谓的不当行为或越界行为的争议以及公众对其过去的失败的看法。

不论国内反恐使命是由一个新机构还是经过重新定位的联邦调查局来完成，有关该使命的很多其他问题将不可避免地成为争议话题和恰当的争论话题。除了无所不在的资源问题外，还有涉及监控人员活动并实施搜查和没收的法定权力。2002

年5月司法部长约翰·阿什克罗夫特（John Ashcroft）扩大联邦调查局监控权力之举所遭受的怀疑反映了美国对此类权力根深蒂固并且长久存在的保留态度。另一个问题是美国公民和非美国公民是否应该同样成为目标。美国公众可能愿意支持针对非美国公民（他们中间可能包括大多数的恐怖主义威胁）的更具侵扰性的调查权力。但即使外国恐怖组织也能够招募——并且在有限程度上已经利用了——美国公民。

还有一个问题是调查线索来自何处。在自家的院子里找一个干草堆会比在其他地方要容易一些，但它仍是一个干草堆。恐怖主义信息和预防系统——一项鼓励公民个人报告可疑情况或可能与恐怖主义有关的行为的努力——遭到的批评凸显了限制更广泛的国内情报收集的最大障碍：美国人不喜欢被监视，不论是被政府还是被美国同胞监视。这个系统有点像一个东德式的朋友家人互相“出卖”的系统。

另一个话题已经在美国引起了反感，但在考虑将“干草堆”搜索聚焦于何处时不可避免，那就是在宗教、人种或种族的基础上进行犯罪剖绘。最好的犯罪剖绘系统利用其他争议性更小并且与有关人员试图侦查的行为更密切相关的指标。然而，要想缩小这项在一个有近3亿人的国家中找到尚未被发现的威胁的浩繁任务，一个令人不快的事实是，宗教和种族会有一些缩小搜索范围的价值。不管怎么说，任何得到加强的国内情报努力都不得不应对这项事实。

最重要的是，不带来损害

情报系统因为人们希望看到它以新的、不同的方式开展工作而面临巨大压力，并且这些改变实际上不太有希望降低更多重大恐怖袭击事件发生的可能性，这意味着美国情报系统面临的挑战将不仅仅是尽可能地做好恐怖主义情报的收集和分析工作，还要以避免带来的利大于弊的方式应对人们对改变的要求。对中情局和情报系统其他部分来说，最重要的“风险”之一是为避免损害长期效果而顶住这些短期压力的政治风险。

自“9·11”事件以来，美国的情报机构将比过去更多的资源用在了反恐上。这种资源的重新分配是人们常常——错误地——批评中情局没能作出的那种灵活改变。然而，这项改变意味着将分析师和情报收集人员从其他重要主题上转移走。众议院情报委员会在其伴随2003财年情报收集法案的报告中表达了对这项改变的担忧，该委员会指出，情报系统正在进行的“重大并且富有创造性的”反恐努力正在通过人员转移实现，但这些转移“在国家安全利益的其他领域造成了覆盖范围和了解上的空白”。在应对人们要求将更多资源用于反恐的不可避免的压力时，情报系统必须小心谨慎，以免让自身在其他领域没有资源可用，否则不仅仅是其他外交政策利益会受到影响，从长远来看反恐本身也会受到影响。虽然在外国土地上了解政治压力和社会经济模式并不带有“反恐”标签，但这项工作常常能够告诉人们什么样的条件易于孕育恐怖分子，因此对于预测未来的恐怖主义并支持美国就此采取一些行动的政策努力十分重要。

另一项危险涉及情报系统运作的规则和限制，以及在反恐已成为最重要的公共关注点之际人们的情绪如何改变了这些规则。“9·11”袭击似乎将很多旧的猜疑和对美国国家安全机构的担忧推到了一边。这些变化反映在诸多方面，例如有关人员招募原则的国会指示以及2001年10月颁布的综合反恐法，该法赋予了中情局查阅大陪审团证词的权限。然而，公众的情绪会再次发生变化。如果两三年中美国足够成功、足够幸运地避免了再一次重大恐怖袭击，那么反恐将不再是最重要的优先问题。人权、隐私权和类似问题将重新得到关注。然后呢？那名“受到激励”的、冒险进行了一次招募并引发了争议的情报官会发生什么，在改变了规则的国会议员们转任其他委员会职务后他所在的机构会被如何看待？诸如授予情报机构查阅大陪审团档案的权限之类的举措未来是否可能带来让人想起20世纪70年代的丘奇（Church）委员会和派克（Pike）委员会的国会调查？这些变化可能是正当合理的，没有理由认为会遭骂。然而，那些作出这些改变的人应该记住，美国最有效的反恐武器包括本国情报机构所拥有的、在某种程度上建立在这些机构的诚实和美国人民对它们的信任基础之上的长期力量。

当情报机构的反恐角色被误用于一些目的，而不是从恐怖主义手中挽救生命时，公众对于这一角色的信心也陷于风险。“9·11”事件之后反恐的重要性使有关人员更容易以这种方式滥用反恐问题。伊拉克战争的支持者们就这样做了，他们当时利用了“9·11”事件后美国公众的好斗情绪来征集对这场战争的支持，他们早就想打这场战争，主要原因中并不包括反恐。对这场战争的推销包括大肆宣扬任何可能发现的萨达姆的政权与恐怖主义之间的联系——尤其是该政权与“基地”组织之间的联系。这场战争的支持者利用情报的目的不是发现威胁并为决策提供信息，而是为一项已经作出的决策寻找理由。

情报系统相当好地抵抗了这些政策压力。它对伊拉克和“基地”组织的对待并未超出对两者之间极少的、非结论性的“联系”的详细描述——这一点可在仔细阅读政府就伊拉克发表的唯一一份信息直接来自情报系统的公开声明时看出，这份声明就是国务卿鲍威尔在2003年2月对联合国安理会所作的报告。尽管如此，伊拉克的事情损害了情报系统在反恐中发挥其作用的能力。为了服务于政府在此问题上的公共关系要求，反恐专家们花费了大量时间和精力，他们因此被迫从他们的主要任务中分神——他们的主要任务是找出并对抗实际存在或即将到来的恐怖主义威胁。对于支持恐怖主义的国家在国际恐怖主义中扮演的角色，美国公众的认识遭到了严重扭曲，如果情报以更为坦诚的方式得到公开使用的话，如此严重的扭曲就不会发生。最重要的是，随着伊拉克的战后困难变得越来越明显，并且未能找到大规模杀伤性武器使所谓的情报误用成为一个重大问题，情报系统的诚信遭到了质疑。这一后果将使情报系统在下一次发现一项重大恐怖主义威胁时更难赢得公众信任，即使这项威胁真实存在并且对它的评估不带有政治性。

结　语

美国人在对抗国际恐怖主义的斗争中对美国的情报资源所能做的最有用的事情可能就是获得一种对这些资源能完成什么、不能完成什么的现实判断。有一点很重要，那就是明白获得有关下个恐怖主义阴谋的关键内部消息的可能性很小，并且了解情报有很多其他方式可以为反恐作出贡献。这些了解将指导有关该在多大程度上依赖情报系统这条反恐“第一道防线”以及其他防线需要做些什么的战略。这将有助于重复做避免情报系统一段时间以前就已经在做的工作，并将关注焦点放在重大的新计划至少有一定可能性能够带来效果的领域——尤其是情报与非情报信息的更广泛整合。此外，消除误解将使注意力得以更好聚焦于仍需要讨论的重要问题——尤其是为了方便在美国内部收集有关可能威胁的信息，美国人愿意在隐私权和自由权上作出哪些让步。

本章讨论的反恐情报的作用和可能的新倡议几乎都有赖于强大的、知情的公众支持。当然，这种支持对于以国会拨款形式的资源十分关键。对于要想让扩大后的国内情报收集努力取得效果所必需的那些程序，公众的接受对于它们的实施也至关重要。虽然眼下没有表现得那么明显，但美国官员在他们请求外国政府的合作时得到的公众支持多少也有助于确定这些请求会在多大程度上取得成功。

美国人在“9・11”袭击事件后对反恐的支持急剧增加，这提供了乐观主义的主要根据，让人们认为情报能发挥出它对更广泛的反恐努力所作贡献——尽管仍有一些局限性——的全部潜力。例如，自袭击事件以来，美国在冻结恐怖分子金融资产方面取得的成功比过去多得多，这并不是因为情报工作突然得到了改善，而是因为国家的强大决心，这让美国官员能够跟外国官员拍桌子，坚称他们是根据已经获得的情报行事。在依据有关当时主要恐怖主义威胁的主要来源的情报采取行动方面，阿富汗的持久自由行动是最有力的例子。如果美国对反恐的兴趣能较之前此类兴趣大增之后的情况维持更长的时间，那么除了人们永远希望的发现下个阴谋的细节之外，情报将在解决国际恐怖主义问题方面得到更成功的应用。

第 6 章　执法

林赛·克拉特巴克（Lindsay Clutterbuck）

今天，恐怖主义随时会在任何国家冒头。它背后的历史很漫长——可追溯至 19 世纪晚期甚至更早——尽管恐怖主义的支持者、犯罪者和他们支持的事业在这些年里发生了变化，但非国家角色仍在利用恐怖主义，在它们手中恐怖主义既是一种战略也是一种战术。今天，它不仅没有消失，还变得越发致命。我们显然不能只把它视为最近出现的现象，由于它似乎不会轻易接受某种解决方案，我们必须改变视其为一个“问题”的态度，把它归入永久现象的类别。因此，从战争的角度考虑反恐并不妥当，公认的战争内涵是一国最终战胜另一国。恐怖主义并非一个有形的实体，因此不管从哪种现实意义出发，它都不可能被“打败”。“反恐战争”并不比“打击犯罪的战争”更像战争；因此，打这场战争并非只能诉诸军事手段。

恐怖主义行动是犯罪，而行动的实施者是罪犯，我们也把他们称呼为“恐怖分子”。恐怖分子的犯罪行动也可能在其他背景下犯下——例如，谋杀或持有武器和炸药——他们的行为也有可能因被恐怖分子利用造成特定后果而被认定为刑事犯罪（例如筹款或加入恐怖组织）。除触犯国家法律外，恐怖主义行为还有可能触犯国际法和公约（例如劫持飞机或使用化学武器和生物武器）。实际上，自 20 世纪 60 年代末恐怖主义死灰复燃以来，推动自由民主国家对恐怖主义作出反应的主要因素正是这种“视恐怖为犯罪”的理念，而不是“视恐怖为战争”的理念。

恐怖主义是一种范围遍及全球，持续存在，必然会和犯罪扯上关系的现象。任何打击恐怖主义的国家或国际机制必须建立在上述认识之上。自由民主国家拥有发展完善的立法、制度和架构来应对犯罪；因此，刑事司法制度应成为这些国家的反恐努力的核心。

不过，恐怖主义如今对社会构成的威胁很大，应对措施必须延伸至这一核心之外以囊括情报机构、军队，甚至是公民个人。这么一来，我们可以认为所有选项——从预防到威慑，从先发制人到扰乱，从情报活动到取证调查——都可以酌情进行部署。当前的挑战是如何制定和落实一项能实现上述目标的积极主动、充满活力的战略。

在这章中，我一开始将注意力放到反恐的两个主要概念模型：刑事司法模式和战争模式。我分析了上述模式是否足以应付大至欧盟小至英国当前使用的反恐战略的实际。我随后描述了刑事司法制度是如何确实支撑着英国的反恐战略的，以及警察、情报机构和军队是如何协调一致、联手落实它的。

本章的后续部分则从国际角度出发。我在这部分中概述了自20世纪70年代初起欧盟成员国间警察反恐合作的演变状况，以及"9·11"事件发生后这一进程是如何加速的。因此，作为一个组织，欧盟与反恐政策、战略和行动的诸多领域的关联日益加深。在本章的结尾我就如何提高现有制度和架构的效率提出了一些建议。

作为这一过程的最初一步，先考察下自由民主国家在过去35年中努力坚持的基本前提是妥当的做法，恐怖主义正是在这35年中呈现出我们最为熟悉的形态。我们随后才有可能确定是否存在替代选项或换种做法是否可取。

视恐怖主义为犯罪：当前的理论模式

在学术圈子里，为今天被视为"恐怖主义"的现象搜寻一个普遍认可的定义花了大家很多年的时间。1977年，拉克尔写道："我们可以充满信心地预言，探讨恐怖主义的全面、详细定义的争论会持续很长时间，争论不会得出一致结论，不会为我们理解恐怖主义作出显著贡献。"事实证明拉克尔的话很有预见性。尽管取得了一定的澄清效果，但事实已证明这项任务极端困难，受新观念推动，用新策略和新武器来实现目标的新型角色的加入使事态复杂程度不断加深。除了探讨什么应该，什么不应被称作恐怖主义的长期学术争论外，决策者、立法者和从事反恐工作的人不得不展开一场平行争论。大家提出了两个主要的理论模型以阐明各国可以在镇压恐怖主义时运用的反恐战略：刑事司法模式和战争模式。

恐怖主义这一现象不仅会影响个人和团体，还会影响整个国家。保罗·威尔金森在其《恐怖主义和自由国家》一书中列出了那些负责制定自由民主国家应对恐怖主义威胁的措施的人面临的核心挑战：“反恐战略的主要目标应是保卫和维护自由民主国家和法治。这一目标的重要性凌驾于一切，甚至凌驾于根除恐怖主义和政治暴力的目标本身，这一点怎么强调都不为过。”恐怖主义不可避免地会涉及谋杀、严重侵害和绑架等暴力犯罪。因此调查、审判和惩罚犯下这些罪行的人，不管他们有何犯罪动机，毫无疑问都是涵盖范围更广的刑事司法制度，尤其是警察的事。

建立在战争模式上的第二个战略更强调动用武力打击恐怖主义，这或许会导致被刑事司法模式奉为神圣的民主法则受到践踏或被高高挂起。正如大家预期的那样，军队的作用即使算不得举足轻重，也很明显。罗纳德·克雷林斯滕称战争模式和刑事司法模式的区别正如“战争法则”和“法治”的区别，他这种说法对我们很有用，我们可以引申为“最大限度的动武”和“最低限度的动武”的对比。

从反恐工作者的角度看，可以说“视恐怖为犯罪”和“视恐怖为战争”不过是位于一大批应对措施的两极的两个可能性。在这个理论谱系的两端间有许多备选项。例如，阿米·佩达祖尔和马格努斯·兰斯托普试图“脚踏实地地”解释这两个模式与反恐现实间的重大差异。他们建议使用一个“扩展了的刑事司法模式”，它可以充当另外两个模式概念上的桥梁。其目标是“将那些在反恐战争中如此普遍践行，但无论是在‘战争’还是在‘刑事司法’模式中都尚未进行说明的‘灰色’地带全都囊括进来……”这两个主要理论模式最纯粹的形式都不是实践的终极形态；没有哪种全面的反恐应对措施是完全建立在狭隘的执法活动上的，但也不能完全依赖军队的作战能力。也不能把它们视作相互排斥的选项。在这两个点之间有一片由政策、战略、行动和战术组成的近乎无限的区域，整个国家必须在其中巧妙回旋来追求自己的目标。

过去一个世纪英国在本土和海外反恐和打击叛乱的经验决定了它当前的整体反恐手段。乍一看，这一手段对当今世界的重要性或许并不明显。不过，细看一下就会发现，其中有可以适用于其他场合的通用原则和行动要领。其中最重要的是 3 个战略概念，这 3 个概念形成并进一步完善的背景都是北爱尔兰的恐怖主义和 1972 年以来它对英国本土产生的影响。

上述战略概念中的第一个是有必要采取可持续的应对措施。在过去 40 年中，北爱尔兰人几乎每一天都要面对恐怖袭击和政治暴力。死亡人数很高，1969 年至 1999 年有 3601 人死亡。爱尔兰共和军 1972 年在英国本土引爆了首个简易爆炸装置。今天恐怖袭击仍在构成真实而持续的威胁，这些恐怖袭击不仅与爱尔兰共和分子的恐怖活动有关联，国际恐怖主义也是其源头。因此，不管恐怖主义威胁的终极源头是什么，英国都不得不规划出能在这段时间内操作且具普遍适用性的反恐制度和架构。

第二个概念是需要在设计和实施反恐政策、战略、行动和战术的过程中进行协调和合作（尽管不一定要通过中央控制的方式）。不这样的话，必然会出现组织隔阂、重复努力和职责重合。这些弱点继而会被恐怖分子利用。

最后，在整个反恐努力中，有必要树立、宣扬和坚持个人和集体责任的理念。恐怖主义随时会影响到任何一个人；因此，反恐必须让人人都参与进来。每个人，不管他们是直接受雇于反恐事业，是担任其他任何公职，还是某团体和更广泛的大众的一员，都有责任协助打击恐怖主义。整个社会都必须对恐怖主义威胁及其可能的表现形式有深刻的认识。

除这 3 个核心概念外，还有其他支撑英国反恐战略的更具体的议题可供我们分析利用。例如，任何时候警察的首要顾虑都是公共安全。这一态度不会因公共安全面临的威胁来自恐怖主义就发生改变。不过，必须保护公共安全绝不意味着警察应当成为打击恐怖主义的唯一工具。法治和刑事司法原则并不妨碍国家尽其所能地利用自己所有能作出有用贡献的政策工具。在英国，大家的普遍认识是，不管哪个组织或政府部门为打击恐怖主义作出了贡献，它这么做时必然清楚，自己必须在上述规则的框架内行事并与追求共同目标的其他组织合作。这一原则不仅适用于警察，它还以同等效力适用于情报机构和军队。我在后续章节中分析了这一整合状态的演变情况。

视恐怖主义为犯罪：刑事司法手段的演变

从 20 世纪 70 年代初开始，一系列怀抱不同目的的恐怖组织开始在欧洲各地出击：德国的赤军派（RAF）、英国的爱尔兰共和军（IRA）和在多个国家活动的巴勒斯坦解放组织（PLO）。为了响应这一事态发展，制订打击恐怖主义的立法并同时在国家和国际层面落实的进程开始了。这一进程直到今天也没有结束。

立法大体注重 3 个层面。首先，与恐怖分子有特殊关联的特定罪行成为特定立法的管制对象，这既是为了预防犯罪，也是为了从重处罚犯罪（例如劫持商用飞机）的人。其次，恐怖分子若想有所作为必需参与的种类日益繁多的活动近期被定为犯罪（例如，参加筹款活动，博取支持或公开招募成员）。第三，赋予许多执法部门处理恐怖分子罪行比其他调查机构异常大的调查权限。

在国家层面，建立这一框架的速度和广度与一个国家觉得自己受恐怖活动威胁的程度有直接关联。例如，在英国，1974 年 11 月 21 日爱尔兰共和军用炸弹袭击伯明翰两家酒吧，导致 21 人死亡，162 人受伤后，《防止恐怖活动法》立即通过成为法律。

不过，要协调国际合作更成问题，原因是要给“恐怖主义”下一个普遍认可的定义是件复杂的事；因此，这一进程的前进速度较慢。不过，大家最近有了达成国际协议的动力，国际协议也变得更加普遍。1997 年，联合国通过了《制止恐怖主义爆炸国际公约》，接着在 1999 年，联合国通过了《制止为恐怖主义提供资助公约》。尽管这些决议的实际影响或许有限，但它们的重要意义在于，全球都承认恐怖主义的大体构成要素和它对所有国家构成的威胁。此外，欧盟成员国现在就如何定义“恐怖罪行”和“恐怖组织”的构成要素达成了共识。

国际社会统一认识的最终结果是，各国将恐怖主义视为犯罪并用一张不断扩大的立法网络来支撑它们打击恐怖主义的努力。现在立法的范围和影响越来越国际化。在英国，最初的《防止恐怖活动法》的后继者是 2000 年的《反恐怖主义法》，后者界定了与在英国实施、策划和煽动，准备在英国以外的国家实施的恐怖主义行动相关的特定犯罪活动。类似的，欧盟打击恐怖主义的《框架决定》规定所有欧盟国家都有具法律约束力的义务确保它们对恐怖分子犯罪活动的国家管辖权延伸至覆盖整个欧盟。

除了这一立法手段提供的框架外，也出现了其他共同的主题。一份递交美国国会，基于对 5 个发达国家的反恐行动组织方式的审查报告发现，受调查国家的反恐思想和它们用以践行这种思想的机制大体是一致的。除了上面概述的立法手段外，他们还指出大家努力的共同领域包括：

以跨机构协调组织来实现部门内和部门间的协调……［指明］由谁在恐怖事件发生时负责……强调防范恐怖主义的国家政策……组建行政部门监督打击恐怖主义［和］做拨款决策的组织……以恐怖主义活动真正发生的可能性，而不是以国家面对恐怖主义攻击的总体软弱程度为依据。

如果大家都承认恐怖主义——从越来越多的国家和国际法律给它下的定义以及它对社会造成的影响看——是某种罪犯犯下的罪行，这是否意味着打击恐怖主义必然是，也只能是某执法机构的任务？可以提出的一个有力论点是，这种“视恐怖主义为犯罪”的手段的焦点太狭隘，效果太有限，不会产生任何重大影响。不过，一个大力支持主要通过刑事司法系统的机制来应对恐怖主义的因素是，犯罪活动现在成了维系和滋养恐怖主义的根系。

从操作的角度看，在 20（无疑是 25）年前的世界里，参与恐怖主义活动的人和犯下严重罪行的人的主要动机存在明确分界。恐怖分子的犯罪活动往往是达到目的的手段，他们要么是实打实的犯下恐怖主义罪行，要么是把它当作资助恐怖活动和恐怖组织的秘密生活方式的资金来源。例如，武装抢银行是许多国家的恐怖组织获取现金的常用方法。

另一方面，武装抢银行的罪犯绝大多数不抱政治动机。他们唯一的目的是获取个人财富。简言之，恐怖分子进行恐怖主义活动是为了让自己能追求总的政治目标。而驱使罪犯犯下严重罪行的则是他们想要致富的欲望。这种差异看来大体是清晰明了的，因此要贴标签也比较容易。

今天，这种分界似乎正在消失，想要凭借恐怖主义和严重犯罪的独有特征（至少是我们所认为的它们的特征）来鉴别犯罪者的动机已变得越来越不靠谱。形形色色的盗窃、勒索和诈骗现在已成为恐怖组织的常规活动，牵涉到许多国家的许多组织。在日本，奥姆真理教参与诈骗。在哥伦比亚，哥伦比亚革命武装力量（FARC）得到了源自毒品交易和绑架勒索赎金的资金的滋养。最近的一件事发生在美国（2002 年 6 月），真主党的两名成员在南卡罗莱纳州被判有罪，罪名是通过走私烟草为该组织筹款。就连从 1975 年开始活跃于希腊，奉行强硬意识形态、被称作“11 月 17 日革命组织”的恐怖组织或许也曾定期参与贩卖人口和走私的活动。

当然，想要区分犯罪和为追求恐怖主义而犯下的罪行还是有可能的，但要快速而准确地做到这一点就变得困难得多了。可以用金融犯罪来说明这一点。纯粹从犯罪角度看，总的理念是将非法所得转化为合法的资金和财产。而从恐怖分子的角度看，过程或许正相反：合法持有的资金，以及犯罪所得频繁流入支持和进行恐怖活动必需的非法活动中。

在袭击电子系统方面，动机以及犯罪者的似是而非达到了登峰造极的程度。发生袭击时，要尽快知道实施者是谁，这很重要。是某敌对的境外大国，还是抱有犯罪动机的黑客，是某个鲁莽的十几岁少年，还是恐怖分子？尽管每次遭受攻击的电子系统的内部反应即使不是完全相同也是类似的，但更广泛的政治含义和切实可行的应对措施将有很大差异。

以北爱尔兰为例，形势已经超出了恐怖组织把犯罪当作资助恐怖主义的主要手段的范畴。此间正式参与恐怖活动的组织和个人现在已摇身一变为有组织的犯罪组织。打击北爱尔兰有组织犯罪特遣部队说：

> 牵涉约 400 人的 78 个组织经鉴定符合全国刑事情报处（NCIS）对有组织犯罪的定义。被甄别出来的组织当前或者历史上与共和派或忠英派准军事组织有联系的刚过半数。

洗钱是这种有组织犯罪活动的核心，相应的，支撑洗钱活动的是燃料和烟草走私、贩毒、各种类型的诈骗以及窃取知识产权——仿冒电子游戏、光盘和品牌服装等东西——的非法收入。警察的数据表明，通过此类活动，每年“临时的爱尔兰共和军”能收获 650 万至 800 万美元（500 万—800 万英镑），“真正的爱尔兰共和军”能收获 650 万美元（500 万英镑），各种忠英派组织能获得 260 万美元（200 万英镑）。

犯罪和恐怖主义的界限开始变得模糊，认识到这一点不只是恐怖组织的活动越来越像犯罪组织的活动的结果。也有相反的情况出现：犯罪组织现在开始使用一度专属于恐怖分子的战术和武器。例如，1996 年 3 月在法国，几名歹徒用机枪、手榴弹和火箭发射器攻击和抢劫了一辆装甲车，2002 年 5 月，装备火箭发射器的 3 名歹徒从一辆装甲车中抢走了近 200 万美元。

犯罪组织学习恐怖分子手段的过程的最明显例证是 1992、1993 年的西西里岛黑手党。由于意大利政府采取联合行动，该组织的非法活动受到了严重干扰。黑手党直接通过对公务员个人、具有象征意义的国家文化遗产和公众施暴来恐吓意大利政府停止调查。黑手党的行动带有诸多可判定为恐怖主义的特征。

活跃在打击黑手党活动的第一线的是两名政府检察官——波阿洛·博尔塞利诺和乔瓦尼·法尔科内——他们因而成为格外受重视的目标。博尔塞利诺被放置在他汽车下的炸弹炸死；法尔科内、他的妻子以及 3 名警官被放在路面下的涵洞中、由控制线引爆的一枚大型塞姆汀和 TNT（三硝基甲苯）炸药炸死。长期以来，暗杀对手和反对他们的政府官员一直是黑手党的策略，但用它来对付如此重要的国家象征就是个新情况了。

这些人的死亡并未带来消除或减轻意大利当局对自己施加的压力这一预想中的效果，当黑手党明确看到这一点时，他们于次年改变了自己的策略。西西里岛黑手党在佛罗伦萨乌菲齐博物馆外留下了一枚巨大的汽车炸弹。1993 年 5 月 27 日，它毫无预警地爆炸了，炸死了 5 人，摧毁了几件无价的艺术品。之后那个月，黑手党又放置了两枚汽车炸弹，爆炸间隔只有几分钟。第一个被放在米兰现代艺术博物馆外，炸死了 5 人；第二枚炸弹导致罗马的圣约翰拉特兰大教堂及临近的主教宫大面积受损。

我们为何可以把这一系列事件视作暴力犯罪升级为恐怖主义，分析这一点具有教育意义。首先，黑手党显然有胁迫并威逼意大利政府停止调查其犯罪活动的意图。黑手党并未声称对罪行负责，从而加深了其行动在公众中引发的恐惧并加剧了政府面临的政治压力。其行动因而具备政治目的。其次，该组织使用大量军用和商用炸药来制作涵洞炸弹、车下饵雷炸弹和汽车炸弹。这些技巧已成为世界各地形形色色的恐怖组织公认的惯用伎俩，比如爱尔兰共和军（IRA）、巴斯克祖国和自由组织（ETA），其他还有很多。最后，黑手党对丧生的无辜者既不关心也不在乎。尽管对于这是否属于恐怖主义我们还可以展开学术争论，但其理念、执行和影响实际上已具备恐怖主义特征。

上述事件发生10年后，2003年3月10日，塞尔维亚总理佐兰·金吉奇在贝尔格莱德市中心被一名狙击手暗杀。一大波抓捕行动接踵而至，焦点是某特殊的犯罪集团：泽蒙帮。犯罪组织再一次为推进自己的目标诉诸恐怖主义，人们对这一点似乎已没有太大疑问。依然存疑的是，犯罪集团或其他人利用恐怖分子式的暴力活动来谋求犯罪收益仍是例外，还是预示未来的一个尽管不祥但迄今仍属孤立事件的征兆。

把恐怖主义视作镇压叛乱的一方面：经过整合的应对措施

如果我们承认有效的反恐战略必须得到法治的指导原则的支撑并通过刑事司法手段落实，那军队是否能在其中发挥作用？如果能的话，是什么样的作用？就英国的情况而言，人们早就认识到，军队的确可以发挥作用，这一作用将根据场合的不同而相同。在20世纪放弃帝国地位的漫长时间中，军队屡次被召集去肯尼亚、马来亚、塞浦路斯、亚丁和北爱尔兰等种种地方处理恐怖主义挣脱束缚的局面。

对军队来说，用来定义它在反恐领域的作用的那部分理论被包含在“战争以外的行动”这一理念中。“战争以外的行动”的一个特殊要素是镇压叛乱，而相应的这一理念也将恐怖主义和反恐概括在内。军队对反恐大战略的贡献是通过镇压叛乱行动的3个作战目标实现的：找到叛乱分子，确定他们的方位，然后进行打击。弗兰克·基特森在他影响深远的《低密度行动》一书中概括了一场镇压叛乱战役的精髓：

> 尽管情报具有重大意义，但情报通常不会以能立即让警察或士兵派他的人去与敌人接战的信息的形式出现……情报机构生成的此类信息在被用于让政府军与叛乱分子接战前，必须用不同于组织本身所用的一套程序进行完善……因此这牵涉到两项独立的工作……搜集背景信息和……加以完善变成接战信息。

从1969年8月起，随着军队和军方的其他单位持续介入北爱尔兰局势，英国军队最初在海外镇压叛乱行动中获得的经验得到了扩充和完善。相应的，这也导致也许有朝一日需要他们在民事环境中开展的那种活动得到完善并变得正规化。“军队对民事管理机构的援助”这个笼统的标题涵盖3种相对独立的行动：“军队对民间团体的援助”、“军队对民事部门的援助”和“军队对民间力量的援助”。

这些行动“拥有不同的法律依据及政治、军事含义，彼此有很大差异。不过，它们都有一个共同的主题：合法性”。依法办事以及必需坚决地在合法的范畴内开展军事活动的理念不管是在国家层面还是在国际层面都有重大意义。北约成员国一再强调它是北约战略理念的一环。这一战略理念要求北约成员国“遵循联合国宪章的原则［并］依据民主、人权和法治的普遍价值观”行事。这一不断发展的进程的结果是，英国政府现在可以随心所欲地对恐怖主义威胁作出有法律依据和渐进式的应对，不管这种威胁是出现在英国国内还是针对英国在海外的公民和利益。

毫无疑问，“9·11”事件发生，因而对英国与国际恐怖主义有关的国家目标重新排序后，军队充分意识到自己的作用和将再次受命采取的多面手段。2001年12月10日，国防参谋长、海军上将迈克尔·博伊斯爵士概述了今后的任务的战略跨度及其首要原则：

> 我们需要同时跨越政治、外交、经济、军事、法律和信息范畴采取行动和制订计划。要做到这一点，我们必须从恐怖分子那儿夺回主动权，我们必须用法律、军事行动、监视、外交和威慑手段限制其活动空间，以此抵消其在自己选择的时间和地点发动攻击的优势……毕竟，我们所做的必须合法，不然我们就动摇了自己的合法地位……

因此，英国贯彻一项整合的反恐战略的精髓包含两方面。在英国国内，这主要是警察和情报机构的事，需要时辅以军方的专家技巧和经验。动用军事资源时，使用方式的定义十分严格，且只能用于推进刑事司法或外交目标。

上述思想或许意味着用新方法或在史无前例的作战场面中动用军队——支撑1998年的《战略防卫评估》的政策框架的那份分析的最新版承认了这一事实。从那时起，恐怖主义已变成一个更具全球意义的问题。不管军队是被部署至无法无天的地区或阿富汗和伊拉克等失败国家，还是在海外执行反恐任务，这一趋势必然会愈演愈烈。

不过，只有尽可能采取覆盖面广的措施来侦测、防范、打击和调查恐怖主义活动，才有可能降低恐怖主义的影响。不把军事力量当作与刑事司法手段融合的专业化组成要素，而把它当作后者的替代方案，已被认定是“狭隘的、适得其反的做法，反映出官僚机构的僵化”。它或许能带来暂时的、短期的解决方案，但从长远看，会导致人们疏离和怨恨，这些人继而又会制造出下一代恐怖分子，从而破坏更广泛的反恐运动的核心战略要求。纵观历史，这种现象的例证比比皆是，我在这里只提一个。1916 年，刚刚参加了反对英国统治爱尔兰的复活节起义的 15 名爱尔兰志愿军领导人和成员被迅速送交军事法庭审判，继而被处死，这种做法致使民怨沸腾，以至于到了 1919 年迈克尔·柯林斯和爱尔兰共和军开展系统性的恐怖活动的时机成熟，数百人在上述恐怖活动中死去。到 1922 年，最后一名英国士兵离境，爱尔兰自由邦宣布成立。

经过整合的反恐应对措施：一种可能的模式

伦敦是英国首都，政府所在地，全球金融和商业中心。在过去 30 年中，这里发生了多起恐怖袭击。犯罪者数不胜数：爱尔兰共和军和它后来持不同政见的派别“真正的爱尔兰共和军”；与中东和印度次大陆的冲突和事件有关联的国际组织；“愤怒之旅”等国内极端分子；动物极端分子；甚至是“独狼”。

多年来已发展出一个包含 3 方面的反恐战略：防范、调查以及后果管理。每个方面的活动之间并不存在固定的界限；它们必然会在某些地方重叠或逐渐与对方融合。主要的融合点有两个——其一是事前，建立在情报基础上的秘密防范行动会撞上调查取证活动，其次是事后，调查取证活动会撞上后果管理活动。由此产生的是一张由互相重叠的活动组成的复杂的网，它为伦敦提供了一套从英国的国境之外开始展开的深层次防御系统。

第一方面的目标是防范恐怖主义活动，因此它关注的范围较广。其中最广的是以威慑和侦察为目标的“反恐”措施。它们很有可能包括旨在“确定目标”的物理架构和系统，且越来越依赖科技解决方案（例如闭路摄像机、金属探测器、生物识别系统）。不过，在警察的日常例行活动中尽可能将反恐理念融入更多领域，这一理念也不容忽视。例如，必须建立内部通报系统，确保所有警官和员工不管平常担负何种职责都充分了解恐怖主义威胁的严重程度和恐怖分子当前使用的手法及可供判断他们的特征。同样的，必须教会他们，一旦被叫到潜在的或真正的恐怖事件现场，他们必须采取何种行动，以及不论何时他们起了疑心，必须把所知的信息转达给谁。

这一方面还包含针对居民、侨民和移民团体的行动。把“人心”运动当作更广泛的反恐行动密不可分的一环，英国军队第一次这么做并取得成功是20世纪50年代初在马来西亚。从那时起，以下这一点变得越来越明确：社区在遏制恐怖主义方面发挥着关键作用，他们的支持至关重要。不过，这种支持不是想当然就有的，必须付出巨大的努力激发和培养。

防范恐怖主义的一个关键要素是反恐行动。其中有一系列渐变的活动，从纯粹的情报收集行动——搜集证据的可能性不高（尽管绝非全无可能）——到主要目标是搜集在嫌犯最终被捕后能送交法庭的证据的活动。复杂之处就在这里，因为常常必须在保护情报资源和行动方法不会在法庭诉讼程序中遭遇不必要的曝光的同时搜集证据。

如上所述，调查这一部分很可能发生在真正的恐怖事件之前，也可能会因发生某件事而被触发。如果事件牵涉到爆炸装置或枪击事件，形势复杂也就不足为奇了，因为若干程序会同时启动：挽救生命和救死扶伤，控制场面以最大限度地找回证据，利用证据和情报协助鉴别犯罪者，以及立即展开防止事态重演所需的行动。如果是劫机或围困事件或牵涉到化学、生物、辐射或核因素，则需要采取类似但经过修正的应对措施；在上述情况中，军队和政府的相关部门将加大介入和活动力度。

调查这一环有两点很重要但大家知道得不多，值得一提。一是用法医手段来获取恐怖分子手法的证据以及确定个别人与罪案的关联。此外，各类媒体提供了一种机制，让警察能获取公众支持（特定的和笼统的）并让他们相信已尽可能采取各种调查和防范措施。

最后一方面关系到恐怖事件后果的管理。在涉及化学、生物、辐射或核的案件中，它本身就会成为一个重大问题，必然牵涉到政府的许多方面——卫生、媒体应对、政治决策等。

除了在北爱尔兰发挥了支援警察的特定作用外，军队还在哪些领域成为筹划应对英国境内恐怖活动必不可少的一环，点明这些具有教育意义。军队在英国各地为常规和化学、生物、辐射或核事件贡献“随叫随到的”排爆能力，以此为防范环节作出贡献。它同时还在围困和劫机、劫船事件中提供受过良好训练的应变能力。自2011年9月11日以来，随着军队受命“在海陆阻断和搜索任务中，或在突袭恐怖分子的重要设施以达搜索和摧毁目的时发挥更积极作用……以军事行动摧毁基层恐怖组织或在万不得已时对那些支持、保护、扶植和指挥恐怖活动的政权采取行动”，大家为军队在反恐活动中设想的作用大大增多。上述全球任务与军队在反恐活动中传统的、内在的作用相去甚远。

最后，后果管理方面，英国政府2002年6月12日在一篇讨论文章中建议，派遣并训练一支由6000名本土军和陆军志愿后备队成员组成的反应部队以便在事发数小时内支援应急部门。

显然，不管是伦敦还是英国的反恐战略都包含警察管辖范畴的大量活动。此外，它已与军队和情报机构完全融为一体；因此，可以快速简单地利用它们的经验和知识。在后续章节中我会阐明恐怖主义应对措施是如何在国际层面上实现协调的，并重点阐述欧洲范围内为这一协调过程提供便利的现有系统和架构。

国际警察反恐合作的演变情况：欧洲视角

就调查恐怖分子罪行和交流信息和情报而言目前存在各种为警察间合作提供便利的正式和非正式架构。自1923年成立起，国际刑警组织（ICPO）一直是国际上解决跨国犯罪和罪犯问题的主要组织。这个组织更常见的称呼是INTERPOL，它并不是一个调查机构，充当着让求援要求从一个成员国流向另一个的渠道。其得力之处在于全球绝大多数国家都是其成员国。不过，其对恐怖主义和恐怖分子的影响微乎其微。

1956年起草的国际刑警组织章程第三条严禁该组织进行政治、军事、宗教或种族性质的活动。为了让该组织能干涉恐怖分子犯下的暴力罪行，国际刑警组织1984年通过一项决议声明：“总的来说，在冲突地区外犯罪且受害者与罪犯追求的目的或目标无关的，不认为其罪行具政治性质。”尽管有了这一条款，但第三条仍然适用；因此，国际刑警组织必须“遵循章程第三条并在国家法律允许的范围内”提供协助。

从整个欧洲的角度看，一个协调各国反恐措施的正式国际组织最初是在 1975 年特莱维小组成立时成形的。这次倡议的内容包括在高级官员间定期召开政府部长级会议，同时让 3 个工作组（恐怖主义、公共秩序、毒品和有组织犯罪）内部的相关工作人员定期开会。相应的，特莱维小组认可并扩充了由受恐怖主义影响最深的国家英国（爱尔兰共和军和中东组织）、德国（赤军派）和意大利（红色旅）的警察机构组成的松散网络。上述各国的相关警察单位的代表成立了恐怖主义问题警察工作组。其主要目标是为交换与恐怖活动有关的行动信息提供便利。特莱维小组后来承认这一职能意义重大，将恐怖主义问题警察工作组吸纳入特莱维小组的框架内。

1995 年，特莱维小组被欧盟的“第三支柱”政府间刑事司法安排取代，但恐怖主义问题警察工作组一直保留到今天。在恐怖主义问题警察工作组的支持下，警察反恐联络官的理念得以形成。三个国家——英国、法国和德国——同意交换各国相关警察机构中的警官以改善情报和信息的流通速度和状况。在恐怖主义问题警察工作组中，与其他国家的联络是在机构对机构的基础上实现的，用的是一个专用的保密通信网。

作为促进货物、服务和人员在欧盟各地自由流动的运动的一环，1985 年签署的申根协议同意在法国、德国、荷兰、比利时、卢森堡和西班牙间建立跨境警察通信系统。1995 年马斯特里赫特条约谈判达成一致后，该机制得到扩充将欧盟所有成员国囊括在内，尽管英国和爱尔兰因删减了特定条款导致至今都没有全面落实。

申根信息系统（SIS）的设计和建立目的是支持让货物和人员自由流动的理念。申根信息系统背后的理念是巩固欧盟的外部边界，以此补偿欧盟内部国与国的边界遭削弱的事实。申根信息系统主要是一个移民数据库，但它也让交换警方对可能卷入欧盟内部的跨国犯罪的个人和车辆采取行动的信息成为可能。因此它是可用来侦查恐怖分子的又一工具。

加强欧盟内部警察合作的下一个重要举措——大概是迄今最重要、影响最深远的行动——是伴随欧洲警察组织（EUROPOL）的成立而来的。它的诞生过程漫长而复杂，一切始自1991年，当时德国在某场欧盟峰会上首次正式提出了这个点子。1994年2月16日它迁入位于海牙的常驻总部大楼时才终于化虚为实。

欧洲警察组织最初的职责是协助成员国提高打击贩毒和有组织犯罪的效率。恐怖主义不属于它的管辖范畴。不过，以西班牙为首的国家持续施压后，从1999年1月1日开始，欧洲警察组织的职权范围扩大，把恐怖主义包含在内，随后还成立了一个小型部门来探索欧洲警察组织为现有体系和架构作贡献的最佳方式。18个月后，这种努力获得了新的动力。

"9·11"事件之后欧洲警察的合作

《欧洲联盟条约》第29条为欧盟设定了以下目标："在一个自由、公正和安全的区域内为其公民提供高度的安全保障。"它特别提到，恐怖主义是应通过"警察队伍、海关以及欧洲警察组织等其他主管机构密切合作"共同对其采取行动的严重犯罪形式。第30条详细阐述了警察在恐怖主义等刑事案件中的合作。在立法上，欧盟最近采取了两个重要措施，它们将在加强警务和司法合作的过程中提供助力。

2002年6月22日，《反恐框架决定》在欧盟全境生效。框架决定对所有成员国都具约束力，且明确列出了它们必须达到的目标。不过，达到目标的手段和形式留待各国当局自己决定。框架决定含13条；它定义了何种刑事犯罪会被认定为恐怖主义罪行（第2条），确保所有成员国都拥有调查这些罪行的权限（第9条）且对其作出妥当的处罚（第5条）。其条款于2003年1月1日生效。

涉及欧洲逮捕令和成员国间的移交程序的第二份框架决定现在正处于磋商阶段。预计将于2004年1月4日生效。

此外还有其他各种加强欧盟各国警察间合作和协调的措施。"9·11"事件后几乎立即成立了一支反恐特遣部队，其目标是参照发生在美国的攻击开展欧盟范围内的威胁评估。在欧洲警察组织内部，参与反恐的人员数量增加了2倍，2002年4月，其预算提高了45％。

过去几年中，七国集团（G—7）的警察和情报机构开始聚集到一起讨论恐怖主义和反恐领域双方都感兴趣的问题，且频率不断提高。这些会议往往可以归为两类——第一种的参与者是“反恐工作者”而关注点更具战略意义的第二种的参与者是“专家”。在1996年7月举行的一次七国集团（G—7，外加俄罗斯）全体峰会上，25种反恐措施得到了大家的支持。在正式接纳俄罗斯为正式伙伴从而形成八国集团（G—8）之时，其活动的跨度必将增大。

“欧洲”促进国际警察合作的手段——明智地融合正式组织和制度，辅以非正式的联络和沟通——能否在面对当前和潜在的威胁时继续证明自己的价值在未来几年中具有至关重要的意义。此外，军队——恐怕要通过北约协调——显然被迫要承担更“像警察”的职能，尤其是在北约军事行动的传统区域外。这就有必要以高效系统的方式让这种活动融入国家、欧盟和北约现有和未来的机制中。

结　语

“视恐怖为犯罪”和“视恐怖为战争”的理论思想是合理而有用的概念。此外，完全依据其中任一思想阐明的基本原则制定一套反恐理论战略无疑是可行的。不过，我试图在本章中证明，从实用角度看，采用死板的“非此即彼”手段来反恐并不是最佳的前进道路。

恐怖威胁的性质不断变化。要迎战这一威胁，我们的应对措施必须是创新的、灵活的，且要投入手头的所有资源。恐怖主义是犯罪，因此任何自由民主国家打击它的主要机制应是该国的刑事司法制度，辅以军队和情报机构，上述所有单位完全遵循法治原则行动。必须采取广泛的应对措施。

英国奉行当前的“行动理念”是由其经历造成的，根据这一理念，政策、战略、行动和战术牢牢扎根于刑事司法体系之中，要贯彻它们需要几乎所有国家机构的参与。情报机构和军队是这些机构中最突出和最专业的，但其他许多机构也发挥着积极作用：比如海关、移民部门和紧急救援部门等。

这种威胁的性质不断变化，恐怖主义和重罪是互不相干的不同实体，这一一度盛行的观点正变得越来越站不住脚。恐怖分子为了追求自己的政治目标变得与金钱犯罪（低劣、简单得惊人的犯罪活动的数量与日俱增）密不可分，不仅如此，另一方也在弥合两者的差距，有组织的重罪罪犯开始使用恐怖分子的武器和策略来推进自己的犯罪大业。

恐怖分子和罪犯身份重合的另一领域是，他们由传统的等级组织转变为网络式组织。这一转变无疑增大了那些负责打击它们的人面临的难度，因为“网络结构……抗干扰，适应力强，能适应不断变化的环境”。

由此推断反恐组织丧失了网络式组织具备的所有优势或许太过轻率，反恐组织往往等级森严且官僚作风严重。就反恐而言，大家的任务是模仿大脑，在大脑中，每个神经细胞都有自己专门的功能，但同时又被联入一个由其他细胞组成的网络。合作和协调的结果是诞生了一个开足马力运转的有机体。

反恐网络由许多不同的组织和机构组成，我们可以认为其中每一个都自行充当着一个节点。它们又组成了自己的网络，不断构建和维护以承担特定任务。所有节点被一个共同目标联结起来：威慑、防范、侦测、阻断和调查恐怖主义。如果以健全有效的方式构建和维护这些国家层面和国际层面的连接，就能形成一个“网络的网络”。

现在的挑战是鼓励在节点间建立新的连接点，巩固现有连接，扩大这一网络以便连上任何能为反恐作出贡献的组织。只关注内部目标的僵化系统必须代之以朝共同目标努力的灵活体系，必须从各个层次塑造和维持组织间的外部联系。毕竟，在这些组织内活动的个人不仅要具备高超的“头脑协同工作能力”，他们还必须能“摆脱纪律的束缚看问题，在威胁多变，灵活的思路和行动必不可少时挑战官僚机构的障碍”。

为了在国际上、在联合国、在欧盟内部，在八国集团（G－8）国家间以及在其他相关论坛上建立这样一个相互连接的框架，大家已经做了很多工作。组成欧盟的15个国家已凭借与反恐、欧洲逮捕令和引渡程序有关的《框架决定》对不远的未来做了规划。没有此类倡议和践行者在行动层面建立的密切联系，就无法削弱恐怖分子享有的优势——时间、地点和手段由他们说了算。

所有这些国家层面和国际层面的努力的基石应当是法治以及通过刑事司法手段贯彻法治。只有利用刑事司法体系——辅以情报机构，必要时加上军队——才能在反恐和尽可能少地危害相关权利、价值观和原则间达成恰当的平衡，自由民主国家的政府之所以存在就是为了维护这些权利、价值观和原则。

不存在能准确无误地侦测和防范所有恐怖主义行动的实用的“魔法子弹”。要达到起码能想想上述壮举的程度，需要让本章描述的所有措施——以及此外的其他许多措施——随时随地发挥作用。尽管许多国家没完没了的承诺会试着实现上述目标，但我们必须始终将爱尔兰共和军的话——1984 年暗杀英国时任首相玛格丽特·撒切尔未遂后说的——铭记于心："你今天很走运。我们只需要走运一次。你必须永远都走运。"

第 7 章　军事力量

蒂莫西·霍伊特（Timothy Hoyt）

2001 年 9 月 11 日发生的悲惨事件令以军事力量打击恐怖主义的模式发生了转变。美国的强大军事能力——对阿富汗“基地”组织和塔利班的打击和 1991 年及 2003 年在波斯湾地区的袭击充分得到展示——通过对国际恐怖主义的宣战象征性地得到了释放。鉴于美国长久以来对授权军事打击恐怖主义的克制态度，当我们进入打击模糊敌人的新时代时，审视军事力量的局限性是必要的。

认为可以把常规战争中的高科技工具随意用于当今国际反恐战争的假设是错误的。虽然恐怖主义是一种暴力政治行为——如果按照克劳塞维茨的定义，这和战争也有几分相似——但对恐怖主义的回应必须仔细权衡考虑到其潜在的政治影响。这是一个严峻的战略问题——涉及政治目的与手段之间的关系。如果不仔细协调政治目标，那么使用军事力量可能会引发溃败。

在当前反恐战争中军事行动的性质属于范畴十分广泛的潜在暴力行为，但这个范畴是不连续的。恐怖主义暴力从根本上来说是战术行动：一小部分激进分子以更多的人数但仍然有限的火力进行类似于伏击而非定点进攻的战斗。然而，恐怖分子的战斗不是连续性、线性的攻击或（在大多数情况下）有次序的攻击——因此，大量源自西方专注于战争行动层面的军事行动可能是不适用的。反恐行动要打击的规模较小、冷酷无情的恐怖组织不但可以逃避违反战争法的责任，还可以在伊斯兰世界的不少民众和精英中唤起同情甚至效忠，因而我们必须重新审视连续性、目标和胜利顶点等关键概念。军事力量是反恐战争中的有力工具。然而，如果美国要把军事胜利转化为长期的战略成功，必须适当应用军事力量，并仔细与其他政策工具协调。

变化中的规则：反恐军事行动

本章分为三个部分。第一部分简要讨论美国对恐怖主义军事行动的传统束缚。在1983—2000年期间，美国授权的军事反恐行动只有三次。这一记录表明决策者在考虑军事报复时面临着较强的约束。对反恐军事回应的传统反对声音可分为两类：军事回应的法律基础和对其政治影响的忧虑。在新的国际环境中，在美国已经对国际恐怖主义“宣战”的情况下，军事报复已经越发可行。

然而，我们应严肃考虑对恐怖组织采取军事行动的可操作性。虽然在战争中，人们对军事力量的使用和偏好都可能增加，但在潜在应用上有特殊而深刻的局限性。因此，在第二部分，我们讨论了为常规战争所配置的军事力量在打击恐怖主义时的困难。

第三部分中，笔者考察了把打击恐怖主义军事力量效用最大化的几个方案。运用军事力量实现政治目标属于战略范畴。尽管常规国家间战争与打击跨国恐怖组织的战争存在明显差异，但制定适当战略应对这一新兴威胁仍是取得成功切实、适用和关键的保障。

美国军方和恐怖主义：20世纪后期的约束

对军事力量的研究是当前反恐研究文献中重要但规模较小的部分。动用军事力量并不是一种灵活的政策工具——而是背负深刻的政治后果，特别是在国家边界受到侵犯或无辜平民伤亡时。然而，正如保罗·皮勒所指出的，过去十年中，军事设备的精准度和致死率增加，这也许会有益于打击恐怖分子。精确的远距离武器和训练有素的地面部队为反恐行动提供了新的军事可能。例如，新型致命武器“捕食者”无人机配以“地狱火”导弹在阿富汗和也门都曾一展身手。这些新功能可能会限制美国或多国部队在国外部署的“足迹”，把因外国军队和当地居民相处中难免产生的摩擦最小化。

无论是反击还是先发制人，使用武力打击恐怖分子一直存在困难和争议。美国在1983－2000年间只有三次动用军事力量应对恐怖主义：

· 为了报复轰炸拉贝拉（La Belle）迪斯科舞厅而于1986年实施“埃尔多拉多峡谷”行动打击利比亚。

· 为报复暗杀总统老布什的计划，1993年以巡航导弹打击伊拉克情报机构。

· 为报复1998年在两个美国驻非洲大使馆的爆炸事件，美军以巡航导弹袭击据信与本·拉登“基地”组织网络有联系的阿富汗和苏丹。

美国的经验以及相关文献认为动武是极为鲜明而有限的立场。美国本土未曾经历分裂运动等大规模的恐怖主义。

其他国家动用军事力量反对恐怖分子由来已久。然而，动武一般针对的是本国境内的恐怖组织（也是下文要讨论的一种反叛乱形式）或在其他国家境内恐怖组织的避难所。例如，对北爱尔兰恐怖主义军事反击的范围要大得多——事实上，在北爱尔兰的军事行动是反恐行动中的常态，而不是偶发因素。同样，以色列也使用各种各样的手段应对来自黎巴嫩领土的恐怖威胁，包括1982年的全面常规战争和20世纪90年代末的报复性打击。但任何研究美国过去二十年中的反恐行动必须注意到动用军事力量的严重束缚。

这些制约因素可分为两个主要类别。第一类反对意见涉及法律。动用军事武力必须根据相称性原则，而许多分析人士指出“使用武力时我们也有可能伤害无辜，并在某种程度上证实了恐怖主义的意义”。这是国际法界仍然存在的问题，也是国内和国际政治的关切。对美国而言，军事力量一直用于反击恐怖主义，而不是先发制人打击恐怖主义——直到“9·11”恐怖袭击的悲剧发生后。

另一点法律关切尤其涉及在民主国家使用军事力量来支持执法或刑事司法工作有关的宪制问题。警方与军方接受的训练大为不同，在公众心目中，警方的合法性更强，在危机局势中不太可能反应过度，采取过分的暴力行为。然而，在极端情况下，军事部队也受命补充捍卫法律和秩序的传统力量，例如在北爱尔兰地区。美国向来有限制军方参与国内事务的传统。在人们日益担忧国土安全的时代，这些限制可能会予以修改。此外，美国武装部队在战后的阿富汗和伊拉克也被迫承担更多维持治安的任务。

第二类限制在于政治领域。对恐怖攻击的军事报复在国际体系中会造成不可预知的政治影响。恐怖分子依靠其弱小形象而生存壮大。动用国家资助的高科技常规部队力量进行的报复反击会进一步加深人们对恐怖主义和目标国家差距的印象，为恐怖分子赢得潜在的同情而且引发国际社会对报复国的谴责。

从实际的角度来看，许多国家缺乏对其领土内恐怖团伙的控制，它们可能认为疏远恐怖集团的威胁要比外部力量持续报复的威胁更加危险。另外，作出有关保护和支持恐怖分子关键决定的个人可能并不受国家领导。军事报复还可能强化敌国、增加恐怖主义的海外支持、壮大中立或友好国家内敌对派的势力。最后，对他国进行报复背后所传递的意义并不是很清楚；有时，它甚至可能是情报工作失误或政策纰漏的结果。

军事报复也会受到其他政治问题的束缚。违反国际法律或规范会对报复方赢得国际支持产生不利影响。单方面报复可能会侵犯盟军、中立方和敌对方。在冷战期间，报复可能会把冲突升级为地区性对抗或超级大国的对抗，尤其是报复对象为苏联代理人或其他阿拉伯国家庇护的巴勒斯坦恐怖分子集团时。军事失败会加强恐怖集团在人们心目中的力量，增进国际体系内对恐怖集团的支持并疏远潜在的盟友。军事力量也很难决定性地影响恐怖主义团体的工作——军事报复的主要影响是象征性的，展示的是国家的决心和意愿。

2001年对五角大楼和世贸中心的“9·11”恐怖袭击从根本上改变了美国军事行动的约束。当我们审视21世纪，特别是在“反恐战争”期间动用军事力量的可能性时，我们必须记得许多政治反对或限制已因战争状态而缩减或削弱。理论上，美国政府现在已经可以相当自由地动用其强大的军事能力。

反恐战争中军事的局限性

小布什总统的“反恐战争宣言”有效地消除了此前美国反恐行动的许多障碍，特别是军事反击方面的障碍。尽管国际社会对接受美国立场仍然存在分歧，但美国通过援引自卫原则已经把使用武力反对恐怖主义集团及支持者的做法合法化。“基地”组织袭击的残暴性质和救援人员的英勇精神赢得了国际社会中几乎所有人的支持和同情。这种支持的残余仍然可以作为使美国军事行动合法化的强大力量。

通过宣战，即使只是口头上的宣战，美国总统也能够在公众心目中巩固军事回应的必要性。正如其他分析人士所说，美国似乎有一种独特的战略文化，把战争作为最后的手段，而不是卡尔·冯·克劳塞维茨所谓“其他手段的政策继续”。因而，美国能够最自如地发动相对无限的战争——例如，战争以推翻政权或彻底征服敌人、迫使敌人绝对投降为目的。这种“圣战”般的动因导致的政策倾向是一旦宣布战争便会倾尽全力尽快结束战争，回到更优选的和平状态。

至少就美国而言，这一宣战已经改变了反恐行动的选择范围。美国正在创造一个新的反恐模式，其中军事反应的可选方案越来越多，并已被纂入美国的《国家安全战略》。这一新的模式包括如下几点要素：

1. 使用军事报复的合法性增加
2. 对报复恰当性的顾虑减少
3. 更加愿意采取高风险行动
4. 先发制人行动的合法性增加
5. 将推翻政权作为一种报复而合法化

这一新模式否定了此前许多就军事报复的反对意见，主张国际形势已经从“9·11”事件后发生了根本改变。在某些方面这种评价是正确的。例如，美国不再需要担心打击支持恐怖主义的国家会被充满敌意的苏联视为破坏稳定。然而，美国的这种新视角仍可能破坏国际体系，尤其是在地区性冲突地带。包括俄罗斯和印度在内的其他国家也许要适应美国范式的要素——尤其是对先发制人的强调——来证明它们打击邻国的行动是正当的。

通过向恐怖主义宣战，美国总统赋予了恐怖分子半合法性——即它们是美国必须斗争的公认力量，但绝不是美国可以谈判的国家。在这种情况下——并鉴于“9·11”事件造成的美国和其他国家人民的死亡——人们对报复适当性和默认的顾虑已经抛诸脑后。传统上，人们由于担心引发对敌人的同情而避免以压倒性的武力对付恐怖分子——即“大卫和歌利亚”综合征。在过去，军事报复主要集中在传递政治信息，而不是削弱恐怖组织的实体力量。“宣战”显著增加了潜在的各种军事选项。

与此类似，昔日的战术和政治风险会约束对恐怖主义的军事回应。这一战术风险问题在人质救援行动中表现得尤为明显，恐怖分子可以立即以杀死人质作为回应，因而人质救援的安全性是军事组织的目标。1972 年的慕尼黑惨案令人们开始创建特别反恐与人质营救小队以及救援战术，但他们成败参半。失败的军事行动是目标恐怖集团或国家的庞大宣传资产，尤其是在军方伤亡众多的情况下。例如，1998 年对本·拉登的恐怖基础设施打击失败，使他在伊斯兰世界从一名边缘人物成为英雄。而在战时，人们冒险的意愿会增加。

新的范式也影响了有关军事行动成本的政治考量。过去，美国袭击恐怖主义赞助国时打击的是与恐怖主义关联的机构实体本身，而不是其他国家性目标。这样的例子包括伊拉克情报局总部、利比亚军事目标和现已广为人知的苏丹制药厂。为阻止利比亚支持恐怖主义，削弱利比亚的石油行业本可以是更有效的方法——但这一行动在国际社会来说太不适当，而且可能破坏美国希望实现打击利比亚恐怖主义的广泛同盟。

很多这样的反对理由已经不再有同样的说服力。美国已经从实质上向恐怖分子及其支持国宣战，把积极赞助恐怖主义的国家变成合法的军事目标。在许多情况下，美国不再区分恐怖分子和国家实体——如打击阿富汗就是充分的证明。在“持久自由”军事行动中，美国进行了非常冒险的战术行动，包括派遣特种部队深入充满敌意的政治和地理环境中，并尽可能利用压倒性的力量——最终目的是惩罚并推翻支持“基地”组织和国际恐怖主义势力的政权。美国用这种方法于 2003 年春季推翻了萨达姆和伊拉克复兴党。然而，“基地”组织与伊拉克之间的联系仍然含糊不清，并且国际社会对美国军事行动的支持是有限的。

鉴于这种新的范式是由迄今最成功的一起恐怖袭击推动的，因而美国致力于以压倒性的高科技军事能力参与其中。那么，军事力量在迎战恐怖主义时有哪些限制？要了解军事限制，我们必须深入探究军事理论——这是恐怖主义研究中很少涉及的一个课题。

有三个因素值得特别调查。首先是恐怖主义实际上是否可以被视为某种形式的战争，而不是恶意的犯罪行为。标准涉及恐怖分子寻求实现的目标。第二个因素的手段——如他们在军事上的战斗情况。第三个因素考察恐怖势力在空间和时间的行动，和这些方法对恐怖分子以及打击恐怖主义军队所作的限制。这些因素决定了恐怖分子实际的战斗类型，并帮助定义现代军事组织在处理这一威胁类型时面临的困难。

恐怖主义是一种战争形式吗?

克劳塞维茨认为，战争不过是通过其他手段延续的政治。克劳塞维茨的意思是，战争的原始暴力行为是为了实现政治目标的利益输送。战争的目的是通过使用武力把意志强加给敌人——人们希望这将得到有利的政治成果。至少，在理论上，所有军事行动或使用政治暴力必须为政治目的进行协调。

恐怖主义是利用暴力来达到政治目的吗？毫无疑问。在这一领域领先的专家认为，恐怖主义可以被定义为“蓄意通过暴力或暴力威胁制造并利用恐惧达到政治目的”。霍夫曼进一步解释说：

> 恐怖主义旨在在没有权力的地方创造权力，或在权力微薄的地方巩固权力。通过他们的暴力行为所产生的宣传，恐怖分子寻求获得势力、影响力和权力，否则他们无法影响本地和国际政治变化。

恐怖团体在最雄心勃勃或极端的状态下会根据自己的一套哲学寻求推翻已有的政治秩序，取而代之。“基地”组织似乎便是这种情况，他们的野心之一就是寻求建立一个新的伊斯兰哈里发。按克劳塞维茨的话说，这一目标是相对无限的，即意味着彻底推翻现有政权，也因此有相对较高的风险。

恐怖分子如何作战?

我们要再次来看克劳塞维茨关于战争需要一个人把意志强加于敌人的言论。这一目标可以通过两种方式实现：破坏敌方军事力量和抵抗能力，或者摧毁敌人意志和抵抗的愿望。前者假定在战场上毁灭敌人的部队会迫使对手进行谈判或承受更严酷的灾难。

打击敌人意志比这更加困难，部分可以通过在战场的伤亡和其他破坏来实现。

在 20 世纪，政治恐怖主义被作为一种武器用于国内战争和国家间的战争。恐怖分子寻求通过不分青红皂白地攻击平民打击敌人意志，在一段时期内破坏政治合法性和民众支持。

恐怖分子不会采取可预见的序贯行动。J·C·怀利认为，在许多情况下，据战争遵循的是序贯模式：

> 我们把战争看作一系列分散的步骤或行动，这一系列行动中的每一步都随此前的事件自然发生，并取决于此前事件的发展。如果这场战争中的任何阶段以不同的方式发生，那么其余部分将遵循不同的模式。

然而，恐怖分子使用的是怀利所称的累积方法。根据该方法，行动的顺序并不重要。行动不取决于此前或此后发生的事件。最重要的是累积效应——一系列的个人冲击或袭击的总体影响。

这种区分之所以重要是因为，与德尔布鲁克的消耗战略不同，这一概念不需要持续性的战场接触和自然减员。在长期冲突中，恐怖分子通过骇人的暴力行为降低现有政权的合法性、削弱民众对政体的信心和公众意志，以至于现有政权宁愿投降或被更迭也不愿面对持续的紧张局势。恐怖分子明白他们不能通过直接的军事交手一举赢得战争，因此他们愿意挑起冲突而不是控制冲突，从而自行其是，发挥最大效益。

> 战略家在战争行为中的主旨是为了战略家本人的目的对敌人进行选定程度的控制；这通过控制战争模式而实现；控制战争模式则要利用战略家的优势和对手的劣势，以此操纵战争的重心。

时间和空间的部署

恐怖分子发起的是弱者的战争。除了在极不寻常的情况下，他们不出动有组织的大型部队上战场。“9·11”袭击出动了 19 名恐怖分子，成本不过 100 万美元。以恐怖分子的标准来说，这是一起十分复杂、专业化的袭击，牵扯到大规模的欺骗和精心的协调。因此，恐怖分子只有有限的军事手段。即便是“基地”组织这样的独立恐怖团体，可以调配的也只有大约数亿美元的资金——也就是一艘大型水面舰艇或一小撮现代喷气式战斗机的费用。按照传统的观点，这些资源远不够支持大规模军事行动。即使匈牙利等军事能力一般的发达小国的年度军费预算也比这个数额大。

恐怖分子主要在交战的技术和战术层面上做文章。多数恐怖分子以轻型武器训练，只有少数技术专家可以接受制造炸弹等类似任务。“战斗”都是小规模组织以轻型武器发起的伏击——即使不熟练的武装人员也会造成相当的破坏。恐怖分子并不试图坚守阵地，而是试图尽快地融为背景。其结果便是，他们实际上以放弃控制实体空间而掌控时间。恐怖分子不拘泥于空间，从而保持相对于对手的主动性，因此难以定位和预测，他们保持主动性的方式还包括发动延续性的非序贯行动，这些行动不是连续性的军事行动，而是曝光率高、破坏性强的不定期行动。

地理或空间的问题对恐怖组织定义及袭击手段至关重要。许多恐怖主义集团明确、永久性地与特定区域联系在一起。临时爱尔兰共和军、巴斯克家园与自由组织（即巴斯克分离主义组织埃塔）、查谟和克什米尔解放阵线和以色列全国军事组织等恐怖组织曾为民族解放而战，在当地大批居民中仍有政治支持，而且以行动的地理目标作为根据地。因此，针对这些问题和其他类似群体的反恐行动与典型的反叛乱行动十分相似，包括派遣军事部队到外地支持执法，并驻军、巡逻、执行其他日常任务。

有关空间的第二组问题涉及恐怖分子的庇护所。许多恐怖主义集团依赖外国的避难所在邻近国家开展恐怖活动。在20世纪70年代末和80年代初在黎巴嫩的真主党和巴解组织、在巴基斯坦的杰·E·穆罕默德和拉什·伊泰以及设在伊拉克和伊朗的库尔德人和其他群体都是借地利之便的庇护所从事恐怖活动的例子。

在20世纪70年代和80年代，国家赞助为某些恐怖组织的兴旺发展提供了充裕的资金，巴解组织甚至开始派遣装备了过时坦克和大炮的旅级准正规部队。能调动、支持这些力量的只有一处——黎巴嫩。“基地”组织在支持阿富汗的塔利班政权中发挥类似的作用，他们在对北方联盟的战争中充当着“突击部队”。

无论是在庇护所还是在“解放区”，恐怖分子在某一空间内的集中会形成明显的军事漏洞。它还可能令恐怖分子的行动丧失了出其不意的突然性——而这本是恐怖分子的关键优势。一旦大量恐怖分子在各种营地中被定位，他们就会易于追踪和攻击；而且，背负大量常规设备也让恐怖分子难以遁形。在恐怖组织既有常规部队又有游击部队的情况下似乎会遭遇灭顶之灾。但正如我们所知的 20 世纪 60 年代的越共和 21 世纪的“基地”组织，表面消灭部队也许会让他们隐入农村和城市中，重新从事非常规的恐怖行动。

当前的恐怖主义威胁不一定十分依赖地理位置获得庇护或政治上的支持。因此这些恐怖组织不那么容易屈服于军事报复。因为它们不需要依赖一个单一的国家提供庇护——而且，事实上它们可能会发现潜伏在友好国家内——打击恐怖组织需要大量的国际合作。这种合作形式包括执法、情报协调以及偶尔的联合军事行动。这些类型的合作有浓重的政治成分，这将进一步限制独立军事报复的机会。

恐怖势力因此很少在空间内自我休整，以免被先进的常规军事力量抓住机会。他们很少大量聚集，以免给先进的现代军队标志性的精确打击的机会。他们通过避免序贯行动掌控时机，创造一种不可预测、不稳定的环境，随意选择袭击的时机和地点，总体上保持进攻的主动性。

恐怖分子的行动旨在打击对手意志，而不是消耗或消灭对手的能力。他们通过蓄意针对平民造成最大的冲击效果及宣传效应，从而打击对手的政治意志。恐怖分子的寄望是，随时间推移，国家和公民变得不愿意承受偶尔但毁灭性的攻击，并屈从于恐怖分子的政治意愿。恐怖主义实质上是一种非传统形式的疲劳战——一系列非连续性袭击旨在长期削弱公众对政权的支持。恐怖分子严格选择攻击的时间和地点；只有在罕见情况下他们自愿坚持不懈，进行常规战争。

这种手段和目的的组合，以及对空间和时间的控制给军事组织设置了限制和困难。现代高科技军队专注于战争的行动层面，在时间和空间的集结力量可以一举制胜、击败大量敌方部队。历史上看，这类战争拖延时间长，进程慢，双方伤亡大。传统上看这类战争需要通过与敌方持续性的接触和连续作战实现——面对难以捉摸的恐怖集团，这是一个艰巨的任务。

至少在理论上，军队把目标对准了在“重心”的敌人——如果这一长项遭到破坏，将会重创敌军效能。在某些方面来说，摧毁敌军重心等同于摧毁敌军实力，消灭了他们抵制或有效行动的能力。高科技军队经常把敌人的指挥和控制能力作为重心——这是20世纪闪电战和20世纪后期陆空作战和战略轰炸学的重点。

这些传统的军事方法很难适用于恐怖主义。恐怖组织在行动层面不存在。由于缺乏兵力，他们也往往缺乏现代常规军队的繁复层级和后勤保障。由于人数有限及战术偏好，恐怖集团很难固定在一处——他们往往在攻击或随后立即解散，而且如果可能他们宁愿转移。指挥和控制有时高度集中的——例如在阿布·尼达尔的组织——而“基地”组织是高度分权、地理位置离散的。因而它难以发现，难以解决，难以摧毁，缺乏军事重心。

因此，大多数用来打击军事组织的工具和专门知识在打击“基地”组织和类似团体时效用不大，除非他们地理位置固定。阿富汗是一个典型的例子——但它可能是唯一的例子。“基地”组织可能会在其他地方出现，但在当前氛围下，不太可能有任何国家正式向它提供庇护。更可能发生的是，它会在贫弱或失败国家内的无法治理地区建立持续性较短的军事存在——这是假设它选择再犯这种战略性错误的情况。

某些类型的军事能力仍非常有用——如轻步兵打击度极高的特种作战部队——但这依赖于战略及战术情报。战略轰炸机、精确制导武器、坦克和航空母舰的实用性都有限，尤其是当恐怖分子栖居阿富汗山脉的崇山峻岭或西方和中东国家的城市、郊区时。根据目前美国陆军军事行动与战争的战斗信条来说，“如果没有实战艺术，战争将是一套没有连续性的接触，相对自然减员是衡量成功的唯一标准”。这个评价简洁地定义了在反恐战争中完全依靠军事力量的困难，因为这正是恐怖分子希望实现的军事条件。

反恐战争：战略困境

麦克·汉德尔等人提出的经典战略思想强调政治方向连贯一致、精心协调军事手段来实现政治目标、确认敌方重心的重要性，作为有效战争行为的关键。但亨德尔也警告说，虽然应利用战场上的成功，每个进攻行动达到一定地步后会产生反作用；同时与多个主要敌人交战是不明智的；一般情况下，速战速决比长期消耗战好。

把“战争”作为处理“基地”组织和更普遍的恐怖主义的模式立刻激起了批评。但无可争辩的是美国已进入与“基地”组织的战争——用美国总统自己的话说，这可能是持续多年的冲突，使用军事力量的政治约束已比以前更少。这一宣战口号、“9·11”事件成千上万的受害者以及美国进行自卫的宣言都帮助造就了远为宽松的使用武力的环境。不过，继续打击本·拉登和国际恐怖主义的军事力量仍将继续受到军事和政治顾虑的限制。

美国以常规军事力量对抗恐怖主义似乎有四种广泛情况。至少在部分层面上，这些情况下的定义是地理；空间和时间的问题仍然对美国和西方有效发挥军事优势至关重要。

首先，也是最显而易见的新机遇是拥有了反对恐怖主义政权的军事行动能力。推翻塔利班政权不仅造成“基地”组织上的不安和不便，而且让该地区和国际社会摆脱了一个真正问题。在“9·11”事件发生前，塔利班已经被受到一系列制裁、外交拒绝承认和外界秘密援助反对派北方联盟武装等“处理”。美国所展示的推翻恐怖政权的能力和意愿大大推进了使用军事力量打击恐怖主义。因为塔利班本身是固定的，而且依靠常规力量打击抵抗，维护国内秩序，因而更容易受到常规力量的打击，因而也得以有力消灭“基地”组织向其提供的官方庇护地。其他国家的政府——或具有很大自主权的准政府——可能会在今后向“基地”组织提供类似的庇护；而如苏丹、索马里和也门等无法之地也被列为潜在的地点。此外，小布什总统认定臭名昭著的“邪恶轴心”是可能的目标——我们将在下文讨论这点。

第二类可能的目标是对美国不友好，并允许恐怖分子在其领土内训练和行动的国家。同理，自“9·11”事件以来，使用军事力量的选项增加了。例如，在拉贝拉迪斯科舞厅的爆炸事件发生后，美国极大地克制袭击利比亚目标作为报复。洛克比爆炸事件发生后，美国应该寻求国际社会的谴责和制裁，而不是军事的回应。但如果卡扎非上校现在允许“基地”组织在利比亚领土进行空袭，他一定会被当作阿富汗的塔利班政权——如果运气好他会遭遇重大军事打击，不好则会倾覆政权。这些军事可能在过去会被认为是不适当的，但现在是政治上允许的——这对那些可能会寻求援助“基地”组织事业的人造成重大的威慑。

第三种极有可能发生的情况是，“基地”组织和其他恐怖分子在一个对美国友好的国家训练和行动。在这种情况下军事行动会严重受到政治因素的影响。有关例子包括某国支持非“基地”组织或直接卷入与美国有关冲突的恐怖组织的叛乱分子或恐怖分子。巴基斯坦就是一个包括这两种现象的有趣例子。它既容纳各种与印度作对的伊斯兰“圣战组织”和叛乱团体，同时（可能无意中）充当了数以千计的“基地”组织和塔利班难民的避难所。这种情况对美国构成很大的困难，尤其是当印度指责巴基斯坦向印控的查谟和克什米尔地区渗透克什米尔叛乱分子和“基地”组织人员时。

第四个扩大使用军事力量的潜在机遇是针对与“基地”组织——反恐战争焦点——不怎么沾边，但积极参与反美政策和行动的国家。“邪恶轴心”即属于此类。没有令人信服的证据表明朝鲜与“基地”组织有联系，其与伊拉克的明确联系仍未有结论。伊朗据称庇护了一些“基地”组织成员，但它也向周边波斯湾国家当局移交了其他“基地”分子。

美国 2003 年春季对伊拉克的战争表现出美国常规部队的压倒性实力，重现了沙漠风暴（1991 年）和持久自由行动（2001 年）的成功。虽然在这场战争的第二周出现了一些悲观报道，但伊拉克的军事抵抗总体上是零星无效的。伊拉克的常规军队很少从事战斗，空军则从未执行过战斗任务，而在先进的美国和联军部队的联合行动下，共和国卫队全军覆没。伊拉克战争 2003 年 5 月开始时，小布什总统有足够的信心来宣布在伊拉克的战斗结束了。然而，对伊拉克的军事胜利是否可以转化为在反恐战争中的战略成功仍有待观察。

在这些行动，以及任何其他打击“基地”组织的军事行动中，我们必须再次考虑几个关键的军事概念。第一，连续性原则，这个概念是指一旦取得成功，胜利者必须以最大的努力确保军事上的胜利带来最大的利益。但这种努力面对恐怖组织时更为困难。首先，他们并不在一处固定，因而经常拒绝胜利者的要求——这么说吧，他们就从战场上消失了。第二，当他们固定在一处时，他们也可以轻松地解散，从常规作战转为叛乱分子或恐怖主义。因此胜利方追求的利益是无形的，可能会导致相当大的挫折。

另一个重要的概念是胜利的顶点：即把侵犯方的力量大为削弱、抵御方的实力大为增加至侵犯方因缺乏动力和资源必须停止的地步。在这种情况下，抵御方可发起反攻。因为部队在这种情况下缺乏空间接触，特定行动的胜利顶点可能存在于一个名义上的政治空间——即大部分本地或国际舆论把矛头指向美国，要求必须结束行动。

阿富汗和伊拉克在此都可以提供有用的例子。美国现在追求的战争目的是推翻专制、稳固的政权，最好是争取到当地和国际的支持。在阿富汗，美国初期推翻塔利班政权的果断行动获得了广泛的国际支持。但随着美国行动的拖延——包括一系列杀害平民的事件高调曝光后——国际和阿富汗本地舆论已变得更加消极。有报道称塔利班领导人毛拉穆罕默德·奥马尔已设立正式的抵抗委员会反对国际维和部队。

推翻伊拉克复兴政权没有经过正式的投降程序，只是伊拉克政府完全消失了。事态的这种发展把美国及其盟国置于困难的境地。盟军虽然在军事行动方面赢得了惊人的成功，但突然被要求接管这个经历了二十多年战争和制裁后，经济基础设施千疮百孔、政治和法律基础设施荡然无存的国家。美国致力于创建民主政权的承诺实质上排除了前复兴党成员和军事领导人联合组成临时政权的可能性。其结果是伊拉克的混乱和不稳定——这样的情况仍然继续。

美国的政策必须更加认真着重于这些冲突后阶段（和未来）的军事行动。战斗结束后，军事力量仍要发挥作用。在这种背景下，国防部副部长保罗·沃尔福威茨2003年6月20日在海军军事学院毕业典礼上的演讲特别提到“伊拉克战役”和“阿富汗战役”可能会让人有所启发。虽然把伊拉克和阿富汗作为更大的反恐战争中的战役是有用的，但更适当的方式是把它们称为“行动”——根据国防部门的定义，这是“旨在给定的时间和空间内实现战略或行动目的的一系列相关军事行动”。行动的目标是决定性打败敌人的常规部队，但战略目标是为反恐战争中的最终成功作出贡献。

在每种情况下，美国和盟军都在战场上取得了胜利，摧毁或分散了敌人的兵力。然而，在更广泛的反恐战争中，美国现在面临着建立机构、提供长期的政治稳定、确保物质和经济安全的问题。这些目标为打击“基地”组织在伊斯兰世界中潜在支持基础的宏大行动作出贡献。然而，这些后冲突时代的任务对美国军事力量反应的要求明显不同。美国军队在治安方面将无法发挥他们军事行动中的优势，事实上将面临与在北爱尔兰的英国军队或其他维和与建设的多国部队同类的挑战。这些任务的失败可能会导致三个方面的挫折：便于当地建立有效的抵抗运动，令稳定局势的工作更加复杂；便于“基地”组织和相关团体借帮助当地叛乱分子建立飞地；招致伊斯兰世界和国际社会的不满，因为美国对这两个国家干预的理论效益未能显现。因此，在反恐战争的行动背景下，可以说胜利的顶点取决于美国及其盟国建立稳定安全的政权，取代伊拉克的复兴党以及阿富汗的塔利班政权的能力。如果美国的目标仍然是推翻现有的政权，那么这种现象将会在随后的冲突中再现。

最后，由于没有其他对有效性的评估机制而且不愿悄然加入一场主要针对“基地”组织的消耗战，美国将寻求其他重心。其中之一是恐怖分子领导人——本·拉登、下一级别领导人和“基地”组织指挥官等。另一个可能是技术专家，包括炸弹制造师、理财规划师和后勤专家等令恐怖组织更致命或更有效的人员。攻击“基地”组织的部分困难便源于它缺少权力中心；它是一个网络，而不是上下级组织。其结果便是，它对军事行动的抵抗力较强，为了加速解决冲突，非军事组织将选择并攻击其金融网络和其他新型重心。

当然，使用军事手段存在其他可能性。军方与其他的政策工具的配合——实际上，在与其他国家军队和政府的联合行动中——是赢得反恐战争的关键。这种合作可以采取许多形式。然而，小布什总统表明，打击“基地”组织领导层的行动已经非常成功，他宣布自2001年9月11日以来65%的“基地”组织领导人和行动管理人员已被击毙或俘虏。

对国内外执法行动的军事支持将至关重要。军方将被要求参与维护国土安全。但更重要的是，军方还会被要求与法律程序截然不同、社会规范复杂的外国执法机构合作，如在巴基斯坦西北部的边疆省份。在当地军队组织的忠诚度和有效性可能存疑的盟国，美国的支持将显得尤为重要。很明显，这都是政治极为敏感的地区。

军事情报优势将对反恐战争至关重要。军事情报预算在美国总体情报资源中占有相当大的比重。如果——正如在20世纪90年代——继续强调提供给作战人员的情报，那么情报资源可能出现严重分歧。就美国来说，情报人力资源是特别重要、特别脆弱的；军事行动有可能使资源枯竭，至少是暂时枯竭。使用相关渠道在与外国情报机构和执法机构合作中获取的信息将使他们处于极度危险中。如果军方在一个地区行动，它是否能充当“800 磅的大猩猩”，独占可能在其他地方更有效利用的情报资源吗？

情报之争在伊拉克的教训尚不明确。少将约翰·阿比扎伊德向美国国会参议院表示，供“伊拉克自由行动”的情报是“我在战术层面上、很可能也是我在行动层面看到过的最好情报”。然而，就“大规模毁灭性武器的战略层面，它是不完整的，令人困惑”。关于伊拉克大规模杀伤性武器情报的政治化干预、在前冲突时期有关人力资源报道的不确定性（特别是来自艾哈迈德·沙拉比所领导的伊拉克国民大会）以及就情报和预算控制仍然持续的竞争表明，情报的可获得性、准确性，情报资产的倾向性和优先性仍是反恐战争中的紧迫和尚未解决的问题。

对“低密度/高需求”军事能力的呼声将越来越高，这包括特种作战部队、无人驾驶飞行器（有些配有精确制导武器）和各类电子监控设备。我们可以再次预见对有限资源的争夺。特种作战部队也是在反恐行动中培训友国部队的关键——这是另一种资源约束。特种作战部队在伊拉克的联合作战中扮演着极为重要的角色，他们在敌对行动实际开始前就进入该国，夺取了在伊拉克西部的关键机场和导弹发射设施，并配合库尔德叛军来开辟一条邻近基尔库克和摩苏尔的北方阵线。时任国防部长拉姆斯菲尔德一直致力推动特种部队在未来承担更多重任，但他们人数的迅速增加必须与降低当前严格标准和减少培训的危险作出平衡。

这些考虑因素凸显了美军的关键难点，即使在新的国际环境军事行动已经变得相对容易。军方要在反恐战争中发挥最大影响，便必须与其他机构和国家在联合行动中合作——包括国务院、情报机构和经济实体。宣战只简化了使用军事力量某些方面的限制。而其他方面则远远更加政治化、更容易受到政治干预。

结　语

反恐战争标志着为回应恐怖主义军事力量的使用出现重大变化，特别是对美国而言。现在实施军事报复的环境更加宽松，而且美国在积极地利用这种环境。美国现在声称先发制人打击恐怖主义进行自卫，以表明愿意参与推翻支持国际恐怖主义的政权。几乎在全球所有地方，美国都展示了其高效的摧毁性军事能力，这对反恐战争是有利的，但它不是万能的。

20世纪军事发展的重点是战争行动层面以及一举打倒民族主义军队与工业革命相结合的军队。恐怖主义削弱了这样的能力。恐怖分子在战术层面上作战，在地势险要的地区作战，并且不顾及平民丧生——这有效地压制了现代军事精确打击火力、以人多势众进行调度和决胜力量的优势。

例外——也是军事力量发挥显著用途的一个领域——是恐怖分子的避难地依然存在。但即使打击恐怖分子避难地的行动也很困难——阿富汗境内正在进行的军事行动便是证明。许多避难地处在对美国友好或中立的国家，这也在军事干预之外引入了重大的政治因素。例如，深入巴基斯坦“基地”的藏身处追击仍是重大而未决的问题。

除了使用武力打击恐怖主义的行动限制，美国对推翻政权的政策令军队出兵更加复杂。美国和盟国军队的压倒性作战能力迅速导致敌军的常规部队溃败。在阿富汗和伊拉克，敌人都消失了——留下的乱局是政治、社会和经济的真空。在没有执法和法律体系的条件下重建国家的基础设施需要持续的军事存在——但更重在稳定而不是作战。这项艰巨任务因残余的塔利班和复兴党势力而更加复杂，他们目前作为恐怖分子和叛乱分子行动，而且有可能作为更广泛的反美抵抗力量的核心。事与愿违的是，快速、决定性的军事胜利在当前环境下引发的是长期的占领和监管的责任——在这些方面，美国和盟军的军事部队的行动和技术能力不会轻易转化为决定性的优势和效力。

不可否认的是，目前的新环境下允许更多使用军事武力打击恐怖主义，而且西方军事力量拥有在广泛范围内更加致命、精确的打击能力。但如果这些能力被用作打击“基地”组织的唯一，甚至是主要的手段，也几乎肯定会失败。在追求行动优势的过程中，现代西方军事组织已经越来越多地走向“联合作战”的概念——在所有军事服务间协调与合作，把效率最大化——作为一种解决方案。

在反恐战争中，军方现在还必须应对另外两个层面的联合作战。第一层面是大力增加机构间合作，利用国家权力的所有工具寻求、压制，如果可能的话，消灭“基地”组织和其他类似组织。第二个层面是加强与联盟伙伴的合作——这是经常被辩论但在应战跨国恐怖组织中无法逃避的方面。美国军方也许能够单枪匹马地通过常规战争推翻政权，但它需要多国在反恐战争的其他重要领域提供援助：如情报收集和共享、阻截财务和人员交流、在冲突后稳定和建设国家等。

反恐战争不是一场迅速而果断的冲突，至少部分是因为对我们的主要对手来说，战争的行动水平是不存在的。正如我们看到的，在阿富汗，军队可以在反恐战争中发挥更大作用，而且这种作用既宏大又有效。决定性的作战胜利可有助于反恐战争的整体成功，而美国政策自“9·11”袭击后的改变扩大了军事力量在反恐战争中的作用。然而，把军事胜利转化为战略成功还需要军队在非行动（常常也是非作战）任务中熟练有效地完成任务。美国军方无法单独击败“基地”组织，但如果巧妙与其他机构和联盟合作，它就可以提供对反恐战争的长期胜利提供至关重要的能力。如劳伦斯·弗里德曼所说：

最终，击败恐怖主义的最好方法是把武装分子从他们声称的支持者中孤立，展示他们行动方法的可耻和不良本质，如果可能的话，解决它们赖以生存的不满情绪。

第8章　战争法律

亚当·罗伯茨（Adam Roberts）

战争法律——明确适用于武装冲突的国际法的部分——对美国在“9·11”袭击后宣布并启动的“反恐战争”有重大的影响。这些法律处理一系列在打击恐怖主义行动中经常出现的问题，包括目标区别对待、平民保护以及囚犯待遇等关键问题。然而，在反恐行动中的战争法律适用性问题尤其突出。因为这种行动的本质在许多重要方面与原本战争法律的设想不同，在任何分析中，关键问题不仅是交战各方应否适用法律或如何适用法律，而且涉及在具体行动的特别背景下法律的适用性。它不仅是值得我们研究的各方行为问题，也是法律本身适当性的问题。因此，我们有必要考察涉及恐怖分子对手的实际战争大事和法律对他们正面或负面的多重影响。

在这一章笔者以批判性的态度审视美国政府以及国际红十字委员会（红十字会）和某些其他机构委员会与人道主义和人权问题有关的某些声明和行动。虽然涉及战争法律影响政策的诸多方面，但笔者主要的关注是四个核心问题：

- 根据相应具体条款，这些战争法能否正式适用于反恐军事行动？
- 如果反恐军事行动中涉及的情况与国际协议有关战争法的设想不同，那么应否尝试以这一法律体系应用于该情况？
- 涉嫌参与恐怖组织的被抓捕人员是否应享有战俘待遇？如果他们不被认为是战俘，那么法律承认他们不同的地位吗？何种国际标准适用于他们的待遇？
- 是否有考虑到当代反恐行动的特殊情况而修改战争法的实例？

这些问题的答案可能会因不同情况而发生变化。美国领导的反恐战争涉及在许多国家的行动，它们的法律和事实背景不同。即使作为反恐战争的一部分，许多打击恐怖主义的行动也并不一定涉及战争法正式适用的武装冲突。阿富汗“持久自由行动”的确有国际武装冲突的阶段，无疑可以适用战争法，虽然其他阶段和方面有更多涉及法律是否适用的争议。关于在2003年3月到5月的伊拉克自由行动的战斗阶段，战争法的适用是没有争议的。虽然恐怖主义问题从未远离行动表面，但人们就这一行动是否应被视为反恐战争的一部分，如果是的话在多大程度上是反恐战争的一部分仍存在分歧。因此在这一章笔者着重阐述其他情况，尤其是阿富汗的情况。

战争法不是唯一考虑涉及恐怖分子和反恐行动中潜在相关的法律主体。在许多情况下，如果恐怖分子处在国际或国内的武装冲突过程中，那么他们的行为就是违反战争法的。然而，由于恐怖分子的行为经常发生在被广泛视为和平的时期，首先要确认这类行为的非法性，如通过既可适用于和平时期也可适用于战争时期的国内法、关于恐怖主义和有关事项的国际条约，以及其他国际法的有关部分（包括战争法的部分）——例如有关灭绝种族罪和反人类罪和与人权有关的某些规则的规则。所有这些法律类别都可作为审议“9·11”袭击的考量。例如，攻击构成国内法中的谋杀罪；同时，他们可以被视为反人类罪——这类定罪包含广泛针对任何平民人口系统性谋杀。

战争法

战争法（也被称作“战时法”和“适用于武装冲突国际人道主义法”）在许多渠道中都有所体现和解释：条约、习惯法、司法裁决、法律专家的著作、军事手册和国际组织的各项决议。尽管有些法律非常详细，但其基本原则是简单的：受伤、生病、战俘和平民需加以保护；打击军事目标必须确保最低限度的平民伤亡和破坏；人道主义和维持和平人员必须得到尊重；中立国或非交战国有一定的权利和义务；禁止使用某些武器（包括化学武器）以及其他造成不必要痛苦的方法和手段。1949年签署的《日内瓦公约》——现代战争法的基石——主要的关切是保护那些已经落入敌人手中的战争受害者。

关于战争法的条约是国家间谈判的产物，反映了它们的经历和利益，包括其武装部队的经历和利益。几个世纪以来，这些规则——虽然经常受到争议——对参与军事行动国家的政策和做法有重要的影响。鉴于联盟国家有必要在一系列实际问题上协调它们的行动，这些规则对于国际同盟的参战有特别重要的意义。甚至在其正式适用性存疑的情况下也被作为相应的指导意见而接受。

适用范围

战争法的适用范围并不局限于公认国家之间的战争。战争法适用于广泛的——虽然不是无限广泛的——各种情况。在 1949 年的《日内瓦公约》中，总则第一条规定“各缔约国承诺在一切情况下尊重本公约并保证本公约之被尊重”。这一笼统声明与总则第二条更为具体的规定毫不冲突，总则第二条直接涉及法律的适用范围，并具体指出，“公约适用于两个或两个以上缔约国间所发生之一切经过宣战的战争或任何其他武装冲突，即使其中一国不承认有战争状态”——这表明无论是否宣战或正式进入战时状态并非公约的必要适用范围。总则第三条包括非国际武装冲突中各方应最低限度遵守的规定，尤其强调对不实际参加战事人员的待遇。其他某些协定，尤其是那些 20 世纪 90 年代初后缔结的协定也同样适用于非国际冲突和国际武装冲突。

美国武装部队表示愿遵守统辖国际武装冲突的法规，甚至在某些方面与国家间经典战争模式不同情况下也遵守规则。美国参谋长联席会议所发布的《常设交战规则》规定了以下原则：

> 美国军队将在涉及武装冲突的军事行动中遵守战争法，无论冲突如何被国际法分类，美军都将在其他行动期间遵守其原则和精神。

在某些国家间的冲突中，在与对战争伦理和法律限制尊重有限的对手交战时，西方军队仍努力遵守战争法的基本准则。1991 年的海湾战争就是如此，伊拉克虐待囚犯、掠夺环境，而且必须以残酷直白的方式对其警告不得进行化学或生物武器的袭击或发动恐怖行动。美国主导的海湾战争联盟试图遵守战争法并不是因为任何互惠的保证，而是因为这种行为对维持内部纪律以及国内和国际的支持至关重要。在特定冲突中与对手的互惠不是遵守战争法的唯一基础。

诉诸战争权和战时法

一旦使用军事力量，至关重要的是区分诉诸武力的合法性和行使武力方式的合法性。根据严格的法律条款，与诉诸使用武力权（诉诸战争权）有关的法律和管辖实际使用武力的法律（战时法）是分开的。后者适用于国际武装冲突，无论交战各方是否有诉诸使用武力的权力。

尽管诉诸战争权和战时法没有正式联系，但实际操作中它们在某些特定方式中是可以互动的，特别是在反恐战争中。通过遵守战时法，一个国家可能从三个相关方面证明其反恐事业的正义性。首先，在所有的军事行动中，无论针对的是恐怖分子还是其他人，一国或一个联盟遵守基本国际标准的态度可能有助于赢得国内和国际的公众支持。第二，如果联军违反战时法——例如，犯下暴行——那么这种行动将有望推进敌军的事业，可以说为他们提供了诉诸武力的理由。第三，尤其在反恐行动中，参与军事行动的基础经常是恐怖分子的行动和其对手的行动有着明确的道德界限。遵守战时法可以树立部分道德界限。

然而，诉诸战争权就武装回应重大恐怖行为的理念会引发与战时法某些原则适用性有关的问题。笔者在此研讨两类问题：第一，反恐战争是否有中立余地；第二，那些对恐怖主义活动负责的人是否可以被认作对随后战争造成的所有死亡和破坏完全负责。

国家在武装冲突中保持中立的权利是战争法的一贯原则。过去一个世纪的种种事件，尤其是在国际组织成员所规定的义务中，均暴露了传统的严格中立观念的问题，并导致中立性的修订甚至被弱化。在许多冲突中，一些国家虽然不是交战方，但也实行了偏袒一方的政策——如加入被视为侵略者国家的制裁。《联合国宪章》规定安全理事会可要求所有国家对侵略者采取某些行动，进一步削弱了传统的中立观念，至少在安全理事会已经能够达成共同行动方针（如制裁）等情况下。这种非参战的新形式有别于传统的中立性，其意义可以解释 1945 年后有关战争法条约中“中立或非交战国”的说法。在许多情况下，盟军使用武力与联合国全面制裁相结合，传统的中立性的确有限。“反恐战争”强化了这一趋势。

当打击恐怖主义作为诉诸战争权的基础时，恐怖攻击所造成的普遍愤慨有时反而不利于实行战时法。因为恐怖分子发动了战争，因而有时人们会提出，恐怖分子应为随后所有的震惊事件负责。在2001年12月初讨论平民伤亡时，美国国防部长唐纳德·拉姆斯菲尔德说：“这场战争不是我们开始的。所以大家要明白，这场战争中每一起伤亡，无论他们是无辜的阿富汗人民或无辜的美国人都肇始于‘基地’组织和塔利班的脚下。”这种说法意味着特殊情况下诉诸战争权可能会与随后战争中战时法的一些考虑重合，但这在法律中并没有依据。

适当性

适当性是一个成立已久的原则，规定了限制使用武力的标准。它的主旨针对的是正在进行的敌对行为。正如美军手册简洁地解释道：“攻击时附带的生命和财产损失不应超过具体、直接的预期军事优势。”适当性的这一意义是战时法一项重要的隐含原则，但它通常难以应用，尤其在反恐行动中。它可能——但并不一定——限制与地方使用的武力在同一水平或部队人数相当。它是与军事必要性原则一道存在的，用美军手册的定义来说，军事必要性即“把国际法并不禁止的这些为确保尽快彻底征服敌人必不可少的措施合法化”。因此，适当性原则与当前美军使用压倒性武力、以最低的美军伤亡成本快速夺取决定性胜利的倾向虽有矛盾，但并不一定对立。

反恐军事行动

反恐已被定义为“旨在预防、阻止和应对恐怖主义的进攻型军事行动”。类似行动，包括那些因“9·11”事件而引发的行动，可能涉及战争法主要设想到的国家间武装冲突。在这种情况下这部分法律可直接适用。但这种行动也会涉及具有其他特点的武装冲突——该事实有助于解释为什么通常的战争法难以适用。六个与敌对方性质相关的要素表明在反恐行动应用战争法时的潜在问题：

- 不是所有的恐怖活动，也不是所有的反恐军事行动——甚至当它们有一定国际性的情况下——都一定构成国家间的武装冲突。恐怖主义运动本身通常带有非国家性质。因此，即使涉及国家武装部队在境外采取行动，国家和恐怖组织之间的军事行动也不一定确保可以应用1949年《日内瓦公约》和1977年《日内瓦公约第一议定书》内有关国际武装冲突覆盖范围最全面的条款。

· 反恐行动可能采取的形式是政府在本国境内打击恐怖分子，或是在较为罕见的情况下，反恐行动的形式是反对派针对被视为犯下或支持恐怖主义行为的政府进行打击。在这两种情况中，冲突都可能具有非国际武装冲突（即内战）的性质。虽然在某些情况下形势有变化，但把内战与国际战争正式区别应用的战争法规则就更少了。

· 在许多情况下，恐怖主义运动的特质和行动甚至可能不适用于非国际武装冲突有关法规的领域。1949年《日内瓦公约》总则第三条是这些规定的核心，但它很少提及其适用范围。

· 有关非国际武装冲突的后续主要规定、1977年《日内瓦公约第二议定书》基于的假设是国家武装部队和武装组织集团之间有冲突，该武装组织控制着部分领土，并采取持续、一致的军事行动。该议定书明确不适用于如暴动、孤立和零星暴力行为等内部动乱和紧张局势的情况。

· 由于恐怖组织经常无视国际公认的规则约束，且反恐力量的互惠期望低，受到打击的部分民众可能忽视己方对规则的违反，因而反抗力量遵守规则的决心可能受到削弱。

· 战争法的基本原理是攻击应针对敌军力量，而不是平民。这一原则有悖于专门针对平民的恐怖袭击，可能很难在反恐行动中适用，因为恐怖主义组织不是由明确区分于平民的军事力量组成的。

· 被俘人员中的恐怖组织成员也许不符合1949年日内瓦协议第三条中规定的战俘地位标准。

这六个因素反映的也是政府在把战争法适用于内战时遇到的潜在困难——即对手往往被视为一名罪犯，但无权参与作战行动。这一因素首要解释了为什么尽管近几十年来取得的进步，许多国家政府仍怀疑或反对在打击叛乱分子和恐怖分子的行动中全面应用适用于国际武装冲突中的规则。

至少25五年来，美国一直就此表示关切——某些其他国家也或多或少有同样的关切——即在战争法框架下对恐怖分子和其他非正规部队认识的总体原则。关于承认权利和义务的这一框架，似乎意味着在一定程度从道德上可以接受任何特定的群体诉诸暴力行为的权利，至少是针对军事目标使用暴力的权利。历届美国政府均对战争法的若干修改表示反对，理由是这些修改可能实际上对游击战士和恐怖分子有利，赋予了他们美国认为不应得的地位。这种观点最强烈的表达是1987年1月29日一封信中，该信解释了里根政府为什么不建议参议院批准1977年《日内瓦公约第一议定书》对1949年《日内瓦公约》的附加条款。信中提到，赋予某些非正规部队的战斗地位“将会危及平民，恐怖分子和其他非正规军企图利用平民掩盖自己身份”。该信表明美国担心这些条款会危及美军士兵，并非常笼统地指出“参谋长联席会议也认为议定书的多项条款是军事上不能接受的”。美国的否决是反对“恐怖主义组织及支持者推动其目标和做法合法性”的重要举措。这一切是否是基于对《日内瓦公约第一议定书》的公正解读是人们激辩的议题，但超出了本调查的范围。关键的一点是美国的关切——这一点自1987年来从根本上没有改变——即一些人可能滥用战争法，赋予游击恐怖分子不正当的认可。

在以往行动中战争法的应用

大多数反恐行动主要是国内事务，由各国政府在本国领土内进行。在这种情况下战争法的正式应用也许是有限的，但其他法律和审慎限制是重要的。在正常运作的国家内，恐怖主义行动往往通过警务人员（有时需要军事援助）缓慢而耐心的工作被打败，而不是通过大型军事行动——如20世纪70年代打击德国红军派和意大利红色旅的行动。

历史上也有其他的例子。罗伯特·汤普森爵士认为，在法律的框架内行动对英国1948年后在马来西亚成功至关重要，罗伯特爵士是该行动中关键的军事人物之一。他提炼了五条反叛乱的基本原则，其中第二条是“政府必须依法行使职权”，并继续道：

在处理恐怖主义与游击队行动时，政府部队有强烈的意愿在法律之外行动，借口是法律程序过于繁琐、法律中对个人的普通保障不适用于叛乱、恐怖分子本应当作非法分子处理。这不仅有亏道义，而且经过一段时间后，对政府来讲，这样造成的实际困难比所解决的问题更多。

其他的例子关注对被俘恐怖分子的处理。在北爱尔兰，英国政府——虽然曾否认过涉及武装冲突，无论是国际冲突或其他，并强烈反对授予被押者和定罪囚犯战俘地位——逐渐接受了以国际标准作为其待遇。引发这一结论的是 1972 年英国调查委员会的少数派报告，这是一个施行更广泛标准的有趣例子，即使在内部冲突中也应用如 1949 年四项《日内瓦公约》的某些国际法律标准。

在越南战争中，美军把越共的主力军和地方部队人员以及某些越共非正规军列为战俘。尽管这些部队是否符合 1949 年《日内瓦第三公约》第 4 条所有标准存有疑问和模糊，美军仍作出了这一选择。如越共非正规军被俘时从事战斗或其他携有武器的作战行为，“而非恐怖主义、蓄意破坏或者间谍活动”，则被视为战俘。有规定——根据《日内瓦公约三》第 5 条——由法庭在有疑问或有争议的情况下确定个别被拘者是否有权得到战俘地位。

在 1982 年至 2000 年以色列入侵并占领黎巴嫩南部期间，以色列给予所谓恐怖主义被押者的待遇也引起了争议。以色列以恐怖分子无权获得战俘地位而拒绝授予他们该待遇。被拘者被押在臭名昭著的集中营内，包括希亚姆监狱（由以色列缔造的南黎巴嫩军管理）和安萨尔监狱（由以色列国防军管理），条件极差。在以色列最高法院 1983 年 5 月 11 日对安萨尔监狱被拘押者作出的一例判决中，以色列当局断言他们是“不友好的外国人，被拘留是因为他们属于恐怖主义组织的部队，或因为他们与恐怖组织的联系和亲密接触”。在拒绝授予这些囚犯战俘地位的同时，以色列声称遵守了 1949 年《日内瓦公约四》中对待平民的“人道主义准则”。

以往的经验表明，虽然战争法的应用可能在反恐行动中格外困难，但它不能被忽视。在反恐战争中与其他战争一样，人们会有强烈的审慎考虑而遵守法律标准，这越来越多被视为既包括国内法律标准也包括国际法律标准，以及体现在战争法中的标准。这些倾向于守法的考虑是非常重要的，无论参战各方遵守这些法律是否互惠。然而，认为应用这些规定就能消除平民的苦痛和死亡，就能化为消毒形式的战争是不现实的期望。

阿富汗战争

2001 年 10 月 7 日，美国开始在阿富汗开展持久自由行动。在这一行动过程中出现了许多涉及战争法的问题。其中如人道主义救济和难民问题的处理不在这一章讨论。这里主要的重点是法律的一般适用范围、美国空中力量的使用和囚犯待遇。

战争法对武装冲突的适用

早在持久自由行动启动前，国际社会就主张战争法对阿富汗境内冲突的相关性。1998 年联合国安理会呼吁塔利班和北方联盟遵守其国际人道主义法下的义务，安理会重申：

> 冲突各方应遵守国际人道主义法规定的义务，特别是 1949 年 8 月 12 日签署的《日内瓦公约》及执行或下令严重违反该公约的人士应对这些违反行为负有个人责任。

其中提到的“严重违反”似乎表明安全理事会认为 1949 年《日内瓦公约》适用的所有规则都适用——而不只是关于内战的第三条。因此，在美国开始直接参与阿富汗战事三年前，联合国就和其他大国一道认为战争法适用于阿富汗冲突。

同苏联在 1979 年到 1989 年间的介入一样——1945 年以来许多国家的战事——阿富汗从 2001 年 10 月 7 日起的武装冲突最好的描述也许是“国际化的内战”。这不是一个正式的法律类别，但表明关于国际战争和内战的规定可能适用于冲突的不同方面和阶段。2001 年 10 月到 12 月间，这场战争的主要方面是国际性的。塔利班政权垮台，阿富汗临时政府 2002 年 12 月 22 日上台，盟军的主要工作实质上就是协助政府。

在 2001 年 10 月到 12 月间美国领导的盟军和塔利班政权国际武装冲突的交战方都受到多项重要战争法条约的约束。1907 年《海牙公约（IV）》对陆地作战的规定因其习惯法地位而得以适用，因此所有国家无论是否签署协议都受到约束。此外，阿富汗和国际盟军的主要成员都签署了1925年《关于禁用毒气或类似毒品及细菌方法作战议定书》、1948年《防止及惩治灭绝种族罪公约》和1949年《日内瓦公约》。

这些条约为考虑在2001年10月开始的阿富汗武装冲突中应用战争法提供了基本条约框架。此外，国际习惯法的规则也适用。除了上述协定中体现的习惯法规定，后来协议中（如1977年《日内瓦公约议定书》）某些条款的规定也被接受具有此地位。

就阿富汗战争的内战方面，上述协定中的一些但并不是所有的规定适用。1907年《海牙陆战法规和惯例公约》第二条表明，该公约及所附规定只适用于国家之间的战争。1925年《日内瓦议定书》并不是正式适用于内战的。1948年《防止及惩治灭绝种族罪公约》被认为既适用于非国际也适用于国际武装冲突。在1949年《日内瓦公约》中总则第三条列出了适用于非国际武装冲突中对没有主动参与敌对行动的人获得人道待遇作出了某些最低限度的规定。而1988年联合国安理会决议呼吁更普遍地适用《日内瓦公约》。

轰炸

美军和盟军轰炸技术的发展比此前年代的轰炸更加精确，这让人们期待某些空中打击的方式可以符合战争法长期确立的区别对待原则以及有关对准目标的规定——这些规定本身也在发生变化，尤以1977年的《日内瓦公约议定书》为代表。这在战争史上是一个重大的发展，但它的影响——特别是在打击恐怖分子行动中的影响——不应被夸大，因为它不能保证成功或没有无辜者的死亡。精确制导武器一般擅长打击建筑物等固定目标，而非人、坦克等可以隐藏的移动目标。因为某些两用目标受到攻击、军事目标与民用设施相似，或由于错误的情报和人为或机械错误等种种原因，依然会造成平民死亡。此外，恶意和麻木仍然会引发误击目标或错伤民众。

2001年10月7日宣布开始对阿富汗的军事打击时，小布什总统说："这些精心确定的行动旨在破坏阿富汗作为恐怖活动的基地，打击塔利班政权的军事能力。"

阿富汗空袭中多次频繁重复区别对待的原则。当年10月21日美国参谋长联席会议主席理查德·迈尔斯说：

我们最不愿意看到任何平民伤亡。所以我们格外精心地策划每一个军事目标。我们尝试把武器与目标匹配。我们的目的一是摧毁目标，二是防止任何我们所说的“附带破坏”或对平民的住房和人身安全造成破坏。

从阿富汗行动一开始，美国就对其不加区别行动的指责特别敏感。10月下旬，拉姆斯菲尔德指责塔利班和“基地”组织领导人伪造民事损害：

他们正在把清真寺用于指挥和控制中心，用于储存弹药，而且他们不允许记者采访。他们做的是，当有炸弹落下后，他们抓来一些儿童和妇女，假装炸弹击中的是妇女和儿童。

但这一切的真相仍然难以确定。

在美国向阿富汗投放的2.2万枚炸弹和导弹中，约有60%是精确制导的——这是大型空袭中精确弹药所占比例最高的一次。如果像报告所说，只有四分之一的美军炸弹和导弹没有命中目标或发生故障，那么美军在阿富汗75%的命中率比1991年海湾战争及1999年科索沃战争的命中率都高。

空袭引发了极大的国际关注。有报道称多起攻击造成了大量平民伤亡和民事设施的破坏。精确制导技术本身无法消除这类问题。红十字国际委员会在喀布尔的仓库在10月16日和26日分别遭受空袭，令人们严重质疑打击目标是否经过严格制定，在第一次空袭被广泛报道后是否有所修订。这一事件后来被五角大楼调查。而随后的事件更加严重。例如，根据媒体报道，在2001年12月1日对阿富汗东部、距“基地”组织托拉—博拉指挥中心不远的卡玛阿杜和周边村庄的空袭中，有100多名村民身亡。2002年7月1日，在追捕塔利班领导人的行动中，美国飞机袭击了卡克拉克周围的四个村庄。报道称，这一事件发生前，两场婚礼上出现了开枪射击的情况，并导致50多人死亡，100多人受伤，这一事件后也被五角大楼立案专项调查。

我们很难对阿富汗空袭行动直接造成的平民死亡作出可靠估计。同 1991 年的海湾战争和 1999 年的科索沃战争一样，五角大楼很不情愿发布有关数字。一份非官方、不确定的估计称，截至 2001 年 12 月中旬，阿富汗的平民死亡数是 3767 人，这一数字引发了争议。拉姆斯菲尔德在 2002 年 1 月 8 日接受采访时对此回应说：

世界历史上恐怕永远没有一次冲突像这次一样小心谨慎，以这样的措施和细致行动，对房屋和基础设施的附带破坏如此之低，平民伤亡的数量如此之少。

2002 年基于现场调查的几份报道向我们展示了更具权威性但并不完整的状况。2002 年 7 月《纽约时报》出版了对“阿富汗人和人权团体声称有平民受害的 11 处主要地点”的调查结果。调查发现这些地点的“空袭炸死了 400 多名平民”。一个主要原因是情报薄弱。2002 年 9 月总部位于旧金山的人权团体“全球交流组织”根据在阿富汗的调查估计，“至少 824 名阿富汗平民在 2001 年 10 月 7 日到 2002 年 1 月由美国主导的轰炸行动中丧生”。我们可能永远无法确知在阿富汗空袭中丧生的平民数量。

从法律角度看，如不涉及其他因素，平民死亡并不总是构成侵犯。故意杀人和故意袭击平民群体或个别不参加敌对行动的平民显然是非法的。此外，1977 年日内瓦议定书 I 第 57 条规定明确指出军队指挥有保护平民和民用设施的积极义务。

有充分的理由相信美国关于轰炸阿富汗造成平民死亡属于意外的声明。其中一些平民的死亡似乎是各类误差造成的，还有一些可能是不可避免的“附带损害”。2001 年 10 月到 12 月间的平民伤亡的原因之一可能是苏联卷入阿富汗时期遗留的问题，许多塔利班军事设施位于不易受到乡间游击队袭击的城镇，而是更靠近平民，因此平民在轰炸中很可能受到袭击。虽然大部分的轰炸是区别对待的，但人们对是否采取一切适当措施以减少平民伤亡和破坏方面提出了问题。虽然多数平民死亡和受到破坏没有违反法律规定，但由此产生的民众消极意见会不利于盟军的事业。

在阿富汗的空袭行动证实了此前行动，尤其是 1999 年科索沃战争的教训，即当前美国和北大西洋公约组织（北约）战略思想和某些国际法律条款在打击目标方面的矛盾。1977年《日内瓦第一议定书》五十二条（2）开篇指出，“攻击应严格限于军事目标”。随后指明了构成军事目标的对象类型。这一规定造成了一定困难，多个国家对此表达了不同的解读。虽然美国不受该议定书约束，但也表明接受这一规定。甚至在美国卷入阿富汗战争前，几位美国法律专家也曾对该条款表示严重关切。例如，美军《行动法律手册》主编之一、珍妮·迈耶少校称这一条款“试图限制使用空中力量，仅可作为特定的军事战术”并“忽略了一个国家的战争不仅包括军事要素”。虽然她并没有表示完全反对该条款，但她敦促美国“顶住压力，不予接受五十二条（2）的限制性解读。”在一般情况下，美国极愿意保留一些法律理由以攻击某些非纯粹军事设施，但可能是一国政权关键基础设施的目标。

美国2001年10月到12月间在阿富汗的轰炸是否因对平民伤亡的关切而有所收敛？从美军对塔利班的胜利来看似乎没有。然而，有报道称美国因法律限制和道德考虑已经刻意放慢行动速度，并且增加了执行者的风险。据称，指挥官经常选择不打击即使在军事上很重要的某些目标，飞行员据说也抱怨失去了一些战斗机会。然而，指挥官不肯透露排除某些目标的原因，因为这会让对手知道“不被打击的秘诀”。

轰炸除了直接造成人员伤亡外，也不可避免地间接导致人员伤亡。这些间接的伤亡似乎主要分为两类。首先，轰炸导致成千上万的阿富汗平民逃离家园。一些人在旅途中的恶劣条件下死亡。第二，使用集束炸弹造成了即刻和长期的平民伤亡。集束炸弹是向特定区域空投含有许多单独小炸弹的霰弹筒。如果炸弹没有像预定那样立即爆炸或者在一段时间后自行失效就会导致特别严重的问题。人们曾反对使用这种集束炸弹，主要是因为它们有一种倾向——像地雷那样——在冲突结束后很久仍会造成伤亡。

联合国阿富汗排雷行动计划估计美军在阿富汗投掷了1152枚集束炸弹，留下了1.4万枚未爆的炸弹。美国国务院2002年7月表示，“清除集束弹药的速度比预期快。我们已经查访了所有可以靠近的已知集束弹药爆炸点，并正在清除它们”。根据现行法例，目前没有协议禁止集束炸弹，而且虽然集束弹药本身不非法，但它们的使用确实引发了其是否符合战争法基本原则的问题。集束弹药一定会受到进一步限制或停止使用的压力，或确保更有效地防范日后意外爆炸的压力。

另一个涉及轰炸的问题发生在 2001 年 12 月初塔利班政权倒台后，美军搜寻塔利班和“基地”组织人员期间。此前阶段，轰炸主要是为了配合北方联盟的前线行动，旨在夺取塔利班控制的城市。完成这一目标后，大量的轰炸任务以“基地”组织残部在山区的藏身地为目标。轰炸也针对塔利班和“基地”组织武装及领导人，但媒体报道的许多事件中丧生者显然不属于这两个组织。报道引发了对区分平民和部队的困难的关注，并提出在反恐战争中更具普遍意义的问题：一旦国家或多或少地受控于支持反恐的政府，那么轰炸在何种程度上是适当的执法形式？在这种情况下，可以把重点转移到其他比轰炸造成平民伤亡更小的警务或军事行动吗？

在此，更多依赖区别使用地面部队的法律论证融为实际的观点，即只有这种手段可以防止目标部队逃离。据称，美国文职和军方官员推断，本·拉登参与了 2001 年 12 月的托拉一博拉之战，没有派遣地面部队参与这一山区战役是阿富汗战争最严重的错误。的确，美军对轰炸的依赖和不愿冒险派遣本国军队的态度让塔利班和“基地”组织领导人得以出逃。

战　俘

2001 年 11 月底开始，“反恐战争”中所抓获的囚犯（大多数但不是所有囚犯在阿富汗被抓获）的地位和待遇成了国际争议的焦点。这些争议集中在三个相互关联的问题：第一，2001 年年底与战俘有关的几件大事；第二，对更大范围反恐战争俘虏（其中包括被美国关押在关塔那摩的战俘）的法律地位和待遇的争议；第三，对囚犯之前所犯罪行可能进行的的司法程序。

阿富汗的牢狱之灾

最初，国际社会的注意力集中在一个事件上：一大批在 2001 年 11 月 23 到 24 日昆都士陷落时被抓获、随后于 11 月 25 日到 12 月 1 日间参与马扎里沙里夫附近贾基堡暴动的塔利班和“基地”组织囚犯被处决。这是拉希德·杜斯塔姆将军所率的北方联盟部队所为，得到了某些英国和美国部队的援助。这场灾难的真正原因可能是无法确保在抵达贾基堡前妥善安排接收囚犯并解除他们的武装。

其他有关塔利班和“基地”组织囚犯，尤其是被关押在阿富汗北部希巴尔甘的囚犯待遇的报道确证了北方联盟的总体方法是有缺陷的。到 12 月底，已有多起关于囚犯死于集装箱内、阿富汗看守殴打被押者的大量报道。红十字国际委员称，该组织仅能对美国和阿富汗盟友在押的 7000 名囚犯中的 4000 名进行登记，并对此表示关切。在大多数囚犯被抓获很久一段时间后，他们的生存条件仍然违反了所有国际标准，着实令人震惊。

在 2001 年 11 月 30 日的五角大楼新闻发布会上，拉姆斯菲尔德表示——从总体上看，不就囚犯问题而言——美国的确可以对阿富汗军队施加影响：

我们与所有地面部队有联系。我们为他们提供食物。为他们提供弹药。为他们提供空中支援。为他们提供御寒衣物。我们与他们密切合作。我们的军队融入他们当中，而且一直在空中锁定目标和弹药补给方面提供帮助。这是一种合作关系。

美国和其盟友在是否对北方联盟在保护犯人等基本事项的行动有影响力——如果有，他们是否利用这一影响力——是值得商榷的。

囚犯的一般法律地位和待遇

在五角大楼内部，早在 2001 年 9 月人们就意识到在即将进行的军事行动中，有关囚犯的法律地位和待遇是个难题。由美国空军国际和业务法律司内部传阅的文件包括了仍将发挥较大影响力的几个要点：恐怖分子被视为“非法战斗人员”；“被抓获的恐怖分子很难根据《日内瓦公约》依法享有战俘地位”；然而，“在对被俘人员互惠待遇的背景下，美国应用《武装冲突法》是有实际利益的”。关于被俘后待遇，该文件指出：

如果一名恐怖分子被捕获，那么国防部门的成员必须至少遵守《武装冲突法》的原则和精神……美国军事人员抓获的可疑恐怖分子将得到保护，但不授予他们战俘的地位。

要考虑美国领导的联军俘虏人员的法律地位和待遇必须首先区别两大组织：塔利班和“基地”组织。原则上说，塔利班人员和一个国家（阿富汗）有联系，“基地”组织则没有。在某些情况下可能不容易确定个人属于哪一类组织。在关塔那摩显然有这样一种倾向：仅把阿富汗囚犯归为塔利班，所有非阿富汗人（其中一些人在阿富汗境外被捕）似乎都被列为“基地”组织人员。然而，人们可能会怀疑，那些在阿富汗、巴基斯坦或其他地方受到吸引而支持伊斯兰事业、最终被关押在关塔那摩监狱的都是“基地”组织成员。

这两组战斗人员可以被认为是合法吗？确定一名战斗人员合法性的关键因素——以及因此直接参与敌对行动的权利——是战斗人员与冲突方的关系。根据1949年《日内瓦公约三》（《战俘公约》）第4条，合法的战斗人员包括一国或被认可的冲突方有组织的武装部队（包括民兵和志愿团）。合法战斗人员还包括“某些其他民兵和志愿军人员，其中包括隶属于冲突方的有组织抵抗运动成员”，不过他们应满足四个要求：“由对下属负责的上级指挥”、“在远距离外有固定的鲜明标志”、“公开携带武器”、“根据战争法规行动”。正规武装部队成员可以算作合法战斗人员，即使他们所服务的政权不被视为国家的合法政府。

笔者无意在此质疑是否正规武装部队的所有成员都应满足这四个尤其针对民兵和抵抗运动成员而列出的条件。在这方面的问题和争论并不新奇。关于阿富汗战事，可以说一些美国或联军人员未能满足其中条件，如美国部队（包括特种部队或空中前进控制员）人员中存在不穿制服或佩戴固定标志、没有公开携带武器的现象。这种可能性让美国潜在中会有意避免限制给予战俘地位和待遇的做法。

所有合法的战斗人员被俘后有权获得战俘地位和所有的《日内瓦公约三》所规定的权利。他们不能因直接参加敌对行动这一事实被处罚，但他们可以根据所触犯的拘留国法律或国际法（包括战争法）被审判。

有关无法满足上述标准的各类被拘留者的地位问题是老生常谈。在以前的战争中，战俘地位很少被授予在占领区参与抵抗活动、或涉及恐怖主义案件的人员。另一方面，一些被俘人员虽然当时未能满足某个条件但仍被视为有权享有战俘地位。

确定合法战斗人员享有战俘地位在两个条约内有直接规定。其中第一条、1949年《日内瓦公约三》第5条指出，如有怀疑，囚犯“在其地位未经主管法庭决定前”，应会被视为战俘。这一规定没有具体指出谁应有怀疑以及“主管法庭”的性质。但它的一般原则是明确的，也被美国的官方手册所接受。例如，美国陆军手册非常清晰地规定，“如怀疑敌方被俘人员是否应获得战俘地位，须根据第五条召集法庭”。

第二个确定合法战斗人员的条约是1977年《日内瓦第一议定书》第45条，它包含了对1949年《日内瓦公约三》对被押人员地位的具体阐述。它表明被羁者“应有权在法庭上提出其享有战俘身份的权利主张”，但是允许法庭达成关于战俘地位决定的余地。这一程序没有排除在判罪后确定战俘身份或出于国家安全考虑私下处理的情况。这一条款以平实的语言表明，并不是所有参加敌对行动的人有权战俘地位，但是他们有权得到某些基本的保证。

一些人员以各种方式参与敌对活动但不符合战俘地位标准，他们身份和待遇的不确定反映在模糊的名词术语中。这些条约含蓄创立了这种类别，但没有对这类人群作出令人满意的描述。美国最高法院在1942年7月奎林的宣判中使用了“非法战斗人员”和“非法参战者”——显然可以互换的两个术语——指代一个“拥有敌对参战人员地位”的人，“怀着不良企图在战争期间进入或停留在美国，而且没有穿着制服或其他适当的身份识别标示”的人。在20世纪50年代早期，一个受人尊敬的当局机关提出了最适合表述一大类不符合战俘标准的作战人员的有用术语——“非特权交战人员”。当前美军手册以四种术语——非特权交战人员、在押人员、非法战斗人员和不合法战斗人员——显然也是可以互换的四个术语指代不被视为冲突方军队成员、无权参与同敌对方战争行为的人员。这个术语的混乱本身并不是一个大问题。目前论辩中有关这一混乱的关键是——尤其在2001年末到2002年早些时候的媒体报道——倾向于把“非法战斗人员”和“战场在押人员”等名词作为刚刚由美国政府发明出来的全新术语使用，而且认为它们完全游离于现有的条约框架。

某些在押人员无法获得战俘地位的事实并不意味着（像某些激进分子所称）他们应当被视为平民，但也并不意味着他们没有任何法律权利。1949年《日内瓦公约》总则第3条规定虽然并不是特指这类人，而该公约仅在非国际武装冲突中正式使用，但它可被视为应用于所有被拘留者的最低保证。此外，1977年《日内瓦第一议定书》的第45条更直接地针对这种状况：“任何参与敌对行动而无权享有战俘身份而且不能享受更优惠待遇的任何人，无论何时，均应有权受本议定书第75条的保护。”第75条阐述了一系列旨在为无法根据其他规定得到更优待遇的人员提供最低限度规定。

虽然美国和阿富汗都没有签署1977年《日内瓦第一议定书》中的规则条款，但该议定书中第45条和第75条的争议相对较少，且是美国的长期政策，应予执行。但美国官员涉及对“反恐战争”中囚犯待遇问题时一再忽略这些条款。这种疏漏似乎有些奇怪，因为提到第75条便表明这些被押人员的待遇仍在国际法律框架内。

2001年11月，阿富汗俘虏人员的地位和待遇成为迫切议题后，美国官员的公开表态在一点上是一贯和明确的。通过把这些囚犯普遍称为“非法战斗人员”和“战场在押人员”，美国表明自己不愿意把“基地”组织和塔利班囚犯作为战俘。然而，美国迟迟不给出具体的分析，也不表态处理这些在押人员所遵从的原则。2002年1月11日，当拉姆斯菲尔德被问起红十字国际委员会是否可以访问刚刚被关押在古巴关塔那摩湾美国海军基地的犯人时，他说：

> 我认为我们正在整合处理这些人员的适当方式，他们将受到适当的处理。他们不会被作为战俘处理，因为他们不是战俘，他们将作为非法战斗人员接受处理。据我所知，从技术上讲，《日内瓦公约》没有赋予非法战斗人员任何权利。我们曾表示的确在大多数情况下计划以较为符合《日内瓦公约》的方式对待他们，只要适度即可，这正是我们在着手做的。

在随后的几周内，美国国内和国际上的许多人士对拘留者的地位和待遇表达了关切，人们担心美国的做法会在全球削弱战俘制度。这一形势随五角大楼于2002年1月19日不明智地发布了一张照片而更加恶化。照片中显示了一名带着镣铐的囚犯被蒙住头和脸，向关塔那摩的美军士兵下跪。

美国政府当局作出了一些和解的姿态。红十字国际委员会官员开始于2002年1月18日探访关塔那摩的被拘留者，并可在关塔那摩长期驻点。拉姆斯菲尔德在2002年1月22日也修改了自己关于非法战斗人员在《日内瓦公约》下没有权利的说法，他承认“根据《日内瓦公约》，非法战斗人员有权获得人道待遇。”2月7日，白宫首次就此作出重要政策声明时说：

· 美国今后将以符合1949年《日内瓦公约三》原则的方式，根据适当的军事需要，人道对待所有被关押在关塔那摩的个人；

· 总统已确定《日内瓦公约》适用于塔利班在押人员，但不适用于“基地”组织被拘留者；

· “基地”组织不是《日内瓦公约》缔约方；它是一个外国恐怖组织。因此，其成员不享有战俘地位；

· 虽然我们从来没有承认塔利班是合法的阿富汗政府，但阿富汗是该公约的缔约国，总统已明确塔利班组织成员受公约保护。但根据《日内瓦公约》的条款，塔利班在押人员没有作为战俘的资格；

· 因此，塔利班和“基地”组织在押人员都没有战俘地位；

· 即使在押人员不享有战俘的特权，但他们仍可获得许多政策性的战俘特权。

这一事实说明包含关塔那摩在押人员待遇的许多具体保证，但它也表明这些在押人员不会得到根据《日内瓦公约》通常给予战俘的某些特权，如：

· 在食堂购买食物、肥皂和烟草；

· 每月预付款额；

· 可拥有并查询个人金融账户；

· 可获得科学设备、乐器或体育用品。

在这种情况下，美国拒绝授予特定特权是站得住脚的。这样的具体指示可以与对法律制度的整体尊重并行不悖，而且可以有助于改变这一制度。拒绝授予这些特权没有引发抗议，2月7日声明的部分语句反而让国际舆论放心。然而该声明前半部分在某些方面是矛盾的，先是认可《日内瓦公约三》的确适用于塔利班，紧接着一概而论塔利班没有作为战俘的资格，这种既承认又收回的态度令人困惑。至于

“基地”组织被押者，虽然某些不适用公约的理由是非常成立的，但因“基地”组织没有签署公约所以不能受益的说法并不是无需证明的。这种奇怪的法律倾向把焦点放在塔利班和“基地”组织的所谓区别上，但没什么实际的后果：“我们对‘基地’组织和塔利班分子的优待不会有所区别。”

该声明的一个显著特点是回避任何怀疑战俘地位的暗示：没有任何被押人员，甚至塔利班在押人员可以算作战俘。为了符合这种说法，声明根本没有提到1949年《日内瓦公约三》第5条和1977年《日内瓦第一议定书》第45条中的法庭审判。另一处明显的忽略是根本没有提到1977年《日内瓦第一议定书》的第75条。尽管有值得肯定的地方，但美国这一声明仍不够严谨，不够可靠。国际社会对关押在关塔那摩监狱和其他地方的人员的地位和待遇的关切仍一如既往。

作为对白宫2月7日声明的回应，红十字国际委员会在日内瓦的新闻办公室次日表示，该组织“坚持其立场，即所有被涉入国际冲突的人都应被认为是战俘，除非有主管法庭的决定”。这一立场夸大了法律要求——也就是说，囚犯并不是所有情况下都应是战俘，而是在存有怀疑的情况下囚犯须被视为战俘。可以料想，在很多情况下这本来就是毫无疑问的。红十字国际委员会新闻发言人的一些声明竟然否认法律范畴内存在非特权或非法的战斗人员的类型。鉴于非特权交战的悠久历史，1949年《日内瓦公约三》战俘地位标准的含蓄表述和1977年《日内瓦第一议定书》第75条中相对明确的规定，红十字国际委员会的声明是没有充分理由的。在伦敦的国际特赦组织和在纽约的人权观察组织也持同样的基本立场，因此也有同样的弱点——它们都像红十字国际委员会那样断言，所有被拘留者都必须推定为战俘。

美国认为许多在阿富汗境内拘捕的被押人员不应当被给予战俘地位这一基本立场——在现有法律方面是站得住脚的——似乎基于三个主要的实际考虑——首先是囚禁在押人员的条件，其次是释放条件，其三是司法程序的有关行为。

关于拘留条件，主要的关切是1949年《日内瓦公约三》提出了著名的“战俘只需报备姓名、等级、出生日期及军、团、个人番号”这一观点。美国则急于从被拘留者那儿获取更多的信息，虽然不同的分类是否可以实际改善获取准确信息的可能性仍值得商榷。美国政府也希望保持当前现状，让被拘留者比在战俘制度下彼此间更加隔离。还有另外一个不那么重要的可能是美国非常不愿意认可他们获得科学设备等战俘地位的特权。

关于释放战俘，《日内瓦公约三》提出了战后的通常做法——释放和遣返战俘。任何这类释放反恐战争所有被拘留者的行为会带来三个问题。第一，可能不存在敌对行动结束的清晰标准：虽然阿富汗战争可能在某一确定日期结束，但离美国宣布“反恐战争”结束可能还要经过几十年。第二，与“正常”国家间战争不同的是，鉴于许多囚犯所受的训练、他们从事恐怖主义行为的动机和政府控制的匮乏，他们被释放后可能仍然非常危险。第三，他们的原籍国可能会拒绝接受他们除了作为囚犯以外的方式回国。

司法程序

至于被捕前罪行的司法程序，据说在战争刚开始时美国就打算起诉包括本·拉登（如被俘）在内的几个“基地”组织和塔利班领导人。但是把囚犯关押在关塔那摩湾是为了审理他们。在审判的可能性方面，就目前所及，美国并不愿意遵守《日内瓦公约三》规定的战俘的任何判决“只有经审判拘留国武装部队人员之同一法院，按照同样程序而宣布，并曾遵照本公约之各项规定者，始属有效”。根据这一规定，通过正常的美国军事法院处理案件可能会出现问题，尤其是涉及正常美国军事上诉程序的方面。此外，如果被捕前的罪行会令拘留国武装人员出席民事法庭，那么条约含蓄指出战俘也应在民事法庭出庭。美国官员担心，这种标准的程序可以让“基地”组织嫌疑人和他们的律师有机可乘，借此拖延法律程序，吸引公众注意。也有人担心在涉及被告没有证件、不愿配合任何程序，证据大多来自情报系统的情况下，很难提供符合可接受的高标准证据，也很难提供可以确认被告直接参与恐怖活动的同样高标准的证据。此外，“基地”组织可能会在公开法庭出具的证据上了解到有价值的信息——如情报收集的漏洞等。

因为对正常的司法程序存有类似担心，政府规定由军事委员会进行审理。这样的条文有许多先例：例如，1942 年 7 月 2 日，富兰克林·罗斯福总统发布的总统令便直接题为《拒绝部分敌人接受美国法庭审判》。小布什总统 2001 年 11 月 13 日的军事命令也提出根据特别规定由军事委员会审判特定被控为恐怖分子的方案。该命令只适用于非美国公民。而且特别规定，包括“基地”组织成员在内的个别恐怖分子可以“因违反战争法和其他适用法律”被拘押、审判，而军事委员会可以不受“美国地区法院中审理刑事案件普遍承认的法律原则和证据规则”的约束。该命令还包括了有关人道化拘押条件的极为简短的规定，并规定由国防部长发布军事委员会法律程序等事宜的详细规定。

小布什总统的军事命令在美国和其他地方因其合宪性、实用性和可行性引发了不少的法律和政治辩论。有关军事委员会的争议是应以何种方法起诉和审判所谓恐怖分子这一更广泛争论的一部分。

随着时间的推移，关于拟议军事委员会的争议渐渐平息。2001 年 11 月 30 日，总统法律顾问提出了几项保证，其中设立军事委员会是一个方案，但不是唯一的方案。2002 年 3 月 21 日，五角大楼发布了承诺已久的关于计划预设军事委员会诉讼程序的细则，其中一些条款的表达特意符合了就小布什 2001 年 11 月总统令的关切。就战争法而言，一个关键问题是（但国防部文件没有明确指出）有关审判程序的规定是否符合 1977 年《日内瓦第一议定书》第 75 条提出有关不能获得战俘地位人员处理的十条普遍承认的原则。五角大楼的细则似乎符合几乎所有的这些原则——除了最后一条可能不符，即“被定罪的人应在定罪时被告知其司法和其他救济方法以及利用这些救济方法的时限”。

美国所关押囚犯的问题包括囚犯是否会被审判以及何时审判，他们是否会被无限期关押或释放等不确定性。600 余名来自各国的疑犯目前被关押在关塔那摩。2003 年 7 月美国政府宣布六个囚犯将面临军事委员会的审判。早前，美国曾表示要等“赢得反恐战争”后才开始司法程序，被押者届时可能被审判或释放。他们未经任何指控或审判便无限期拘留违反了人权的基本标准，也很难自圆其说。然而潜在自杀式炸弹者的主要问题不是他们曾经做了什么，而是他们在将来可能做什么，因而审判也不是完美的解决方案。

结　语

人们有充分的理由质疑涉及打击恐怖分子的军事行动是否构成一个全新或完全不同类型的战争。在阿富汗的联合行动及其所属的更大规模打击恐怖主义的战争与较早的战争并非截然不同。“9·11”事件以来，许多军事行动的形式和引发的问题与此前军事行动是相似的，与现存战争法的关切也是相似的。

然而，在阿富汗的事件证实，在反恐行动中适用战争法格外困难。一场把追缉被视为罪犯的人员为宗旨的战争涉及很多棘手的问题，现行的战争法并不能完美地解决。此外，以当地部队作为代理人（反恐战争的常见特点）可能会造成大国受当地代理人摆布的情况，这些当地人并不是那么遵守战争法。更根本的是，任何针对宏观抽象概念的战争——“反恐战争”无疑就是这样的情况——都可能会让人们怀有这样的心态：一方面把对手妖魔化，一方面认为这一斗争的巨大重要性超过了普遍的法律和人道考虑。

然而以（看似）漫不经心的方式对待法律也会造成新的问题。如果一个大国视为忽略某些基本的规范，那么这种看法可能在联盟内部和对手身上产生负面影响。它可能引发任何本国国民被俘虏的严重风险。它还可能影响到其他国家在其他冲突中的行为。在这个更广泛的意义上，遵守法律的互惠原则自有其道理。

尤其是，美国处理有关囚犯的地位和待遇的问题已引起广泛的关注和批评。对于那些在北方联盟控制之下的那些犯人，在马扎里沙里夫叛乱发生时及其后的实际安排是不妥的。更笼统地说，虽然美国的许多关键立场是站得住脚的——尤其在某些囚犯没有资格获得战俘地位方面——但美国在贯彻其政策和程序方面做得很差，在某些情况下甚至像没有经过充分的考虑。囚犯问题——这总是一个敏感问题——在这场战争中尤其重要：如果该联盟被视为不人道对待囚犯或是认为他们的地位和待遇处于国际法中的空白地带，那么不但会削弱战俘制度，而且对任何在当前反恐战争中被掳为俘虏的联军人员也有潜在的严重后果。对囚犯问题的处理是2002年和2003年上半年国际社会对反恐战争支持走弱的原因之一。由于其他国家担心美国在许多问题上一直迈向单边主义，因而有关囚犯问题的争议有特殊的影响。从这个角度看，无论公平或不公平，美国都不愿全面接受1949年《日内瓦公约三》对这些特定囚犯的规定被视为选择性解读国际法的又一个例子。

在反恐战争的第一年，尤其是早期在阿富汗和关塔那摩湾战俘问题的处理上，小布什政府对一些战争法议题的政策表述是犹疑的、不高明的。这不难归因为所谓美国政府对国际条约的普遍敌意。但其他一些解释可能更有意义。美国几十年来一直关注国际人道法律的发展方式，尤其是涉及恐怖主义方面的法律，也同样关注有关合法打击目标的规定。小布什政府认为国际法某些方面、包括战俘制度的某些方面不适用于处理所谓恐怖分子，这种看法是正确的。政府未能处理在押人员地位这一特定问题的原因实质上不过是因为政府以应激性的方式进行处理。此外，似乎还有与军方法律专家咨询不足这一原因。

无论小布什政府的反应如何失误，美国军方的职业素质辅以美国国内外批评的影响都令囚犯问题的政策和实际处理普遍向更为理智的方向发展。这种演变是临时的、不完整的。普遍而言，美国政府没有就战争法如何适用于反恐战争作出正式声明——也许正是因为应用这些法律确实非常复杂，政策制定者不希望排除更多方案。

这场战争令美国和国际人道主义和人权机构陷入自冷战结束后关系最为紧张的一段时期。红十字国际委员会和各种其他人道主义组织对某些战争法问题的处理仍有很多不足。他们应该担心美国政府对国际人道主义法的观点，他们也应充分执行这项法律，尤其是涉及囚犯的问题，这都是很自然的。但他们对美国施压要求所有在押人员都应有战俘地位，以及否认“非法战斗人员”的说法在法律上是站不住脚的。他们错过了指出 1977 年《日内瓦第一议定书》某些条款对不享有战俘地位人员规定的重大机会。总体来看，尽管这类机构的立场令美国政府就其政策做了某些有益的澄清，它也可能有些令人遗憾的后果，让美国更加担心热忱的国际律师可能对美国部队的行动作出无情的评判。

回到本章开头所述的四个问题，上述观点表明了下文的回应。

首先，根据其条款的严格解释，有关国际武装冲突行为的主要条约只有在这些行动具有国家间性质时才可正式、完全地适用于反恐军事行动。当反恐行动只是内战的一部分时，双方必须在最低限度遵守适用于内战的规则。当反恐行动只是国家维持治安的一部分，而不是设计战争法的武装冲突时，战争法并不正式生效。

第二，反恐军事行动中，某些阶段和状况可能会与战争法主要条约的设想有所不同。他们可能不同于国际和非国际武装冲突的规定。即使认识到在反恐战争的特殊情况下实施国际法规的困难，人们仍可以并应当尽最大限度地适用法律。至少，这作为一个蓝图或模板是有非凡意义的。调查委员会的决定、联合国安全理事会的决议、一些国家（包括美国）的原则和做法以及互惠和审慎的考虑都印证了这一结论。在反恐战争中，虽然政府和人道主义组织在解释和适用的现行法律存在不足，但截至目前他们所做的工作都符合法律框架，也证实了法律的相关性。

第三，虽然在战争中的俘虏绝大多数符合战俘地位，但在反恐战争中——和在其他武装冲突中一样——有可能个别甚至一类囚犯不满足这种地位的条约定义标准。在条约法规和美国军事手册的程序概述中，如在押人员的地位不能确定，这些人员可以获得战俘待遇，但是在扣押国法庭裁决该人员地位前他们是无法获得战俘地位的。在涉及一个完全不符合标准的组织时（尤其是像“基地”组织这样在任何意义上都不算国家的组织时），宣布抓获的该组织成员不能被授予战俘地位可以是合理的。在确定某些被拘留者不是战俘的情况下，仍有一些基本法规适用于他们的待遇，如1977年《日内瓦第一议定书》的第75条。而且应用战俘制度的基本规定也是长期传统。任何囚犯，无论是否列为战俘，都可以对其罪行审判，包括那些违反国际法的人员。

第四，有理由进一步修订现行法律。认为现有战争法面对恐怖主义挑战已普遍过时的看法是不着边际的。无论这些法律多么不完善，它们仍然在影响反恐战争行为上发挥着——并将继续发挥——重大作用。目前既没有摈弃现有法律框架的严肃提议，也没有可替代规则的充分方案。但我们可以设想一些温和的法规变革——如法律适用条件、人员分类、在押人员待遇、对待自杀式袭击者的困难情况、目标对象问题和战争遗迹等。非武装冲突的法律适用自1990年以来有很大发展的另一个领域，我们可以预见到未来还有更多进展。这些领域的某些变革可能需要进行正式的谈判。其中一些变革是可以实现的——事实上，通过国家和国际机构的做法，这些变革已经实现了，例如国家和国际机构公开并在国际认可下废除了对显然不适用于当前情况的特定规定，或以实施明显不同于国家间战争情况下的适用法规而推动变革。

第 9 章　心理—政治工具

卡恩斯·洛德（Carnes Lord）

打击国际恐怖主义的战争牵涉到心理方面。实际上，随着时间流逝，有一点变得更加明确：鉴于将美国的军力投放至伊斯兰世界面临政治和行动上的限制，敌人的特性又难以捉摸，最终结果或许会证明，在这样一场战争中，军事力量发挥的作用远没有许多人最初想象的那么重要。从短期看，美国必须充满说服力地与他国政府大谈共同利益，以便让它们对重要的执法措施和军事情报行动进行配合。然而，从长期看，我们是否能多少获得些持续利益在很大程度上取决于我们能否说服支持或容忍这些政府的人，特别是阿拉伯国家和更广泛的伊斯兰民众。

反恐战争与冷战的最初岁月有几分相似，那时，东西方冲突的意识形态特点格外明显，美国创造出了这场战争专用的工具。这些工具包括美国新闻署、自由欧洲广播电台、军队特种作战部队和心理作战部队，秘密宣传和感化机构，最重要的是：发布高级指示并进行协调的白宫心理战略委员会。本·拉登式的恐怖活动在宗教—意识形态方面的承诺是其关键力量的来源之一，美国必须制定对抗战略，一如它在冷战时期着手抵制激进的马列主义意识形态的吸引力。

更确切地说，本·拉登及其“基地”组织构成的威胁是全球版的革命游击战，可直接拿来与二战后几十年里共产党在阿尔及利亚、马来西亚、越南和其他发展中国家煽动的革命战争相提并论。要在世界各地建立秘密的资助和支援网络并渗透合法机构——尤其是教育机构和宗教机构，也包括企业——来传播自己的信息，争取支持者，为行动作准备，需要高超的谍报技巧。激进的伊斯兰教主义意识形态是将上述网络团结起来的黏合剂，让它们能作为相对自主的单位运转，同时又保持目标一致，尽管其成员的种族和国籍五花八门。

当前形势下美国及其盟友面临的独特挑战是将激进的伊斯兰教徒和人数多如“汪洋大海”的伊斯兰教徒分开来考虑，前者藏身于后者之中，并向后者寻求支持。要做到这一点需要的不仅是信息方面的战略，称之为心理战略也不妥。广义上它是政治战略。这一领域往往被人忽视，我意识到该领域的术语处于定义不明，总体差强人意的状态，因而在此谈谈反恐战争的“心理—政治”特点。

心理—政治工具

国家或非国家组织都会在和平时期或战时开展心理—政治活动。活动针对的中立或友好的一方也可能是对手。或许有人会说心理—政治行动的基本目的是投射战略影响力。当然，在某种意义上，政府落实海外政策的每项工具的每个行动都会产生或投射某种影响力；在这一点上，一个国家的特质也会投射影响力，这些特质包括：执政的政权和机构，政治领导人和精英，常常还包括其文化。美国在海外独具影响力是因为国家本身而不是因为它说了什么——是因为外界公认它致力于推进民主和个人自由。它还通过自己在全球经济中（例如在国际金融机构中）发挥的重要作用和自己的流行文化产品施加巨大的间接影响力。在此背景下，将蓄意投射战略影响力当作政府政策的事或许效果不大，尤其是在与上述现实相悖的情况下。不过，还是可以大力利用现实，以各种方式强化，重新诠释或左右外界对美国的特征和行动的认知，以推进国家利益。

心理—政治行动一方面与公共事务职能有关（从官僚机构的角度看又有区别），一方面又有别于军事活动（比如港口访问）或为达到心理或政治效果大规模开展的人道主义行动。心理—政治活动不属任何单一政府机构的管辖范围，实际上往往涉及多个部门的权限。它们或许可以归入以下几大类：公共外交、情报行动和秘密政治行动。

公共外交是20世纪70年代在美国扎根，用于描述对外交往、教育、文化交流、公开政治活动等领域的一系列政府计划的词汇。这些计划不久之前还主要由美国新闻署和自由欧洲广播电台来实施。不过，美国新闻署独立实体的身份在1999年被取消；其职能和部分部门被国务院吸收，归入新的负责公共事务和公共外交的副国务卿旗下。与此同时，美国的海外广播活动被重组并归入新成立的、几近自治的广播事业管理委员会，该委员会的成员大多是从私营部门吸纳的。美国之音更是摆脱了美国新闻署署长的控制（以及其上司国务卿的间接影响力），确立了只需对广播事业管理委员会负责的独立实体地位。自由欧洲广播电台成立时是以苏联支配的东欧和苏联本身为宣传对象的“代理”广播机构，它撑到了冷战结束（它仍会应新成立的民主政府之邀继续向大部分原有听众广播节目），但对自己进行了重新定位，日益向中东倾斜。它现在经营着以伊拉克、伊朗和阿富汗（从2002年1月起）为广播对象的电台。

政治行动这个词涵盖了旨在影响国外政治组织和进程的活动。中央情报局一度在这一领域占据了领导地位，但今天情况大大不同了——尤其是在20世纪80年代建立由民主党、共和党以及美国商业和劳工组织管理的全国维护民主捐赠基金会及其附属机构后。可以将“建国”视作一种政治行动。塔利班倒台后阿富汗政府的重建是此类行动的一个不错的例证，它凸显出其重要的战略意义。在这种意义上，政治行动不仅要动用军事和外交人员还要动用平常与外交事务没有牵扯的政府机构的资源。

在国防部内部，“信息战”是最近发明的专门术语，它反映出，在当前军事活动中，先进的计算机和通信技术的重要性增强了，不过其范围也大大拓宽了。信息战包含电子战、计算机网络防御/进攻、心理战、军事欺诈和作战安全。不过，信息战是否能形成真正的综合性学科或许依然存疑。最成问题的是心理战的地位。心理战是个历史悠久的军事专业，目前被归入特种行动领域；另一方面，总的来说，支持信息战的人都在美国战略司令部。尽管有些人在谈论以互联网为据点的心理战的可能性，但传统的心理战媒介依然是传单、扩音器、电台和电视广播。以北卡罗来纳州布拉格堡为基地的第4心理作战小组是陆军的一支现役部队，负责设计和制作心理战材料以及满足战地联合司令部指挥官与敌军或敌方人员通信的要求。空军也发挥着重要作用，一方面是空投心理战传单，一方面是“单飞突击队”的电台和电视广播，“单飞突击队”是一支由6架宾夕法尼亚空军国民警卫队驾驶的特殊配置的EC－130飞机组成的中队。

大多数时候，心理战直接、简单，战术色彩浓厚——例如引诱敌人投降或警告平民离开某块即将遭遇攻击的地区。另一方面，心理战的确旨在达到更具战略意义的效果，在这种意义上，它们又变得易受政策影响，往往能吸引到高级文职官员的注意。现有经验已表明，要通过官僚机构协调心理战行动是件难事。我们还远远不清楚新的信息战概念是否能或怎样才能克服此类问题。

实际上，心理战和公共外交的分界存在一个很大的灰色地带，导致要从制度上解决这些问题变得复杂起来。在战略层面上，大多数时候心理战很难与人们口中的国防公共外交区分开来。这一职能不时以独立形式存在于国防部长办公室内，最近的例子出现在1991年的海湾战争中。它通常涉及情报的确认和解密，准备论据和其他材料为当前政策进行解释和辩护，组织会议和吹风会，还有——尤其重要的是——系统的反宣传和反假情报活动。在海湾战争进入“沙漠之盾”阶段时，最后一种行动对于限制萨达姆极度活跃的宣传机器对盟军在伊斯兰世界的事业的破坏具有相当重大的意义。遗憾的是，出于我随后将在本章中讨论的理由，国防公共外交从未在国防部（或美国政府的其他任何部门）形成固定的制度。

我们终于要说到秘密政治行动了。过去，从资金援助特定政治家或政党到策划政变，中央情报局开展了一大批旨在影响国外政治进程的秘密行动。中央情报局还具备发动我们所知的黑色宣传活动的能力，其最重要的形式是记者的安插和支持某国外代理人的秘密电台广播活动。可以说，近年来该机构已从上述大部分勾当中抽身。据报道，它当前的宣传单位人员不足25人——仅为约10年前的十分之一。与此同时，反恐战争为这一领域创造了大量新机遇，也提出了出乎意料的要求。中央情报局在“持久自由”行动中与北方联盟领导人和阿富汗各色军阀联络和合作上发挥的作用众所周知，这显然为美国迅速战胜塔利班政权作出了重大贡献。另一件被广泛报道的事是，中央情报局早就有意煽动政变反对伊拉克的萨达姆了。这些活动将政治行动、秘密外交和准军事支援的元素结合到一起。

心理政治工具能独立到什么程度呢？这个经典谜题没有简单的答案，但不要忽视公共外交和相关学科对政策的依赖——以及它们之间必然存在的紧张关系，这一点很重要。决策者常常认为政策的包装和推销方式是个与他们关系不大的三流问题，然而决策有时会导致公关上的惨败，其影响超出了此类决策在其他方面能带来的收益。另一方面，公共外交官并不指望构思出的政策能满足他们的所有要求，这对他们要求过高。公共外交工作者——至少是美国的——中存在的某种趋势是，他们会设法与政府的日常政策保持一定距离，以防给观众留下他们只是宣传工具的印象。显然，政府信息机构树立报道精确客观的名声或许有重大价值——例如这些年英国广播公司就是这么做的。毋庸置疑，此类机构在受众中的信誉是十分重要的资产。不过信誉也有被视为终极目的的危险，这就为支持或宽恕批评政府政策的人或拒绝代表政府“发表社论”提供了理由——最近几十年这种态度变得越来越普遍，尤以美国之音最为突出。

信誉问题无疑凸显出所有政府信息计划的基本局限性，并使以下问题浮出水面：是否至少将部分形式的公共外交交由与政府没有直接联系的组织来实施效率会更高？事实上，公共外交这一理念诞生时，大家普遍认为它包含上述领域，今天的许多政府公共外交项目（比如青年或艺术家交流项目）实际上正是为公民个人参与上述活动提供便利的工具。民间交流无疑有值得大书特书的地方，尤其是对那些政府间关系对抗色彩浓厚的国家而言。另一方面，必需认识到敌对民众不一定会明确区分官方和非官方消息源，政府最好注意保护自己的响应交流和权威交流能力。

反恐战争中的心理政治工具

与伊斯兰恐怖主义展开心理政治斗争的胜算有多大？美国在奉行何种战略，其优缺点是什么？

美国加入这场竞争的立场极为不利，这一点几乎没有什么疑问。爱德华·沃克——不久前还是负责近东事务的助理国务卿——曾说，在美国针对伊斯兰世界的政策中，“公共外交……是缺失的关键一环”。例如，美国之音仅覆盖了阿拉伯国家2%的广播听众。就在不久前，美国无线电台的影响力还仅仅限于短波波段，相较于中波或电视，短波越来越落伍了；考虑到美国发射装置相对于以前是共产党国家的位置，信号质量还有很大的改进空间，节目编排过于生硬，大同小异。美国新闻署并入国务院好像反而加快了公共外交和专门用于这一领域的资源的名声堕落的速度。花时间培养意见领袖或尝试在上任国家向广大听众发表讲话，这么做的大使寥寥无几。当然，语言是一大问题。通晓阿拉伯语或伊斯兰国家的其他语言的美国官员少之又少，在所有政府机构中，这些人的实战分析技巧都很浅薄。

不过，更重要的是日益在伊斯兰舆论中蔓延的对美国的态度，不管是“街头”

的还是精英的态度。他们认为美国是以色列的恩主和保护者，因而认为它会坚决反对给予巴勒斯坦人公正待遇。尽管这一因素很容易被夸大，但它是真实存在的，且令以下看法变得根深蒂固：全能的美国决心要支配中东的阿拉伯世界并摧毁伊斯兰教。为这种看法火上浇油的是，美国在1991年海湾战争后扩大在沙特阿拉伯和波斯湾的驻军规模，最近又增兵阿富汗和伊拉克；美国（和英国）开展反萨达姆的军事行动，并对伊拉克采取制裁措施；在另一层面上，美国流行文化在该地区产生了负面影响。2001年9月发生恐怖袭击后，本·拉登式的原教旨主义因打着伊斯兰教的名义大胆挑战美国力量而声名大振。

整个局面使几位学识渊博的观察家对美国影响当前阿拉伯舆论的能力的看法到了极度悲观的程度。福阿德·阿贾米如是说：“毫无希望。我们不会获得发言机会。我想我们与这些人极度疏离……我们的罪过显而易见……我们的善行从不会真正得到理解，从不会被纳入考虑范畴。”在对总部设在卡塔尔的半岛电视台——阿拉伯世界人气最高的电视台（估计有3500万听众）——所作的一项全面分析中，阿贾米强调，尽管它披上了西方式新闻客观的外皮，但从根本上讲它对美国的态度是敌视的；其他人主张，让美国官员去那儿是浪费时间。盖洛普公司2001年12月和2002年1月在伊斯兰世界所做的一份曝光率很高的民调显示，仅有18%的受调查者认为“9·11”袭击是阿拉伯人发动的，只有9%的人认为美国在阿富汗的军事行动有道德依据，只有12%的人说西方尊重阿拉伯或伊斯兰价值观。不管怎样，显然，尽管大部分阿拉伯人和穆斯林并不支持本·拉登的世界观或恐怖主义计划，但该地区对本·拉登发出的粗暴的反西方信息有源源不绝的同情心——他号召发动“圣战”的呼声也具有强大的、浪漫的吸引力。

不过，直接将西方参与这场竞赛的资产一笔勾销就大错特错了。首先，我们有理由相信，“9·11”事件造成的影响并非完全有利于伊斯兰原教旨主义。推翻阿富汗的塔利班政权，消灭“基地”组织重要骨干和基础设施，征服伊拉克的行动极为形象地展现出美国军队的影响范围和能力，这些显然至少促使伊斯兰世界的一部分人开始重新思考本·拉登主义是否明智或道德。在埃及，一些伊斯兰教主义激进分子显然已开始质疑以暴力推进他们的事业的做法。科威特等地的亲西方自由派精英得到了声援（为响应他们，科威特突然中止了强制实施伊斯兰教法的运动）。在伊朗，舆论反对这个伊斯兰共和国的教士政权，支持美国和西方的势头没有减弱——这有助于解释伊朗政府为何最初对美国打击塔利班的行动持合作态度。在巴基斯坦，尽管那儿明显盘踞着原教旨主义分子且西北边境省的部族地区普遍同情塔利班，但穆沙拉夫总统在美国的鼓励下打压伊斯兰教学校和组织遭遇的反抗少得惊人，还有一些证据表明巴基斯坦平民强烈反对原教旨主义者。

"9·11"事件发生以来，小布什政府采取了若干措施来强化美国政府应对心理—政治冲突的能力。袭击一发生，小布什政府立即行动起来任命了新的美国之音台长，美国之音已因报道塔利班和伊斯兰恐怖主义招致了广泛批评。白宫还与英国政府合作在华盛顿、伦敦和伊斯兰堡建立了联合媒体中心以提高对抗塔利班和"基地"组织的宣传活动的速度和效率，它还通过让半岛电视台采访美国高官来向阿拉伯世界的听众敞开怀抱。国务院——在从广告界招来的新任命的负责公共事务和公共外交的副国务卿夏洛特·比尔斯的领导下——启动了向伊斯兰世界推销打着美国"商标"的社会和政治秩序以及证明美国对伊斯兰教的善意的雄心勃勃的运动。国防部在一项有价值但命运不佳的倡议活动中新成立了得到慷慨资助的"战略影响办公室"，其任务是制定旨在打击激进的伊斯兰主义的统筹战略和计划。在阿富汗陆上（和空中），美国心理战部队迅速为意在降低军事行动难度的大型传单和广播运动作好了准备，开始赢得阿富汗的"人心"。自由欧洲广播电台 2002 年 1 月开办了自由阿富汗电台。建立抱负不小的阿拉伯语"中东无线电网络"的筹备工作（比较显眼的是购买 600 千瓦的调幅发射机）也在进行中，"中东无线电网络"的最终目标是大幅提升美国对阿拉伯世界无线电听众———尤其是年轻听众—的覆盖度。这个网络在该地区被称作萨瓦（阿拉伯语的"均衡"）电台，2002 年 3 月开始广播；它用 5 种阿拉伯方言向埃及、苏丹、也门、约旦、巴勒斯坦领土、伊拉克和波斯湾的听众播放新闻、观点文章、音乐和其他专题节目。最终，美国中央司令部广泛运用心理战，把它当做打击萨达姆领导的伊拉克的军事行动的必要组成部分。

不过，如果大家把注意力转向美国迄今为止的真实表现的话，情况令人沮丧。长期存在的理念和结构性问题不断干扰着美国的努力。这些问题在"9·11"事件后美国之音接连出错，五角大楼为新成立（现已撤销）的战略影响办公室闹内讧时表现得尤为明显。不过，最令人担忧的或许是，整个美国政府无法制定和阐明一项左右上述各种倡议的总体战略。

2001年9月25日，美国之音普什图语频道设法采访到了塔利班领导人毛拉穆罕默德·奥马尔，请他对小布什总统有关这次恐怖袭击的国民讲话发表评论。该频道未经政策许可就录制了这次采访，且在国务院和国家安全委员会官员收到风声提出抗议的情况下不管不顾地播放了部分采访内容。在采访中，奥马尔当然一点儿道歉的意思都没有，他说的其中一句话是："攻击美国的恶魔是美国制造出来的。"无独有偶，双子塔遇袭次日，美国之音驻伦敦的一名记者发出一篇报道，援引了亚西尔·西里批评美国的讲话，报道仅仅点名西里的身份是"埃及最大的伊斯兰教主义组织、致力于推翻埃及政府的伊斯兰集团的一名领导人"。据说播发这次采访是为了"平衡"对一名穆斯林教士所做的采访，后者警告说不要在真相大白前谴责任何伊斯兰教主义者或阿拉伯组织——显然对美国之音来说这一表态还不够激进。这名记者没有指出的是，伊斯兰集团本身就是一个谋杀了数十名外国游客和埃及安全官员，隶属"基地"组织的恐怖组织。美国之音的新闻主管在接到询问这则报道的电话时承认没有恰当地提供西里的身份信息，但坚称采访恐怖分子仍将是"我们让听众了解故事的两面，平衡、准确、客观和全面的报道活动的组成部分"。

1942年美国之音创立时，它自称其使命是报道美国当时参加的世界大战的真相。这一使命依然是可敬的。不过，达成这一使命只需要直截了当地报道新闻；与美国之音最近播送希望美国倒霉的人的看法，试图以胡说八道来"平衡"——事实如此——理性观点的错误尝试关系不大。不过，其他一些东西也是必需的。至少在战时，政府广播必须做到积极左右敌人和盟友的态度和行为。最起码，这需要在编辑新闻的过程中有所选择和强调，这或许迥异于一家商业新闻机构的做法。（注意，就连商业新闻机构在报道"9·11"事件的余波时也改变了长期的习惯。）这还需要愿以积极的态度去传达官方的声明并提供从有利角度介绍国家政策的其他评论。

尽管美国之音的新台长罗伯特·赖利立即采取措施避免让这些大错重演，但我们不能指望美国之音的前景很快发生根本性变化。该机构展现出来的态度深深植根于其以新闻为导向的文化，以及美国新闻署解散后落实的新管理安排。与其说广播事业管理委员会是美国政府的代表不如说它是广播业的代表。据报道，在奥马尔引发的乱局中，该委员会陷入分裂，无法就适当的方针达成共识因而一事无成。我们还有必要认识到，广播事业管理委员会的另一主要广播资产自由欧洲广播电台也面临类似的限制——尽管流行观点认为上述机构的任务就是进行老式“宣传”。自由伊朗电台的问题格外突出，它因过于不分青红皂白地接纳伊朗教士政权中所谓的温和派而遭到了抨击。

赖利在2002年8月底突然辞去美国之音台长一职，美国之音与广播事业管理委员会的漫长斗争达到了顶峰，这反映出双方对美国海外广播业务的未来方向的构想存在分歧。该委员会向往一种商业广播模式，尤其强调通过流行音乐和其他没有实质内容的节目吸引年轻听众，而赖利代表的是更重视直接或间接支持国家政策的有实质内容的节目（即包含政治内容的硬新闻和专题节目）的态度。广播事业管理委员会的构想即便算不上支持美国之音及其代理电台最终完全私有化，起码对模糊它们的传统身份（这一点在萨瓦电台身上是显而易见的）抱接受和支持的态度，广播事业管理委员会似乎也越来越不愿接受美国政府的任何部门任何形式的指导或监管。白宫和国会似乎都不关心（甚至没有完全意识到）这种局面，这本身就说明公共外交在当前华盛顿政策圈子内地位低下。

国防部战略影响办公室引发的骚动点明了负责处理战时信息的官僚机构内部的又一——有关联的——软肋：让国内听众知情，为实现一场战争的战略目标在海外传播信息，这两个任务之间一直存在冲突。国防部战略影响办公室是负责政策的国防部副部长道格拉斯·费思在“9·11”袭击发生不久后建立的，目的是制定抵制伊斯兰世界中的激进伊斯兰主义的吸引力的战略手段和辅助计划。国防部战略影响办公室的主任是备受尊敬的空军军官、从军事角度研究信息战的专家西蒙·沃登准将。正如该办公室的名称所表明的——以及打算表明的——其活动范围超出了传统定义的公共外交范畴，包含大量心理战和政治行动元素，这表明国防部战略影响办公室有意让历来在美国政府内部开展的所有心理－政治活动卷土重来。不出意料，一篇文章适时出现在《纽约时报》上，声称作为获取影响力的运动的一环，五角大楼正考虑向新闻界提供错误信息——“假消息”。更令人惊讶的是五角大楼没有立即澄清上述含糊的说法。大家很快明白了这是因为有人把这一消息泄漏给了该报，泄漏消息的几乎肯定是五角大楼公共事务办公室的官员。

接踵而至的媒体热潮似乎让五角大楼领导层措手不及。不管怎样，在再三否认国防部内的人打算向新闻界撒谎后，拉姆斯菲尔德部长认输了，他于2002年2月26日宣布国防部战略影响办公室再也无法有效运转，将被关闭。五角大楼总顾问随后所做的内部审查没有发现任何使用“假消息”这个词（反制敌方假消息的情形例外）或提倡对新闻界撒谎的提案。相反，公开的各种记录显示，国防部战略影响办公室集中精力处理的问题包括：破坏伊朗对阿富汗卡尔扎伊新政权不利的宣传，提高与伊拉克人民交流的效率，最显眼的或许是削弱伊斯兰教主义者对巴基斯坦的伊斯兰学校的控制力，以及通过为采购计算机和互联网连接设备作保等手段让上述恐怖思想的重要传播者向西方的影响力敞开怀抱。据报道，巴基斯坦总统穆沙拉夫对这一计划很感兴趣，全力支持它。国防部战略影响办公室的项目似乎不仅包括传统的战场心理战，还包括准备影响中东、亚洲和西欧的第三国的舆论的活动，其中包括外国媒体和互联网参与的运动。这些活动有一小部分显然是打算暗中进行的。

政策教训

国防部战略影响办公室的惨败反映的不仅是官僚机构的地盘之争，尽管事实的确如此。它还反映出大家对美国政府开展信息战应采用的根本手段存在分歧。相较于五角大楼青睐的更具战略和政治色彩的手段，国务院和白宫支持的是战术色彩更浓，立足媒体的公关式行动——联合信息中心的倡议就是例证。这两种手段不一定会相互冲突。事实上，要有效地解决问题大概两者都是必要的。后一种手段现在占据了主导地位。意在协调公共事务、公共外交和军事心理战的机构间机制依然存在，但体现其活力的迹象并不明显。不过还是有一些鼓舞人心的进展的。白宫已采取行动将联合信息中心改成常设的，配齐人员的全球宣传办公室，由总统顾问出任负责人；其目标不是取代其他机构开展活动，而是添加“主旋律和战略价值”。与此同时，国务院承认，在伊斯兰世界实施的长期公共外交战略，其核心必须包括“支持青年教育”。而国会十分赞同大幅增加各种公共外交计划的开支。

立足媒体的战术型手段的一个核心问题是，美国利用伊斯兰国家媒体的渠道极为有限，信誉又那么低，它似乎不太可能对那里施加任何重大影响（不过低估那儿的受众，尤其是伊朗受众的潜在接受能力是不对的）。但其更大的弱点是没能理解我们打响的这场战争的意识形态特征。关键的挑战不是将美国民主或美国社会的产品推销给伊斯兰消费者。更不是让伊斯兰世界相信美国并不憎恨伊斯兰教（尽管强调美国宗教宽容的现状的确有用）。主要挑战是削弱并最终粉碎激进伊斯兰主义的吸引力，边缘化其满脑子恐怖思想的支持者。但是，要完成这项任务，需要心甘情愿花更长时间与伊斯兰世界打交道——不仅是在信息层面，还包括意识形态和政治层面。

这样的战略有什么要求呢？美国显然必须准备好挑战本·拉登和其他伊斯兰极端分子代表人数更多的伊斯兰群体发言的呼声。这就要求美国不要害怕去处理实质性的宗教问题，过去，出于显而易见的原因，美国政府觉得很难做到这一点，因而试图在官方发言中逃避，将这场战争中的敌人通称为“恐怖主义”而非伊斯兰恐怖主义。事实上，对美国构成严重威胁的当然只有伊斯兰恐怖主义，至少就这种意义而言，我们的确在与伊斯兰主义交战。尽管意识到——我们应该意识到——要向穆斯林说明他们的信仰的特征，美国处于弱势地位，但这个国家及其西方盟友应对伊斯兰恐怖主义的特征和重要来源形成清醒的认识，并准备好以严肃和不带辩论色彩的方式来谈论这些东西，这一点很重要。在某种程度上，这意味着不仅要准备好与本·拉登进行神学辩论，还要准备好与并非恐怖分子的伊斯兰保守群体进行神学辩论，而本·拉登就是从这些人中脱颖而出的。说到具体国家，那首先就是埃及、巴基斯坦和沙特阿拉伯。此外还包括受伊斯兰激进分子（或者往广了说，沙特）的影响越来越深的非洲、亚洲、欧洲和美国本国的穆斯林群体。讽刺的是，到那时，和冷战时期不同的是，站在意识形态之争的主要前线的很可能是朋友，而不是敌人——就很多方面而言，这是个更加微妙，也更令人望而却步的问题。出于前述的信誉原因，启用来自伊斯兰世界的代理发言人——政治和宗教领袖、学者、记者等——而不是美国政府官员，显然更有利于我们实现诸多目标。当然，动员这些发言人或许说起来容易做起来难。

作为我们打击恐怖主义的公共运动的一环，是否应在阿拉伯或伊斯兰世界宣扬“民主”，如果应该的话，应做到何种程度，这个问题很复杂，无法在这里得到充分解答。我只想说，美国既不应该将一个“通用”的民主治理模式强加给穆斯林对话者，也不应该在存在民主渴望且有助于实现美国政策目标的地方无视它们。不过，鉴于伊斯兰世界的许多人以矛盾的心态看待他们认为与美国的政治自由密不可分的个人主义和享乐主义，把美国式民主，而不是激进伊斯兰主义，当作我们公共外交努力的重心似乎得不到多大好处。这并不是说我们不应努力从积极角度向穆斯林受众推介美国的社会和政治，或澄清充斥阿拉伯媒体的不利于美国的严重误解和诽谤。反假消息活动是任何有效的公共外交或心理战对抗的关键部分。不过，只靠它无法赢得战争。

最后，对于公共外交努力在非伊斯兰世界的重要性有必要说几句。在整个冷战时期，尤其是20世纪80年代冷战的最后阶段，西欧是美国和苏联宣传斗士的重要战场。如今，欧洲和日本等美国的其他重要盟友已公开表示愿团结一致，支持小布什政府发动的全球反恐运动，且已提供了重要的物质和道义（包括公共外交）支援。与此同时，随着运动向前推进，出现了导致美国与上述盟友，美国与其他重要国家的关系变得复杂的兴趣和观点分歧。这些分歧显然涉及以下问题：如何处理以色列—巴勒斯坦冲突，美国是否应采取行动推翻萨达姆政权，如果应该的话，该怎么做。欧洲对美国“单边主义”的担忧与上述分歧结合起来，催生出一定程度的怀疑和互不理解。这种情况令人担忧，可能还很危险，尤其是在反恐战争或我们与伊拉克的军事对抗拖得更长或出现某些糟糕的转折时。传统外交当然有助于抑制这些问题，但公共外交也能发挥重要作用。向公众和（恐怕尤其是）欧洲不满的政治精英解释自己政策和行动背后的逻辑，消除往往能以无人质疑的姿态出现在这些国家的媒体上的对美国的粗俗误解，在这两方面美国肯定能做得比以前更好。这在一定程度上涉及澄清北约组织在支持美国投身反恐战方面发挥的作用这一政策问题；同时也牵涉到美国官方评论谈论我们盟友有时让人恼火的行为和我们自己的单边主义特权的口气和风格。

结　语

从长远看，不摧毁激进伊斯兰主义，或至少瓦解其关键机构和政治力量的其他来源，是不可能在反恐战争中取得决定性胜利的。任何战略若想达到这一目标必须跨越多个领域并具备全球视野。这样的战略似乎包含3个重要部分。第一部分涉及信息：酝酿一场思想之战，本质上是为了证明伊斯兰主义是拙劣模仿伊斯兰教的产物——它反动，带有法西斯色彩，邪恶，野蛮，是为整个伊斯兰世界带来灾难的引子。第二部分涉及政治—法律：伊斯兰世界和其他地区（尤其是欧洲）的政府采取一致行动打击公开支持极端伊斯兰主义的行动和拥护它的组织；在这项任务中，更好地管制埃及和沙特阿拉伯等关键盟国由政府控制的媒体机构尤其重要。第三部分涉及政治组织：镇压这些年已发展成"基地"组织和塔利班的训练和教化中心的巴基斯坦宗教学校（伊斯兰学校），清洗公立大学中的伊斯兰教主义元素，在有需要的地方（巴基斯坦显然需要）创办国家控制的、摆脱伊斯兰教主义支配（如果不能完全摆脱其影响力的话）的新教育机构。我特意用"镇压"和"清洗"这些词来强调这一任务的重要性和西方及其伊斯兰盟友贯彻它所需的决心。

这一切并不意味着应该完全从意识形态角度来构想美国的心理—政治战略。在与满脑子阴谋，教育程度普遍极低，孤陋寡闻的中东民众打交道时，尤其要利用他们感情中较为纯朴的那些方面：害怕失去，渴望获取，对不可思议的军事力量和技术能力的表现形式充满敬畏。重要的是，像我们在阿富汗和伊拉克所做的那样，让无辜民众相信：我们无意伤害他们，也对除非绝对必要过长地滞留在他们的领土上不感兴趣。同样重要的是，不容人质疑我们对抗恐怖分子和庇护他们的政权暴力的决心或能力。

第10章　对外援助

帕特里克·M·克罗宁（Patrick Cronin）

2001年9月11日的灾难性事件凸显出美国的对外援助政策有必要确定焦点，很多时候美国的对外援助政策从承诺看是杂食性的，从结果看又像是得了厌食症。美国的对外援助试图覆盖所有地区、包揽所有事，因而受制于事事同样重要的想法——抓不准焦点的经典原因。导致这一问题出现的还有其他几个具体因素。首先，美国的对外援助依然是国会拨出的专款和白宫的倡议支离破碎的混合物。自1961年通过《对外援助法》以来，国会每年都会往发展计划上添加新的指定项目（这些倡议很少会被他们的支持者叫停）。其次，在2001年9月11日之前，并没有确定更明确的重点的紧迫需要。冷战结束后，20世纪90年代，价值显而易见的问题稳步增加——应对全球化、艾滋病的流行、性别歧视、倡导民主和应对信息革命。在后冷战时代，它们个个都成了重要的发展主题，但没有哪一个迫使现有的对外援助政策系统性地改变焦点。最讽刺的是，在20世纪90年代的相对繁荣期，由于缺少与发展中国家有关的外交政策主导目标，美国的援助减少了。到处弥漫着不愿确定重点的情绪，由于缺乏足够的资源，结果往往令人失望。

说到"9·11"事件，抓重点意味着把精力集中到伊斯兰世界中地理位置重要的地区、国家和群体。但新增的援助大多被用于在撒哈拉以南非洲多做些事，在这一地区，环境恶化和传染病等全球性挑战是严重的国家问题。美国介入非洲的主要重心依然是发展援助，而非反恐，只有"基地"组织在苏丹安营扎寨和肯尼亚和坦桑尼亚使馆被炸时是例外。这并不是说，与该地区的冲突有关的各种人道主义危机不是令人担忧的严重安全问题，因为西非和大湖区有出现失败国家的风险。但这也不意味着增加对外援助，打击恐怖分子在非洲的筹款活动是无足轻重的小事。不过，由于援助总额没有大幅上升，美国政府必须作出痛苦的、有计划的选择。

在恐怖主义实际上已像其他许多事业一样走向全球之时，将注意力集中在中东和南亚，把它们当作恐怖活动、训练和支援的中心显然是冒险的。诚然，恐怖主义和伊斯兰教间的关联并不会比恐怖主义和其他任何主要宗教信仰间的关联更特殊：基督教、印度教、佛教和犹太教都与激进的恐怖组织有关联。不过，冷酷的现实是，美国国务院的恐怖组织名单目前让人关注的庇护和援助此类组织的国家以伊斯兰国家为主。

绝大多数阿拉伯国家和伊斯兰国家的政府尽管强烈谴责“9・11”袭击，但它们并不觉得自己在反恐战争中应承担任何特殊责任。事实上，在上述国家的普通民众中，有许多人认为反恐战争是美国掩盖更雄心勃勃的政治计划的幌子。对某些人来说，罢免萨达姆的战争证实了这一看法。此外，一名埃及学者如此向公众解释这一点：“美国对恐怖主义的定义并不会区分开展正当的武装斗争反对外来者非法占领其领土的人和动用武力反对合法当选政府的人。”因此，有人认为对于以色列在西岸和加沙地带的行动，美国政策奉行双重标准，这种看法形同为许多依然怀疑美国领导的“反恐战争”动机的阿拉伯和穆斯林群体打了政治预防针。美国时任国务卿科林・鲍威尔 2002 年 12 月公布新的中东合作倡议，部分原因就是为了应对阿拉伯国家的这一重要看法——同时也是为了利用长期经济政策来支撑民权社会、经济机会和教育。

抓重点意味着决定将大量时间、金钱和精力投入哪些方面以达到最佳效果，同时决定关闭哪些项目，停止做哪些事以避免浪费金钱。换句话说，“9・11”事件后，新的重点浮出水面，迫使决策者——再也不能假装所有任务同样重要——不得不作出基本的选择。因此有了新的活动中心：主要分布在伊斯兰世界的第一线国家，尤其重要的是为大多数关键地区量身定制的计划——一边是重建阿富汗，另一边则是邻国巴基斯坦目标受众更狭窄的教育计划。

对外援助现在被视为美国国家安全战略中必不可少的一环：小布什政府 2002 年 9 月正式将它引入国家安全战略中，公众越来越支持提高援助水平。但绝大多数人在宣称最近开始支持增加对外援助时，他们忽视了贫困和恐怖主义之间因果关系的缺失。

从战略角度看，对外援助要发挥反恐作用，就必须确保发展中世界还存在稳定的地区且失败国家的名单不会变得更长。要完成这项任务就需要通过急需的人道主义援助解决失败国家的问题，这些人道主义援助哪怕不能指出一条成功发展的道路，至少还能抑制国家走向失败。完成这项任务还需要确保发展中世界那些想要自助的贫困国家能获得充足的发展援助，且援助是以最有可能产生可持续效果的方式提供的。必需也理当帮助承诺要进行善治——政治自由，市场改革，把钱花在老百姓身上——的国家调动资源来解决困扰这些国家的人民的尖锐经济问题。这么做首先必须改变对外援助的概念，应以高效、可持续的方式实现长期的发展目标。只有到了那时才能满足美国公众对外交政策的期待。经济全球化导致工业化国家和发展中国家之间的差距日益扩大，受弥合这一差距的迫切需要推动，一场静悄悄的革命正在发展援助领域不断展开。在此背景下，援助的效果基本被描述为制度发展和政策变化的催化剂，而这些最终将促进和支撑经济增长。对外援助的历史已表明经济增长依然是脱贫的最有效途径；“9·11”事件之后，这一现状一点儿都没有改变。

有人曾在“9·11”事件前警告大家注意全球收入水平和经济增长不均的“战略意义”，对外援助能成为反恐的有效工具的理念与这种警告密切相关。杰弗里·萨克斯告诫说：“一个笼统的建议是，国外的经济失败也会提高国家失败的风险。”他还警告说：“当其他国家无法正常运转，意即它们无法为民众提供基本的公共货物时，这些国家的社会很可能会遭遇急剧恶化的问题，这些问题会向包括美国在内的世界其他国家扩散。”伴随民族国家的失败而来的扩散效应（例如国际犯罪、贩毒、难民迁徙、大饥荒、传染病和恐怖主义）有翔实的历史记录，但并非失败国家独有。尽管失败国家是发展和安全政策的焦点，但我们应侧重于援助可能会呈现一个或多个失败国家症状——实际上或许已染上这种疾病——的阿拉伯和伊斯兰国家。就把对外援助当作美国外交政策的有效工具而言，此类国家是对决策者的更大考验。我在本章中谈到了与这一挑战直接相关的两个重大问题：

- 对外援助迄今发挥了何种作用？
- 在反恐战争中对外援助能有所助益的主要途径是什么？

问题当然不只这两个，这两个问题涵盖广泛，足以包含其他许多也值得关注的问题。但它们是探讨反恐占据中心地位正如何改变美国对外援助的政策和惯例（以及哪些惯例不应改变）的更明智的讨论的起点。发展问题没有简单的答案；反恐战争的问题也没有。不过，要找到建设性解决方案要从广泛了解以下这点做起：作为一项政策工具，在过去50年或更长的岁月中，我们都要求对外援助做了些什么。

作为政策工具的对外援助

美国对外援助的演化

早在项目援助补贴成为美国对外援助的支柱之前，美国就试图用强有力的经济工具来左右外交关系。例如，第一次世界大战结束后，美国是决定德国魏玛政府应付的赔款金额的必不可少的角色。像1924年的道威斯计划这样的主要政策倡议旨在在协约国监督下重组破产的德国国家银行，借此确立良好的商业惯例，以防国家倒退回冲突中。某个国际会议采取了这一方案，美国为一笔1.1亿美元的贷款做了担保。连规模如此之大的经济倡议都没能成功避免激进政党接管德国以及随后的世界大战爆发，这一事实明明白白地提醒我们，经济援助存在某些局限性。

经济开发这一领域和当前的对外援助惯例诞生于第二次世界大战结束时。德国魏玛政府在金钱和处罚方面的待遇显然受到热议，美国在战争结束前就越来越深刻地意识到可能会与大国苏联展开竞争，这一意识使填补战斗结束以及英国影响力下降留下的真空的必要性变得更加迫切。1946年5月，遭受战争破坏的希腊爆发了共产党领导的内战。1947年2月，杜鲁门政府的官员首次意识到英国所拥有的资源再也不能向欧洲提供援助，尤其是希腊和土耳其。1947年6月5日，杜鲁门政府呼吁向希腊和土耳其提供大规模对外援助，以便让它们维持民主国家的状态。

新援助计划背后的信念是，经济、技术和军事援助可以成为维护和支撑有可能被共产党接管的民主国家的有效工具；美国应致力于实施推广其政治和经济自由基本价值观的长期政策；鉴于力量对比发生了变化，只有美国能代表自由的民族领导这一行动。1948年初，国会通过法案成立了经济复苏管理局，1948年至1952年，马歇尔计划在17个国家——大多数远没有今天的部分发展中国家那么穷——花掉了近170亿美元（大约相当于现在的1000亿美元）。这次行动以欧洲为重心，试图重建经济，是否提供援助取决于对布雷顿森林经济体系的接受度，不过国会很快也同意向处于共产党革命阵痛中的“中国周边地区”提供经济援助。因此，缅甸、法属印度支那、泰国、菲律宾和1949年后的韩国被加入了有资格获得美国对外援助的国家名单。

杜鲁门总统和他的国务卿乔治·马歇尔主导的美国对外援助战略是以经济、技术和军事援助重新为遭到破坏，身处苏联重压下的欧洲注入活力的一次尝试。马歇尔计划一个必不可少的元素是，援助的性质完全为当地所有权，或许更重要的是，当地的政治意愿和当地的领导层留出了余地。美国并没有将华盛顿的计划强加于人，发展是“需求驱动的”：战略投资经过自下而上的审查（尽管是与各国政府合作进行的），任何国家的任何人似乎都了解这笔钱将如何助以经济增长为目标的重建活动一臂之力。更有力的发扬强硬领导作风的国家获得了更多资金；因此，英国、德国和法国获得的援助超过了其他国家。最后，援助是与总的经济和政治改革挂钩的，因为领取资金的条件是遵守布雷顿森林体系的经济规则。

在上述援助效率方面的最佳做法确定下来的情况下，马歇尔计划成了美国对外援助政策的三波重要浪潮的第一波。到了1960年，美国公众的支持逐渐减退，部分原因在于威廉·莱德勒和尤金·伯迪克的小说《丑陋的美国人》于1958年出版。这本描述美国在东南亚推行的对外援助和军事援助计划的傲慢和无能的小说让对外援助成了1960年总统竞选活动的争议话题。赋予对外援助战略方向的第二次尝试是1961年伴随美国国际开发署的建立出现的，领导者是约翰·肯尼迪总统。肯尼迪思路的核心是，有必要从战略角度出发使用经济工具，因为，正如在那之前4年他在《外交》双月刊中所写，美国“不可能将援助分散到每块烤焦的、悲惨的、急需帮助的土地上”。实际上，不管是一开始当参议员还是后来当总统时，肯尼迪都主张将经济改革和积极奉行健全的政策作为获得美国对外援助的前提。1960年的民主党纲领如是说：“我们将确定提供对外援助的优先次序，让对外援助流向那些出于自救意愿，表明自己最能有效利用它的海外国家。”

美国外交政策的重点不断变化，到20世纪60年代末——尽管在某些国家的个别计划取得了成功——华盛顿的首要政策开始从经济增长转向其他。与此同时，随着美国插手越南的程度加深，强大的军事手段获得越来越多的资金：1968 年至 1973 年，军事援助总体翻了一番，而美国国际开发署的援助基本保持稳定。对外援助日益成为送给愿意支持美国政策的国家的礼物，不管这意味着抵御来自苏联和中国的压力还是向美国提供政治或军事援助。20 世纪 70 年代初，功能账户建立——有从某战略国家计划抽取资金的不正当效果——多边交付机制也在增加，因而进一步冲淡了改革计划。

越南战争的后果和西欧国家——现在完全从第二次世界大战中恢复过来——重新获得的力量将发展辩论的中心由善治、改革和经济增长转向扶贫、满足基本需要以及富裕捐赠者要求发展援助实现的目标数值。论点如下：富裕国家只要拿出国内生产总值的 0.7%，就能大幅缓解贫困。如何维持这一发展水平，尤其是在治理不善的地区，就没那么明确了。作为奖励达成戴维营和平协议的国家的计划的一部分，美国援助开支激增的那部分侧重对以色列的预算支持和针对埃及的大规模综合性援助计划。

20 世纪 80 年代，里根政府试图重拾对外援助中侧重经济增长的手段，但那时已有太多既得利益集团，共识瓦解的局面导致出现了各式各样的活动和方法，而不是必需的硬性选择。动用经济手段的可能性因而被削弱了。不过，里根政府的成果是显著提高了对拉丁美洲的援助，这是美国经济和政治制度和政策的一个转折点。美国向拉丁美洲提供对外援助——至少从拨款角度看——最重要的 10 年是 20 世纪 80 年代，其力度甚至超过了 20 世纪 60 年代以拉美为重心的争取进步联盟。在一定程度上，正是因为有了上述早期投资，今天该地区的贸易和投资活动才有可能成为美国的重中之重。

20 世纪 90 年代见证了全球在发展领域取得的重大进展，但发展背后的原因与其说是对外援助的效果不如说是与中国和印度——人口最多的发展中国家——的经济增长有关。与此同时，美国国际开发署的援助数额，以定值美元计算，大体上基本保持不变；不过，连这一统计数字都掩盖了以下事实：美国国际开发署失去了 1800 名受过训练的外交官员——只剩下 1200 人，导致发展经济学、农业、教育和工程学领域的各级专家人数减少。此外，美国国际开发署加快了在发展中国家通过美国非政府组织而非政府开展工作的势头，从而进一步削弱了援助在国家层面的影响，从不可能更低的项目层面来定义成功。

马歇尔计划依然是美国对外援助经历的顶点。50 年后，小布什总统和他的政策顾问面临以下双重挑战：重拾成功的发展做法，增加手头能更有效地达到这一目标的手段。小布什政府大部分政策构想的推动因素是从援助效力文献中吸取的教训和从历来的援助表现中收集的最佳做法。不过，在试图比较当前和过去的做法前，我们必须将过去 10 年的一个重大趋势牢记在心——全球化。20 世纪，美国对发展中国家的援助约五分之三来自公共部门。今天，情况反过来了：流向发展中国家的资金来自私营部门、贸易和投资，以及汇款。

对今天的决策者而言，没有哪个活动比 2002 年 8 月召开的，为期 10 天的世界可持续发展峰会更能体现全球化的复杂之处。6 万多人抵达南非约翰内斯堡，对 10 年前 172 个国家在里约热内卢的联合国环境和发展大会上通过的行动计划展开 10 年期审查。世界可持续发展峰会的主题是衡量全球在可持续发展方面取得的进展。

两年前在纽约举行的千年峰会上，联合国大会重申对千年发展目标的支持。尽管这并非富裕国家初次尝试制定援助发展中国家的基准，但千年发展目标的目标是明显改善贫困人口的生活状态并把 2015 年定为达到优化人类发展状态（从极端贫困人口减半到普及初等教育）的具体数字目标的最后期限。我们可以期待，在纽约和约翰内斯堡召开的联合国大会留给我们的将是当前政策无法解决我们今天面临的发展差距的认知。如果从事发展工作的人真的要做点儿什么的话，必须确保我们过去对成功的定义——充斥着捐款人重大承诺的大型国际峰会、非政府组织加大介入力度、新的行动计划——不会限制实际能取得的成果。

总的来说，旨在增强人们对发展问题的意识的为期 10 年的公共运动取得了成功。但绝大多数利益共享者都会同意，过去的工作已表明，提高对外援助水平不一定能带来积极或可持续的发展成果。全球发展计划今天要解决的政策问题，范围估计比过去几十年要广（例如，艾滋病、缺水、腐败、贩卖人口），而国际上从事发展工作的人估计也将抱着最近才发觉的紧迫感来展现有形的成果。从从事发展工作的人的角度看，反恐战争成了这一复杂计划又一紧迫和关键的重点。赤裸裸的现实是，未来能否取得成功多半取决于两大支柱：与伙伴国政府携手追求政策创新；当场运用最佳的做法。不这样做的话，对外援助的第三波浪潮注定要走向失败。

对外援助目标

21世纪初，世界各国政府流出的官方发展援助（ODA）约为550亿美元。在所有官方发展援助中，美国提供的部分超过110亿美元。到了2005年，千年挑战账户（MCA）把这一数额提升至约160亿美元，其中50亿美元将直接流向大力奉行健全发展政策的国家。（到了2008年，另一新倡议艾滋病应急基金会把美国官方发展援助的数额推高到每年逾200亿美元）。剩余部分会用于满足其他各种政治需要，比如缉毒或维和，此外还有用于食品援助和救灾的额外款项。发展援助通常侧重于欠发达国家——人均收入不足每天2美元的约70个国家（大多数位于撒哈拉以南非洲）——和人均收入约为每天4美元的40个中低收入国家中的一部分。不过，也会向印度等较为富裕的国家提供发展援助，在这些国家，尽管整体收入较高，但仍有许多人生活在贫困中。发展援助还包括给以色列、北爱尔兰、俄罗斯和土耳其等接收者的政治援助。本质上，对外援助有4个基本作用。其作用的多样性——更不用说复杂的资金账户，国务院、美国国际开发署和近50个部门、机构、办公室间的分工——反而让大家在下援助决定和进行表现衡量时糊涂起来。

发展援助的第一个作用是促进致力于实现政治、经济自由，愿意把钱花在人民身上的国家的经济发展；这些“表现良好者”代表着适于高效发展的最光明的环境。这是每年50亿美元的千年挑战账户提案列出的挑战。小布什总统在概述他对独立的世纪挑战集团的构想时评论道：“发达国家作出更大贡献，必须与发展中国家承担更大义务联系到一起。”发展援助的第二个作用是帮助在政治、经济自由和社会发展领域表现不佳，因而在这些领域需要特殊援助才能有更大机会具备获得千年挑战账户相关援助的资格的国家。

发展援助的第三个作用是支持脆弱的，濒临失败边缘或已经失败的国家开创或恢复稳定的局面。不管是由人类还是自然造成，人道主义危机依然是发展方程式中的一个重要变量。从巴尔干半岛到哥伦比亚到安哥拉再到阿富汗，大家用对外援助来平息暴力，奠定稳定和治理的基础，相应的，这也会带来成功的发展。

第四个作用是支撑通常与前两个目标无关的安全或政治目标——比如付给军事行动协助者的赔偿金，或像预防气候变化或艾滋病疫情扩散这么宏大的全球或跨国目标。目前，现有的“发展援助”和“儿童生存和健康”账户最大的收获是预防艾滋病和对已患病或可能患病的人进行治疗和援助。尽管艾滋病会对一国经济产生多方面的影响，但这些计划与改进管理或健全制度只存在间接关系，因为上述援助大部分必须在医疗部门之外提供。

这些作用不只是理论上的空架子，在争夺资源的争论中它们也具备扎实、持久的依据。亦即，千年挑战账户将关注发展中国家中“表现最佳的”——不遗余力地奉行健全的政治、社会和经济政策的国家。第二个作用与30亿美元的“发展援助”和“儿童生存和健康”账户对应。第三个作用专门由国际救灾账户，过渡倡议办公室和提供食品的账户——三个加起来获得的资金在12亿美元以上——处理。第四个，也是最后一个作用与总额超过20亿美元的经济援助基金最为合拍。不过，现实偏离理论的地方在于，这些账户都用于实现多重目标，进一步模糊了对外援助的目标。

不过，美国希望用对外援助实现的目标和手头可用于提供此类援助的手段依然存在并不匹配的现象。实际上，对外援助开支占美国国内生产总值的比例已由0.5%下降至0.1%。发展中国家——即便只算伊斯兰世界——的需要大大超出了来自捐赠者的可利用援助。马歇尔计划在三四年间将近乎相当于1000亿美元的资金注入了17个国家——大大超过今天在埃及或印尼等国执行的计划获得的资金。这一数额足以用来进行大型投资；当地获得了项目的所有权；接受援助的国家的政府致力于推动广泛的经济改革并支持政治多元化。第二次世界大战结束后，经济援助是实现美国外交政策目标的初期行动的一大组成部分，但朝鲜战争和美国遏制苏联的行动军事化导致上述比例变成了今天的模样。如果美国愿意调整援助计划来对付恐怖主义的根源，或至少扶持能充当抵御恐怖主义及其支持者的堡垒的温和机构，我们将不得不贡献出必要的资源并着重关注特定领域和目标。

与反恐战争有关的对外援助目标

受宗教极端主义推动的恐怖主义常常掩盖了大规模的、行将爆发的沮丧和愤怒情绪。在全球大部分地区的穆斯林群体中，草根一族的沮丧和愤怒尤为常见，大致浏览一下伊斯兰世界的舆论就会发现，这种愤怒大多针对的是西方国家——尤其是美国。因此，我们现在面临双重挑战：一方面要对恐怖主义发动更广泛的战争，一方面要试图抑制穆斯林对西方国家的愤怒。

要让援助对一国——不管它是不是伊斯兰国家——的经济增长和发展产生影响，有某些先决条件。首先，要让善治成为可能，必须维持表面上的和平。但是，即便是为些微和平迹象奠定基础，领导人也必须致力于改革和自由。这种努力必须转化为推进民主改革、提高金融和银行业透明度以及打击腐败的政策。还必须花同等气力增加经济机会，这可以体现在提高该国的信用评级，也可以体现在扫清创业障碍。难点在于制定内含推动此类变革的正确诱因的发展计划。最后，应把对外援助——不管其目标是促进经济增长还是支持其他外交政策目标——当作有意识的战略投资来对待。让对外援助计划启动和持续下去的往往只不过是官僚机构和自私的落实伙伴的惰性。决策者不考虑公共资金的其他用法只重视个别任务，忘记相较于其他开支对外援助在预算中所占比例较小，这是不对的。2000 年，发展援助的总额约为 540 亿美元；这一数额只相当于发展中国家获得的外国直接投资（1670 亿美元）的三分之一。例如，2001 年美国贡献了 110 亿美元的官方发展援助。过去 3 年中，美国在发展中国家的私人资本投资年均约为 120 亿美元。鉴于规模上存在如此差异，援助不得不主要通过促进有益于经济增长的制度发展和战略政策变革来发挥效用。

尽管联合国开发计划署 2002 年的《阿拉伯人类发展报告》只谈到了伊斯兰世界的部分地区，但它指出了许多伊斯兰国家今天面临的若干重大问题。联合国开发计划署的报告主张，这些国家和世界其他国家相比面临 3 种特有的赤字：从政治和经济管理角度衡量，存在自由赤字；由容忍教育质量低下，尤其是女性文盲率较高的趋势导致的人类能力/知识赤字；伊斯兰国家拒绝给予女性广泛参与劳动或决策的机会的趋势造成的女性权力赤字。这些赤字也困扰着许多非阿拉伯伊斯兰国家，它们或许能在一定程度上解释愤怒和沮丧情绪在这些国家蔓延的原因。

努力追求经济增长也为该地区带来了重大挑战。世界经济论坛 2002—2003 年的阿拉伯世界竞争力报告发现，今天阿拉伯世界最能说明问题的经济事实是，尽管该地区的投资率长期居发展中国家之最，但增长率却要倒数。尽管外国直接投资的趋势线处于下行状态，但若干国家若能坚持 3 个重要领域的改革，就可以改善其增长前景，这3个领域是：公共机构、物质基础设施和人力资源开发。另一改进时机已经成熟的领域是贸易表现；出口产品多元化水平一直不高，因为波斯湾国家出口的大部分限于烃类产品。以出口占国内生产总值份额来衡量，不属燃料出口国的阿拉伯国家仍是相当封闭的国家。例如，埃及出口占国内生产总值的比例一直在20％以下，其出口增长率一直赶不上国内生产总值增长率。

阿拉伯世界的挑战——也是非洲、南亚和东亚的非阿拉伯伊斯兰国家面临的挑战——将是大幅增加人口中弱势群体所能利用的经济机会。不过，要有效地应对恐怖主义诞生的大背景和任由恐怖主义横行无忌的内部力量，援助计划还必须解决一些问题，尤其是高风险社区中年轻男子的问题。这需要援助捐赠者鉴别出在以下领域效率最高的机构和领导者：在社区、省或国家各级积累有益的社会资本，以解决特定国家的3个赤字。有时候，这些领导者可能属于宗教团体或组织，可能会抵制西方的援助提供者开出的法律或其他条件。

对外援助的鉴别分类

旨在打击恐怖主义的对外援助计划会动用各种直接和间接手段。不过，总的来说，就短期或中期而言，对外援助无法大幅削弱恐怖主义。准确地说，援助会努力巩固公共秩序，强化温和机构、有影响力的团体和国家领导人的力量，把它们作为抵御极端主义和不分对象的暴力活动的堡垒。因此我们需要对对外援助进行鉴别分类，捐赠者可以据此划分紧迫程度以确定对处于险境的国家进行处理的顺序。

援助的一个主要目标是为人们带来和平和安全，没有和平和安全，经济发展、人类安全、教育和医疗就是无根之木。建立或恢复社会秩序，或者说和平的环境，通常是发展的前提。不管是卢旺达和巴尔干半岛的大屠杀还是阿富汗或伊拉克的内战和军事干涉，大家也频繁在这些暴力事件后讨论这一点。如果说几乎没有有效机构的国家是恐怖分子训练或招募士兵的理想场所，那么对外援助或许能为实现最终的秩序和繁荣提供条件。

援助——尤其是以挫败大家心中的恐怖主义为目的的援助——的第二个作用是建立能维持秩序和提供基本的正义、经济机会和社会服务的长期的、温和的机构。例如，世界银行和其他捐赠者已吸取了如下惨重教训：与政策健全的国家相比，在糟糕的政策环境中，项目贷款的回报通常要低得多。它们也了解到，如果接受援助的国家之前没有出于自身原因致力于变革，那么贷款的附加条件是不会改变它们的政策的。因此，对外援助应协助增强一国对本国人力资本进行投资，建立民权社会体系，提高透明度和责任感的能力。

援助的第三个作用是培养人才——可能是对西方思想和西方式自由抱开明态度的领导人，也可能是教师、管理者和医生等社会人士。积累人力资本可以让个人和他们所在的圈子为国家经济、社会和政治决策过程作贡献。相应的，这种做法也能巩固为长期的、温和的机构提供关键支援的民权社会体系。公众也有可能形成渴望透明和负责的健康心态，反过来，这也有助于阻止糟糕、低效的政策在一个国家扎根。

尽管人道主义援助和汇款可以很快到位，但能力建设（相对于让外人来干活）必然要花时间。此外，这些大部分是打击恐怖主义的间接手段，而恐怖主义可能是极为具体和狭隘的威胁。那么，如果对外援助对挫败恐怖主义没有帮助，我们为何还要打着反恐的名义投入数十亿美元的援助呢？答案有两方面：首先，这些计划实际上可以削减恐怖主义获得的支持并增强全世界愿与我们合作反恐的伙伴的力量。其次，必须把这些计划视为挫败恐怖主义——打击恐怖主义的斗争没有速胜的捷径或秘方——的全面战略的一环。换句话说，为了勉强实现改善目标环境的前景，我们必须制定实际的、具体的反恐目标，在小心选取的国家和地区推行它。

政策教训

我们至少能从过去的事态发展中吸取 5 个直接适用于当前的反恐战的重要政策教训。

不仅要赢得战争还要赢得和平

赢得战争还不够。我们必须巩固和平，然后在“抽干沼泽”的行动中与国际社会一同发挥领导作用，解决难民问题，为人们带来安全，然后让相关国家走上善治和经济增长的道路。

尽管伊拉克是最直接的关注对象，但阿富汗在 2001 年推翻塔利班政府后的持续需求为专注的“国家建设”活动提供了一个重要的测试案例。任务展开的前9个月，报纸专栏版上犀利的结论——相较于重建，小布什政府更擅长破坏——尚未详加阐述就左右了公众的看法。其他捐赠者做得更多吗？在缺乏稳定的政治环境的情况下，国家会发展吗？这两个问题的答案很简单，都是否定的，但是总的发展方程式要更复杂，而在面对多重挑战时，化繁为简的倾向仍很强大。

2002年1月，主要捐赠国政府在东京开会讨论为阿富汗汇集2.35亿美元的直接援助，接着承诺在后续5年里提供约50亿美元的援助。但在国际层面上，鉴于捐赠国协调和问责工作做得很糟，任何种类的援助——不管是用于维和还是修路——都很难收集和管理。

唯一例外的领域是自然或人为灾难后的人道主义救济。例如，在阿富汗开展救助工作的前几个月，联合国世界粮食计划署在美国国际开发署的资助和支持下在创纪录的时间内发放了数量空前的食品。他们向900多万成年男女和儿童提供了美国送来的小麦、油和小扁豆，美国继续发挥带头作用，满足了阿富汗人对食品、水、帐篷和药品的迫切需求。不过，长期的发展挑战令人生畏，大约2680万人仍过着绝对贫困的生活，这个国家的机构几乎全被摧毁了。识字率只有36%，失业率大约为50%，务农依然是80%的民众的生存方式。

对美国国际开发署来说，让农业、教育和医疗系统恢复旧貌是人道主义救援的重中之重。为了让这个国家更安全，政治更稳定，通过国务院协调的经济支持基金被用于为遣散战士，维和行动，训练和武装新的阿富汗国民军提供资金。

捐赠国与接收国的重心有出入时难题就来了。比方说，想想筹集重修阿富汗最大的两个城市喀布尔和坎大哈间的主干道所需的1.5亿美元的难度的。就让四分五裂的阿富汗（阿富汗只有20%的道路是铺好的）重新团结起来而言，这条路是重中之重，这一点没人质疑。不过，尽管喀布尔政府不断恳求，但其他合情合理但与之抵触的重点事项仍抓住了捐赠国的注意力。2002年夏天，亚洲开发银行愿意为这一道路项目提供贷款1.5亿美元，日本政府已准备好携5000万的项目拨款介入。但是，鉴于阿富汗财政状况糟糕，又寄希望于东京会履行承诺，阿富汗政府期望该道路项目的资金完全来自援助拨款。阿富汗拒绝贷款提议后得知，日本的援助条款规定，他们的资金只能用于升级二级道路，而不是主干道。与此同时，美国国会正在考虑的一项新议案承诺额外提供10多亿美元，但其中不包括资助道路项目的大笔资金，而欧盟还在争论是提供6000万还是8000万美元来大修数以千计的返乡难民正在使用的、连接喀布尔和贾拉拉巴德的道路。

媒体批评此事的声浪日益高涨，面对这种情况，2002年9月，美国、日本和沙特阿拉伯政府在联合国大会期间私下开会，会议结果是，三国达成协议出资修建这条耗资1.5亿美元的公路。喀布尔—坎大哈公路项目并非唯一受不切实际的项目预期、行动迟缓的官僚机构和挤牙膏般的援助资金流困扰的基建项目。通常派出多个机构（包括联合国难民组织、联合国开发计划署、联合国儿童基金会和联合国世界粮食计划署）在后冲突环境中工作的联合国也普遍存在协调问题。到头来，还是小布什总统出力确保了这条公路——在普什图地区具有重大政治意义——在2003年年底前基本完工。

不过，更大的问题是，捐赠国遗忘了从历史经验中吸取的一个重要教训：只有一国真正拥有了所有权，在该国开展的项目才能取得成功。第二个教训是，只有援助资金流动起来，绝大多数援助项目才能取得成功。在后冲突情境中，一开始援助水平会大幅上升，一旦突发事件过去，人道主义救济机构完成任务，援助水平最终还是会急剧下降。然后，在长期发展援助机构到来前，就会出现巨大的援助缺口。就人道主义救济和发展援助而言，重要的是一开始就评估当地的项目在捐赠资金枯竭时是否还能维持下去。

在阿富汗修建一条主干道是项复杂、昂贵和耗时的任务，在持续了30年的战争留下的灰烬中，这项任务就变得越发具有挑战性了。但最终结果会证明重建阿富汗比道格拉斯·麦克阿瑟在饱经战乱的日本遭遇的一切更具挑战性吗？情况似乎正是如此。在今天的阿富汗，没有哪个个人或机构能像这位东京的“美国恺撒”那样行使权力。21世纪的国家建设活动的一个悖论是，多个捐赠国和巨额资金并不能保证在一个国家更快地出成果，也不能提高援助效率——尤其是在各捐赠国的重心、战略和资源一直存在偏差的情况下。此外，阿富汗的挑战预示着即将发生在伊拉克的事——尽管这两个国家和两次军事行动并不可同日而语。

伊斯兰世界的民主和管理

我们再也不能忽视伊斯兰世界的民主和管理了。不过，美国不能把民主强加于人，而善治要取得进展需要时间，也将以不同方式深入人心。弗朗西斯·福山称历史的结局是自由民主国家获胜，如果他没说错的话，对伊斯兰国家来说最重要的问题就是：它们必然要经历的转变会以什么样的速度和形式实现？过去30年穆斯林移民美国的理由让我们能洞悉为何伊斯兰世界没有轻易展现出这一转变过程。丹尼尔·派普斯和哈立德·杜兰在《伊斯兰的面目》一文中主张，受独裁者支配过深的伊斯兰国家将部分最有天分、最富裕的人赶出了中东、南亚和这两处之外的地区。穆斯林列出的移民美国的部分理由包括种族迫害、宗教迫害、伊斯兰教主义、反伊斯兰教主义和战争。

他们列出的另一大原因是教育。截至20世纪90年代，美国高等院校吸引了逾50万的外国学生，其中许多人选择留在美国。女学生留在美国的倾向尤其强烈，因为美国的生活能为她们带来独立自信、自力更生的机会。一国要遏制这股人才外流潮需要出台社会和政治激励政策，对外援助是否是引入这些政策的恰当手段，这一问题还没有答案。一个相关问题是，经济增长是否是这一问题的根源。从西方国家收紧移民法规判断，普遍看法是，离开伊斯兰世界的经济移民远远超过了寻求庇护者。事实上，51%的阿拉伯年轻人想移民，尤其是移民到欧洲国家。驱动这种渴望的主要因素是，这些年轻人认为他们的国家今后无法为他们创造就业岗位。如果人口真的能决定命运，那么我们有必要仔细分析穆斯林人口的年龄远低于全球平均水平这一事实隐含的政策意义。在阿拉伯世界，39%的人口不到15岁，大多数阿拉伯国家的人口年增长率超过了它们的经济增长速度。

我们需要在对外援助和恐怖主义的背景下重新审视伊斯兰国家与日俱增的人口压力，原因之一是我们把太多注意力集中——恐怕并没有支持这么做的实验证据——在“抽干沼泽”上，这个沼泽充斥着催生出恐怖分子的经济绝望和社会不公。这一论点忽略了重要的一点：“恐怖分子”由两个不同群体组成：领导者和走卒。恐怖分子的领导者往往年纪较大，受过教育（比如本·拉登和穆罕默德·阿塔），有时来自政治精英阶层。不过他们经常依赖被剥夺公民权，通常极度贫困的群体为他们提供庇护——比如在阿富汗和巴基斯坦——或基本依靠年轻人来干“吃力不讨好的工作”，比如开展自杀式炸弹袭击。努力为年轻，贫困，被剥夺了公民权的民众带来社会、经济和政治机会或许有助于让恐怖分子失去避难所和新兵，但较长期的援助计划对于挫败恐怖分子领导者的直接目标帮助不大。

贫困和恐怖主义之间的薄弱联系

2002年的《国家安全战略》力证发展是维持世界和平的要点。小布什总统指出，“2001年9月11日的事件让我们学到了，像阿富汗这样的软弱国家对美国国家利益的威胁可能不下于强大的国家。贫困不会让穷人变成恐怖分子或杀人犯，但贫困、软弱无能的机构和腐败会导致软弱国家无力抵御境内的恐怖网络和贩毒集团”。如果濒临失败的（或已经失败的）国家是美国安全迫在眉睫的威胁，那么对外援助就太过重要了，不能只留给发展经济学家和外交官处理。

不过，重要的是，我们不要让自己对以下这一点抱有太高期待：在发展中国家降低贫困水平或提高教育水平是否能在一定程度上降低这个国家存在的恐怖主义风险。经济学家艾伦·克鲁格和伊特卡·马莱奇科娃发表了一份探讨中东问题的研究，该研究发现，贫困、教育和恐怖主义之间的联系是“间接的、复杂的，可能相当薄弱”。他们断言，对于恐怖主义，“更精确的看法应是，它是对政治环境和长期的受辱感和沮丧感作出的反应，几乎与经济学因素无关”。不过，有一点应铭记于心，他俩的研究没有论及民族国家的失败及其与贫困和恐怖主义的关系这一特殊问题。对外援助必须提高满足穆斯林和阿拉伯国家需求的效率，原因恰恰是上述国家的发展轨迹大部分是错误的。

国家安全规划者会发现，发展政策选项受限于一个一成不变的事实：降低一国贫困程度的速度与其经济增长的速度直接相关。在经济全球化的环境下，要实现持续增长有太多无法预料的风险。在许多伊斯兰国家，安全形势对经济活动，尤其是旅游，有着重大影响。恐怖分子实施的大规模炸弹袭击事件，比如发生在印度尼西亚巴厘岛的那次，能在一夜之间摧毁一国的经济——至少是暂时摧毁。袭击后的首个交易日，雅加达股市暴跌10%，若干地区国家的货币兑美元的汇率大幅下跌。随之而来的失业率激增现象可能会暴露出社会中历来存在的薄弱环节，在社会内部催生种族和宗教分化，从而导致政局出现动荡。鉴于在许多伊斯兰国家，政局不稳与经济动荡存在关联，将安全政策融入对外援助战略依然是应优先考虑的问题。

教育：温和制度的关键推动因素

推广基础教育和高等教育，以及职业培训，或许有助于形成能替代更激进的宗教学校，尤其是最狂热的伊斯兰学校的稳定、温和的方案。在伊斯兰世界，多得惊人的教育系统完全没能支持所在国家的经济发展。由于未能调整本国的教育体制以适应全球经济不断变化的需求，其中许多国家存在在竞争力上落后于人的风险。联合国《阿拉伯人类发展报告》断言："一方面是教育成果，一方面是劳动力市场和发展的需求，这两方面的错位可能会导致阿拉伯国家在加速获取知识和培养人才的能力正成为进步前提之时被孤立在全球知识、信息和技术圈子之外。"不出意料的是，尽管教育援助预算持续下降了10年，教育资助依然是美国政府的重中之重。美国国际开发署2002年在教育上投入了3.57亿美元——比2001年高25%——并在提高逾25国的教育水平。"和平队"每年为50多个国家的基础教育投入8000多万美元。

在《迷雾重重的追求增长之路》一书中，威廉·伊斯特利援引各种研究表示，提高学校教育开支和国内生产总值增长之间缺乏联系（最明显的例子是20世纪六七十年代非洲教育大发展后增长却只有点滴进展）。其他研究则主张，投资于人力资本和投资于实物资本一样重要，但人们仍不能完全了解教育和技术与一国的经济竞争力之间的联系。还有一点也很明确，尽管教育绝非灵丹妙药，但不能只将重点放在经济增长上。对发展成果起推动作用的主要是发展中国家的机构和它们拿出的政策和公共投资。一国的教育创造出的知识和技能正是机构和政策最终诞生或瓦解的基础。

伊斯特利还警告说，当决策者开始迎合多个利益集团时，刺激经济增长的因素就会消失。这些利益集团常常会导致一个国家分化，而分化最终会有两种丑陋的表现形式：阶级战争和种族暴力活动。在反恐战争中，教育援助将成为遏制阶级战争和种族暴力的一笔重要的战略投资。投向教育领域的对外援助可以通过提高所有社会团体和族群的识字率和知识水平来扫清一国政治、经济体制中历来存在的，根深蒂固的不公现象。

发展女性教育是格外有用和划算的手段。然而在小学和中学阶段，伊斯兰国家女生的入学率一直低于男生。

到目前为止，两性教育机会不均等最恶劣的支持者是阿富汗的塔利班政权。在塔利班的统治下，阿富汗女性被剥夺了参与政治、经济或社会生活的机会。8 岁以上的女孩不能去上学；在那儿有用残酷手段强制遵守的限制性着装规定；禁止女性在没有男性亲属陪同的情况下出门。在塔利班统治下，国内 92％的女孩没有上学，70％的教师被迫辞职，只因为她们是女性。塔利班对伊斯兰教的解读及它对待女性的方式彻底偏离了绝大多数穆斯林的认知。可是，必须让女性享受基本的教育权利，一定要更积极地向其他众多伊斯兰国家强调这一点。让女孩接受教育对于改善公共医疗状况，降低婴儿死亡率和扫除文盲的益处已被广泛记录下来，且促使从事发展工作的圈子里形成了重要的最佳做法。

世界经济论坛的阿拉伯世界竞争力报告对这一挑战做了如下表述："尽管阿拉伯世界的国家可用的资源不同，面对的诸多具体的经济和社会挑战各异，但它们都必须认真地重新定义它们今后追求的学习目标，并细致地思考为了确保形成可持续的能力以便在不断变化和发展的全球经济中参与竞争，怎样才能更好地安排教育活动。"比较能说明问题的是，阿拉伯的所有宪法和法律都肯定了女性享有平等的受教育权，问题在于各家各户有没有确保家中的女孩享受到这一权利，政府官员有没有落实义务教育法。

脚踏实地

从援助效率的角度看，脚踏实地的态度是无可替代的；捐赠国必须深入了解一国的文化和语言，并与最终必须作出关键的政治决策的当地领导人做好沟通。美国国际开发署的相对优势在于它拥有丰富的受援国国内工作经验，在当地的势力强大，且赢得了东道国官员和其他发展伙伴的信任。如果今后发展行动的任务是阻止濒临失败和已经失败国家的花名册增加新的国家，那么决策过程中必须保留这 3 个元素。

罗伯特·罗特贝格给出了民族国家失败的标准定义："民族国家失败的原因是

它们再也不能为人民提供积极的政治商品。它们的政府丧失合法地位，而且在越来越多的公民的眼中和心中，民族国家本身也成了非法的东西。”这些国家的官员和机构完全无法提供国家安全、公共安全、经济机会、教育计划、医疗服务和法治等政治商品。阿富汗、安哥拉、布隆迪、刚果民主共和国、利比里亚、塞拉利昂、索马里和苏丹是过去10年中失败国家或垮台国家的代表，还有许多国家已处于失败边缘。在上述所有例子中，国家失败都是人为造成的；个个都是决策和领导失败，而不是自然灾害、地理问题或瘟疫的产物。由此产生的力量和权力真空吸引了屡次表明自己的势力范围遍及全球的犯罪网络和恐怖分子网络。一旦进入，这些组织就躲藏在失败国家公然宣称的主权背后，将它们连根拔除变成了外交和军事上的挑战。预防显然好过治疗；一旦军事行动结束，就要开始国家建设的艰巨任务了。但是，我们不能指望远远待在华盛顿就能让软弱国家变强。我们必须认识到，失败国家使从事发展工作的专业人士处于相当危险的境地，但务实的预防工作需要人脚踏实地地“关注现有情况，并努力重组和重建能维持下去的机构”。

结　语

对外援助和威力强大的经济工具既可以当胡萝卜（激励）用，也可以当大棒（制裁）用。两者都是支持外交政策的合法使用方式，尽管制裁受到的关注要多得多。不过，制裁的效用受到严重制约。全面讨论制裁超出了本章的范畴；制裁的重点明确，几乎没有能替代扣押资金的其他资金来源，制裁措施得到严格执行，做到这几点制裁的效果要好得多，在制裁问题上说这么多就够了。

至于发展效率，美国政府正通过挑战正统发展观念，推广最佳做法和加大今后的援助力度在重要国际论坛上发挥更大的领导作用。这些努力是左右发展援助的未来的一项静悄悄的革命的核心。不过，如果有人准备对美国过去50年对外援助的目的和手段进行总结，然后考虑如何让它们适用于反恐战，那么他或许可以从归纳出以下几点做起：

第一，当有力的经济工具得到充足的资金支持并在战略上抓住重点时，它们往往会产生特定结果——不管是实现欧洲复苏，促进亚洲小龙经济体的发展还是达到特定的发展政策目标。

第二，由于美国的需求遍及全球，发展政策具有独立和国际化的特征，阻碍美国形成更具战略眼光或更灵活的对外援助机构的华盛顿政策逐年增加，美国利用有力经济工具的水平比较糟糕，而这些工具在过去 30 多年的大部分时间里都处于萎缩状态。与此同时，对强有力军事工具的依赖程度——反映在防务开支与国际事务和对外援助开支的对比上——上升了。

第三，小布什政府即将开创重塑对外援助的新纪元——诚然，重塑对外援助需要两党的支持，但有望调整援助重点实现成功发展，并以有意义的方式为反恐战作出贡献。白宫已成功地将国际争论的焦点由花费了多少援助转向了援助达到了什么样的效果。接受发展援助的国家如果今后也期望获得援助的话现在必须证明自己正一心致力于善治。争论的焦点也已从依赖公共资金的过时态度转向利用私营部门、国内储蓄、基金会和非政府组织的资金。

另外一个难题是，如果我们打算设计一个与国家安全利益相称的对外援助战略，是否应区分对外援助和发展援助。我们现在知道了，要让发展援助产生效果，需要捐赠国作出艰难的决定，摆脱因治理不善，改革不力或未能把钱花在本国人民身上——所有这一切构成了对发展不利的环境——而经济表现恶化的国家。很多时候，对外援助将成为在反恐战争中获得关键发展中国家支持的诱因。不过，如果这些国家中有几个故意不好好管理经济并镇压国内人民的基本权利又会发生什么情况呢？决策者会放弃最佳的发展惯例，轻视其他人的自由来捍卫本国的安全吗？这是摆在我们面前的难题中的一部分。

第 11 章　国土安全

丹尼尔·古尔（Daniel Goure）

美国政府和国土安全界人士在 2001 年 9 月 11 日前就意识到，这个国家越来越容易遭遇恐怖袭击，能对抗此类攻击的现有政策、制度和能力严重不足。21 世纪国家安全委员会（哈特—拉德曼委员会）发出了被大肆宣传的警告：“非常规武器的扩散，再加上国际恐怖主义的存在，将终结美国国土在面对灾难性攻击时相对固若金汤的状态。在未来四分之一个世纪中，美国国土上有可能发生针对美国公民的直接攻击。”吉尔摩和布雷默委员会以及战略与国际问题研究中心的研究不仅发出了类似警告，还像哈特—拉德曼委员会的最终报告一样，建议全面改革美国的安全战略、防务政策和国土安全惯例以应对恐怖分子对美国国土构成的新威胁。“9·11”事件后，大家发表了大量快速分析，建议对国土安全相关计划和活动进行大范围的组织结构调整、程序优化和资金倾斜。

各种研究和分析给出的最常见建议是，有必要制定一个国家反恐战略或国土防御战略。吉尔摩委员会在其第二份报告《朝打击恐怖主义的国家战略努力》——发表于“9·11”事件前——中强调，有必要制定一项国家战略，“从‘最终状态’的角度来表述战备目标”，而这种最终状态是该计划应力争达到的。在该委员会看来，“最终状态”的思想至关重要，理由有 3 个。首先，它将指导资源分配。其次，它将成为建立问责制的基础。第三，它将有助于确立优先次序。正如该委员会在第一份报告中指出的，不了解我们事实上能做到什么或如何使用相对稀缺的资源最有利的话，就有对过去几年的忽视态度进行过度弥补的危险。

尽管绝大多数研究，不管是“9·11”事件之前的还是之后的，呼吁制定一项整合国土安全不同领域和各级政府的国家战略，但几乎没有一项研究提供的建议可以被视作可靠的战略构想。具有讽刺意味的是，小布什政府的《国土安全国家战略》未能对这一情况进行补救。它拿出来的是一份目标声明和一系列与上述目标有关的任务领域。正如该战略自行指出的，它主要是协调预算资源与待执行的任务的一种手段。它承认，一方面是足以让这个国家不那么容易受恐怖主义威胁的措施，一方面是个人自由面临的难以容忍的限制，并不存在能在这两者间建立适当平衡的数学公式。它建议，做到什么程度合适应留待这个国家的政治领导人去判断。正如文件本身所承认的，它建议的不是制定一项战略，而是启动支持某种形式的全国总动员的进程。出于下面会详细讨论的原因，这项战略中的战略元素相对较少。

政策圈子和小布什政府已将有可能制定国土安全战略的思想当作信条。但到目前为止，事实证明要制定国土安全战略，难度高到令人沮丧。原因并非人们对这一主题缺乏关注。我将在本章中论证，这是由这一主题的性质造成的。只要分析一下定义和实施一项保护美国国土不受恐怖袭击威胁的计划所涉及的因素和问题，构思一项战略的难处就会清晰地浮现出来。事实上，必须解决的问题是，美国是否有可能制定一项国土安全战略。

战略和国土安全：基本前提和问题

战略就是将目的和手段联系起来。目的和手段是通过一项战略计划联系起来的。计划必须包含效力衡量手段（MOE）——评估目标达成情况的方法。随着计划的逐步展开，还必须有改变资源分配、运用或手段运用的方法。战略就是抉择。正如一篇以战略为主题的论文所指出的：“战略会确定优先次序，集中可用的资源——金钱、时间、政治资本和军事力量——用于主要行动。”战略的定义天生就包含如下假设，它是设法控制环境，而不是对环境作出反应的积极过程。因此，另一以战略为主题的文章表示：“战略无非是领导层利用国家所能动用的力量对环境和地理位置因素施加控制，以实现符合国家利益的目标。因此，战略理论的前提是，战略是积极主动的，有预见性的。”

一项好战略包含某些基本元素。首先是明确的，可定义的，能实现的目标或目的。定义一项国土安全战略的适当目标是格外具有挑战性的任务。分析服务公司总裁鲁思·戴维博士如此描述这一挑战：

最难的一个问题与如何定义成功有关。国土安全任务的目标是什么？我们是要保卫美国——国家——还是保护每一个美国人不受我们所能想到的各种恐怖威胁伤害？这个问题不是国家安全计划的组成部分，但它是国土安全争论的核心。如果我们把标准定得太高，我们就要面对负担不起资源——开支的黑洞——和不可避免地丧失个人自由的局面。如果我们把标准定得太低，美国公民或许会对政府保护国家不受恐怖主义威胁的能力丧失信心。如果我们无法回答这个问题，我们就缺少作决定的背景——没法确定投资的优先次序——也失去了衡量进展的方法。

好战略必须了解实现预期目标要面对的因素。通常，在制定国家安全计划的过程中，客观条件决定了一国要与某个对手或威胁对抗以期实现某个目标或者目的。同时还要了解冲突或竞争的环境或背景——包括动机、行为、战略和敌方目标。可能还要制定近期或中期目标，比如打败敌军部队，作为实现终极目标的先决条件之一，不管终极目标是否包含占领敌方领土、政权更迭或者其他一些目的。

好战略靠冲突或战争理论支撑。冷战时期的理论是遏制，以威慑为支撑，辅以限制局势升级，整个理论体系的基础是大洲规模的作战。不同的作战形式都有相关的特殊理论，比如海上核战、地面战斗和不同级别的冲突。冲突理论也分进攻向或防御向。

好战略必然已确定并测试了为实现预期目标或目的而运用资源的手段。这些手段通常被称为作战理念。如何运用资源是战略规划的精髓。一项传统的战略计划将列出军队不同部门的使用方式。一项军事计划将详细说明军队的使用方式，使用它们的时机和顺序，它们的行动目标和不同军事单位间的互动方式。

好战略必须力争高效。结果不仅要与手段相关，还必须是妥当的，切合目标的。战略家常常会谈到有必要在目标、追求目标所用的手段和可用的资源间达到平衡。战略必须避免使用所需资源超过可用资源的手段。反之，不能因为有资源就去使用资源。战略还必须避免透支资源。

上述内容的例外是威慑战略。尽管威慑理念有无穷无尽的微妙之处，但它大抵是从一旦开始对抗就要不成比例，甚至过度消耗资源（比如武器）的可能性出发，通过在对抗发生前最低限度地消耗资源来维持和平的战略。由于威慑模式试图以推理的方式影响对手的行为，所以自然会产生尽可能放大威胁的倾向。战略界对于威慑战略与国土安全问题的相关性争论不休，至今没有达成共识。

最后，战略也是在界限内工作。界限可能是动用的手段的功能（经济、外交或军事）或所能动用的资源（就实施战略的军事手段而言，界限可能是空中、陆地和海上力量）。一项国家安全战略或其任一次级变体——《军事国家战略》和《国土安全国家战略》——的形成都必须由政治主导。战略的这一特征在讨论国土安全时尤其重要，生活的必要条件和生存的必要条件间的相互作用是重要原因之一。绝对的国土安全需要绝对掌控所有美国人的生活和活动，这并非信口开河的夸大之词。任何试图通过限制美国人的自由来维护美国的生活方式的战略都必然会面对内在矛盾的作祟。

此外，战略本身的限制也是个问题。尽管各国政府都会动用强大的力量来让国土变得更安全，但这一力量的强度和广度对政府的行动能力施加了限制。控制范围不足限制着决策者聚集和指挥力量朝声明的目标努力的能力。战略执行不当也是个潜在的问题。在某一背景下，成功对某一对手运用的战略放到另一背景下，或对另一对手使用，可能就不适合，或效力不足了。历史学家和战略学家常常引用的例子就是德国的闪电战战略，这一战略适合应付西欧距离相对较短的战事，但不足以应付俄罗斯在欧洲的广袤领土构成的挑战。

早在“9·11”事件之前，吉尔摩委员会的首份报告就批评美国政府未能制定一项“综合的，完全协调的国家战略”。兰德公司的布鲁斯·霍夫曼在就反恐问题向国会作证时强调了一项综合性战略的重要性：

阐明和制定这样的战略不只是一场脑力活动，它必然是任何有效的反恐政策的基础。做不到这一点的话，举例来说，常常会影响其他民主国家的反恐努力：产生的效果即便不是完全没有价值，也会短暂得令人沮丧，有些时候，想实打实地降低风险却适得其反。这是兰德公司 1992 年的一项研究的重大发现之一，该研究通过选定的英国、西德和意大利的历史个案研究来分析有效的反恐政策应具备的基本条件。

我们必须清楚，制定一项全面、有效的国土安全战略是政府面临的最复杂、最令人生畏的任务之一。不过，如果美国想要成功解决21世纪恐怖主义的挑战，就绝对有必要这么做。美国政府过去曾为应对扶贫战和缉毒战而试图制定这样一个全面的战略，但没有取得显著的成功。要制定国土安全战略，就必须充分了解国土安全战略的3个关键要素：

1. 国土安全战略应设定什么样的目标？（结果）

2. 什么是可实现的，如何界定实现目标（结果）的进展？（手段和效力衡量手段）

3. 鉴于结果和手段间存在差距，我们能做些什么？（限制）

不过，重要的是要记住，最终，尽管一项好战略必须具备各种具体特征，但总是少不了让战略出岔子的随机因素——克劳斯威茨称之为“阻力”。上面讨论的好战略的组成要素并不能构成有科学依据的方法论。现代战略理论的先驱，伯纳德·布罗迪就战略这一主题发表看法称：“既然（后一个）词暗示的是某种全面、一致，决策水平较高的东西，我们还离找到做到这一点的科学方法差得很远。”布罗迪坚称，战略半是艺术，半是科学。

国土安全模式：确定结果

所有研究国土安全的公共分析和私人分析、评估和建议有一个共同点，就是都呼吁制定一项全面的国家战略来打击恐怖主义。不过，“全面战略”这个表述的含义需要仔细分析。全面战略是否意味着解决国土面临的所有威胁，不管威胁是来自恐怖分子还是流氓国家？还是像其他分析建议的那样，我们应根据一项战略一级一级地安排应对措施的方式来判断它是否全面？

人们最常用“全面”这个词来反映以下观念：建议施行的战略应解决国土面临的各种威胁——最起码是恐怖分子构成的所有威胁。国家战略显示，维护国土安全是“全国上下一致采取的，防范恐怖攻击，让美国不那么容易遭受恐怖主义破坏，袭击发生时尽可能减少损失和复原时间的行动”。其他信息来源对国土安全的范围定义得更加宽泛——例如，从弹道导弹威胁到由某国土安全战略解决的威胁，种种威胁都被包含在内。时任国防部长唐纳德·拉姆斯菲尔德似乎将反恐战略的目标和加强国土防御这个更大的国家安全目标混为一谈。他声称：“我们在全球反恐战争中的中心目标是在又一场“9·11”事件——亦或更糟的动用化学、生物，甚至核武器的“9·11”——发生前加以阻止。威胁是来自一个恐怖政权还是一个恐怖分子网络都不是重点。目标就是在人力所及的范围内阻止此类攻击”无法就这一主题的界限达成一致使确定国土安全战略的目标变得难上加难。

那些坚称有必要制定一项全面战略的人依据的是一套假设——有一些是隐含的，大多数未经测试。其中最重要的前提是，美国面临来自所谓的“流氓国家”和国内外恐怖主义的、范围和规模史无前例的新威胁。尽管一些分析和报告表示，出现最糟糕的威胁——涉及大规模杀伤性武器——的可能性不大，但它们承认，由于此类袭击可能产生极具灾难性的后果，所以必须把此类威胁当作优先事项来处理，这必然会导致战略的目标和整体资源要求的提高。

第二个基本假设是，如果作一定的准备是有益的，那么作更多的准备会更好。在这种意义上，“全面”强调的是动用所能动用的所有手段来应付这一威胁。人们给国土面临的威胁——尤其是可能发生的大规模杀伤性武器攻击构成的威胁——所下的宏观定义似乎在一定程度上助长了这种观点。分层防御好过旨在保护特定目标或应付特定威胁的不那么全面的“定点防御”，这种观念似乎也为上述观点壮了声势。吉尔摩委员会对这一观点的表述最为直接：

> 我们通过各种反恐活动准备得越充分，我们达到理想状态——在恐怖活动发生前进行威慑，防范或阻断——的可能性就越高，这一点是不言而喻的。考虑到潜在威胁的性质，多半不管我们怎么作准备都不足以覆盖所有可能的威胁场面，一旦事件发生，必须以尽可能减少人员伤亡——这是首要的——以及减轻财产和环境损失的方式，采取充分措施加以应对。

即使将国土安全战略的范围限制在非军事挑战——即恐怖主义——内，可实现的目标这个问题依然没有定论。理论上，任何国土安全战略的目标都是防范针对国内任一公私目标的恐怖袭击，以及尽可能减少此类袭击造成的损失。任何对这一问题的理性评估都明确反映出，考虑战争的战略目标——摧毁敌方军队，占领其领土，强制落实和平条款——的传统方式不适用于这一情况。有一组分析对将反恐与战争相提并论提出了异议。后者有一套可明确定义的参数，还有一些经过历史充分验证的最终状态。前者却没有。因此，我们必须了解，传统模式的冲突，保护国土抵御恐怖袭击，这两者的战略目标构成要素间的差异。

从小规模或非常规冲突到战区规模的常规冲突甚至核战，战争理论还会对不同的对抗水平进行区分。上述不同水平的对抗活动个个都会对国家安全构成不同威胁，需要从战略上作出不同应对。某些时候，危险水平还没有到会制造麻烦的程度，实际上可以忽略。

这一点在制定战略应对国土遭遇的攻击时同样适用。好战略应能区分不同种类的恐怖袭击构成的威胁。由于资源是有限的，国土安全战略应从鉴定国家面临的几率最高、最危险的威胁做起。名义上，进行这样的评估依据的是恐怖分子所能开展的袭击种类，他们能达到的破坏程度和发生此类袭击的可能性。不过，正如若干专家观察到的，标准的风险预测活动被可能发生使用大规模杀伤性武器的恐怖袭击的前景歪曲了。驱使吉尔摩委员会采取行动的正是发生此类事件的可能性及其对国土安全的影响。不过许多观察人士质疑的不只是此类袭击的概率还有它的可行性。谁是对手？他会对国土构成何种威胁？如果在这些问题上无法达成一致，那决策者怎么才能确定投资和应对措施的优先次序呢？

显然，我们对国土安全战略必须应对的威胁缺乏清晰、具体的认识，也没有给出定义。具有讽刺意味的是，吉尔摩委员会的首份报告对这种可能性提出过警告。我们缺少的是威胁的严格定义和区分威胁的轻重缓急所需的那种风险评估方法。安东尼·科德斯曼以生物战为例阐述了威胁评估问题，但我们可以简单地加以归纳就能适用于所有袭击模式：

就生物武器而言，任何人都可以传递的一个最重要的信息是，我们面对的是现有威胁、政治、商业开发和技术因素混在一起的十分不确定的前景，就我们所能看到的未来而言，这些因素将不断变化。问题不是我们知道什么，而是我们知道的太少，我们能预测的太少。

布鲁斯·霍夫曼说："要制定这样一个整合的国家战略，一个重要前提是完成以下任务：对国内外恐怖威胁的现有存在形式和未来可能进化的形式进行全面彻底的评估。"霍夫曼和若干其他消息人士将缺乏此类威胁评估列为"9·11"事件前后国土安全规划活动的一大缺陷。

部分分析提出的更大胆的建议是，在构建风险评估模型时把威胁评估作为第一阶段。风险评估方法论能撑起一个把威胁应对措施按优先顺序排列的国土安全战略，包括根据某件事发生的可能性和一旦发生会产生的后果来投入资源。同样重要的是，这么做可以避开根据最坏情况来制定战略或对所有威胁投以同等关注——这两个选项都会耗尽国库，却不一定能加强安全——的风险。

确定对手或威胁只是好战略的一个方面，只是协助确定战略目标的一连串步骤的第一步。另一个要点是冲突理论。大多数与国土安全/反恐有关的冲突理论都遵循一个常见做法，合乎逻辑地将这一问题分成3个组成部分：威慑、防范和结果管理。和冷战时期相比，当前背景下威慑的难度更大。在国土防御的背景下，重点不是根据威胁来进行威慑以便让对手付出代价，而是不让恐怖分子认定目标。威慑的效果源自恐怖分子的以下认知：旨在在事件发生前侦测和应对威胁或保护/加固潜在攻击目标的防范措施相当有力。从情报到先发制人再到危机应对，防范涉及一整套措施。人们大体上将结果管理视作国土安全战略最后的必要元素，但并不认为它能影响袭击的可能性或性质。

真正让一种理论有别于另一理论的是，它的视角是——用菲利普·费曼的话来说——前瞻的还是后顾的。这两种视角都能设法实现威慑，但机制完全不同。两者也都会采取防范措施——前者是对恐怖分子采取行动，后者是采取行动让遇袭目标变得更牢固。前者关注的是国外犯罪者，后者关注的美国公民。

前瞻战略主要试图打击恐怖主义的源泉或成因。总的来说，它会力求与对手发生冲突——追捕恐怖组织，先发制人阻止他们进攻。就其最终形式而言，它甚至会设法通过社会、经济和政治计划来埋葬恐怖主义所谓的根源。前瞻战略或许特别适合用于应对动用大规模杀伤性武器的威胁。

后顾战略会通过结合以下措施来着重应对实际发生的袭击：惩罚攻击者，限制攻击范围，还有最基本的，处理事件后果的措施。这种做法往往与视恐怖主义为犯罪的理念以及随之出现的执法问题有关。后顾战略可能还源自于以下认识：威慑、先发制人、防范，提高目标强度，这些因素无论怎么组合也不可能消除威胁。若威胁是灾难性恐怖主义，哪怕只错一次，其后果也会惨重到不能把宝大部分压在前瞻战略上。

历史上有采用两种模式的显眼例子。最值得注意的例子涉及以色列和巴勒斯坦起义/自杀式炸弹袭击，英国和爱尔兰共和军在北爱尔兰爆发的冲突。以色列最初采用了后顾战略，认为巴勒斯坦起义和恐怖行动的实施者是少部分巴勒斯坦人。随着以色列政府逐渐开始将这场冲突视作两个民族和两个国家间的战争，以色列的战略变了，开始向前瞻型靠拢。以色列的目标变成了通过摧毁恐怖分子领导层和基础设施来预见和阻止恐怖袭击。相比之下，英国开始采用的是前瞻战略，将爱尔兰共和军当作军事问题来处理。20 世纪 80 年代他们转向了后顾战略，部分原因在于他们意识到派系冲突正在分裂爱尔兰共和军。不过，英国对正当行为的构成要素抱相当开明的看法。

现有模式并不适合，导致定义美国国土安全战略的目标或最终状态变得难上加难。历史上的例子在威胁规模和范围上比较有限。它们之中不包含动用大规模杀伤性武器的情形。此外，看似相关的教训表明，最有效的战略不仅具有前瞻性也具备先发制人的特征。流传更久的教训包括，有必要毁掉恐怖组织的中层领导，中断金融网络也很重要，要用反情报行动去削弱恐怖分子的侦察活动。

小布什政府的手段

小布什政府响应各界的要求，制定了首个《国土安全国家战略》。该战略影响深远，极端复杂。它建议予以反击的威胁是，任何危及人类生命或公共福利，意在恐吓和胁迫公众或政府的有预谋的非法行动。《国土安全国家战略》称，自己是动员全国上下投身所谓的“全国一致行动”的计划。推动这一战略的是坚信政府所有部门和政治辖区应分摊责任的看法。

《国家战略》提出了3个战略目标。首先是防范美国境内的恐怖袭击。这一目标拟通过结合美国国内外的威慑、侦察和防范行动——甚至是先发制人的——来实现。第2个战略目标是系统地、全面地减少美国易被恐怖主义利用的弱点。由于这个目标范围极广，这一行动被称作“战略努力”。第2个目标的重点是保护被称作关键基础设施的东西。第3个战略目标是万一发生恐怖事件，尽可能减少损失和恢复时间。《国家战略》称上述目标是按重要性排序的——这意味着防范威胁比减少国家弱点重要，而这两个又比缓和袭击的后果重要。

《国家战略》还划出了6个任务领域：情报和预警，边境和交通安全，国内反恐，保护关键基础设施和重要资产，抵御灾难性恐怖主义，应急准备和响应。上述任务领域与3个目标是一致的。理论上是有可能确定任务领域的优先顺序的——部分方法是确定它们与实现每个战略目标的相关性——不过《国家战略》没有明确给上述任务的排序。

《国家战略》也会把自己称作战略、计划、基础和日程。它包含一堆目标、任务、倡议、重心和焦点。它是解决各种恐怖威胁的一种手段，是官僚机构的一份蓝图，是一项开支计划，也是一份政治声明。

不过它是一项战略吗？有些批评人士认为它不是。美国正在仓促地构想能用来解决国土面临的所谓威胁的机制和体系。追寻多重目标的手段数不胜数。可以说当前的《国家战略》除了宣称最危险的威胁是涉及大规模杀伤性武器的灾难性恐怖主义外，并没有充分定义国土安全面临的威胁，也没有提供一个能给威胁分级的风险评估系统。因此，其他备选战略可能同样合理。实际上，可以说，试图一视同仁——就算不是从预算角度也是从政策角度——地看待国土安全的方方面面的战略多半是最不划算的。

讽刺的是，“9·11”事件前后以国土安全为主题的大型研究几乎对确定战略目标或最终状态没什么帮助。事实上，它们提供的往往不是战略目标，而是管理国土安全资源和项目的行动、程序和官僚机构方面的建议。相比之下，《国家战略》的确直接抓住了目标这个问题。遗憾的是，《国家战略》给出的目标是含糊的，甚至是自相矛盾的。在所有观察家和专家看来，第一个目标——阻止恐怖袭击——是无法实现的。尽管《国家战略》提到了自己和《打击恐怖主义国家战略》的关联，但没有迹象表明后者会影响前者的目标或功能特征。《国家战略》的目标也与《国家安全战略》中的目标没有联系。《国家安全战略》指出，美国不能坐等袭击成为现实——暗指严重威胁可能会招致先发制人的行动。我们依然不清楚的是，作为国家安全战略的一个目标，先发制人能在何种程度上满足《国土安全国家战略》的防范要求。

减少美国易遭受恐怖袭击的弱点，这一目标就某种意义而言简单明了，也是以常识为基础的。它是所有研究和分析一贯的主题。不过，如此陈述目标一点儿都不正确。我们的目标不只是根据某些理论上的衡量标准将脆弱程度由绝对脆弱降至坚不可摧。妥当地说，我们的目标是在将对美国人生活方式的干扰降到最低的前提下获得最大限度的保障。《国家战略》承认，这一目标是在安全躲过袭击和维护美国人的生活方式间寻求平衡，要做到这一点没有现成公式，因而要靠政府官员来界定。因此，它不是个有意义的目标，因为它要不断经历修正，而这种修正似乎建立在——至少是部分，也可能是完全——政府官员的政治判断上。

最后，《国家战略》的第3个目标，将损失和恢复时间降至最低限度也和这之前和这之后的研究分析的大方向是一致的。不过，在这一点上，难的是拟定可行的和可衡量的目标。例如，要将发生在城市环境下的一场核攻击的损失降至最低限度并加快恢复速度，所需付出的努力多半超出了美国愿意在和平时期为此类概率较低/严重性较高的事件投入的资源。至于概率较高/严重性较低的事件，不清楚把减轻破坏作为全国性目标能实现何种战略目的。换句话说，最有可能发生的恐怖事件的破坏性大体不会上升到需作出战略应对的程度。那些确实上升到这种程度的事件破坏之大，即使提前计划，我们也对随之而来的破坏几乎束手无策。

那么，国土安全充其量只是一个减少或消除威胁的更广泛的大战略的子集。《国土安全国家战略》必须反映出进攻行动的极限并弥补《打击恐怖主义国家战略》的不足。国土安全永远谈不上战略目标。安东尼·科德斯曼——他不是唯一这么认为的人——对于我们能否明确定义国土安全战略的目标持悲观看法：

> 不能从消灭恐怖主义或清除风险的角度来定义成功。必须用有限得多的词汇来定义这场战争。它包括将恐怖主义威胁降至可接受的水平——尽管新的袭击仍有可

能发生，我们很可能看到更多、更严重的悲剧，但已能继续生活的水平。

定义保护国土安全的有效方式：手段和效力衡量手段

在讨论落实一项国土安全战略的手段时，吉尔摩委员会的第 2 份报告强调了结果和手段之间的关系。“确定重点对任何战略都很重要，但确定重点需要有明确的、立足结果的目标。对目标有一定的意识，才有可能条理分明地确定重点和为政策开出一套妥当的药方。”该报告随后承认，它提出的计划和活动建议都是在缺少一项战略的情形下想出来的。

大的趋势是把手段和方法放在战略之前，吉尔摩委员会的第 2 份报告也不例外。在发布《国家战略》前，探讨国土安全必要性的政府研究和私人分析通常都会提供巩固国土安全需要采取的措施的长长的名单。吉尔摩委员会的第 2 份报告为我们提供了长达 22 页的详细的行动建议。传统基金会的国土安全工作组的一份报告提出了 25 个应优先考虑的重要措施，这份报告试图从回顾现有研究出发，确定联邦政府为满足“9・11”事件带来的新安全要求需采取的行动。

《国家战略》确认的倡议不少于 80 个——有的涉及计划，其他的则涉及组织、程序或法律。上述倡议中的 43 个支持之前提到的 6 个任务领域，相应的，这 6 个任务领域又支撑着《国家战略》定义的 3 个战略目标。其他 37 个倡议撑起了“横跨所有任务领域，各级政府和社会各领域的”国土安全的 4 个基础。此外，小布什政府根据一项成本一收益的内部评估确定了 2003 财年的 4 个重点投资领域，还建议 2004 财年再投资 9 个重点领域。反恐专家理查德・福尔肯拉思早在“9・11”事件前就撰文谈到了美国的国内准备计划，他在文中就试图降低整个美国社会的软弱度的这一新手段的激进性质发表了评论。福尔肯拉思在《国家战略》发表后变得更适用的一番评论中宣称，“这一行动表面上与美国 20 世纪五六十年代的民防计划类似，但其规模和复杂度是无与伦比的”。

在缺乏明确的战略目标和冲突理论的情况下，几乎不可能对不同的倡议和投资重点进行合理的解释和协调。事实上，已确定的 2003 财年的 4 个投资重点关注的不是《国家战略》的第一个重点——防范恐怖袭击——而是保护和响应措施。尽管上述领域很可能是当前的效果和理想的行动能力差距最大的领域，但没有清晰的战略和评估方法，就不可能对它们的优先等级作出这样的判断，也不可能评估对 3 个国家目标进行投资的建议的重要意义。

布鲁金斯学会的两份国土安全报告《保护美国国土：一项初步评估》和《评估国土安全部》给出了一个替代方案。上述研究主张采用的战略比小布什政府或其他许多大型委员会和分析提出的战略重点更突出。布鲁金斯学会的战略阐明了两个目标：首先，保护国家边境和交通网络的安全，其次，保护重要的基础设施。要实现上述两个战略目标，需要加大收集、分析和传播情报的力度。根据布鲁金斯学会的研究给出的定义，《国家战略》确定的 6 个任务领域中的 4 个不会被纳入一项国家战略的组成要素。例如，布鲁金斯学会的两个研究都表示，尽管应额外进行投资来防御大规模杀伤性武器袭击，但这一领域不应成为国土安全战略的一部分。对于如何应对灾难性恐怖主义，国家安全和反恐人士的圈子里依然存在分歧。

手　段

国土安全的行动重点基本可以分为 3 类：屏障的建立和交通安全；侵入、侦察和应对；后果管理。情报的影响遍及上述 3 个领域，是前两者的主要支柱。情报本身并不是一个独立发挥功用的领域，它是实现战略目标的手段。

屏障的建立和交通注重保护美国的边境和进出美国国土的渠道。要为保护国土提供有用的助力，屏障系统必须具备控制进出屏障的活动，侦察和阻断恐怖分子越过屏障的行动的合理能力。一个成功的屏障系统必须一方面能控制、侦察和阻断，一方面只让货物、人——在网络安全的情境下，还要加上信息——的流动付出最低限度的时间和金钱代价。交通安全注重阻止恐怖分子使用或控制重要的交通系统——具体而言，即空中、海上和地面移动方式。

《国家战略》和诸多国土安全研究确定了屏障系统的组成要素。它包含一个识别和追踪试图进出这个国家的人的系统。它还包括一个监控货物和交通系统，特别是能侦测大规模杀伤性武器的系统和适当的技术。最后，它还包括保护各种交通方式，防干扰、破坏或劫持的手段。

应当指出的重要一点是：落实建立和管理屏障的计划的体系已经就位了。本章援引的《国家战略》和各种研究大体上满足于维持“9・11”事件前的机制，这些机制包括：移民和归化局、边防巡逻队、海关总署、动植物卫生检验局、国务院签证项目和海岸警卫队。尽管国土安全规划深深依赖情报和监视技术的升级，但这个国家几十年，甚至几个世纪以来，赖以保护边境和交通网络的手段和组织正是落实屏障建立战略所依赖的那些。有点儿讽刺且令人不安的是，尽管大幅增加了人力和资源投入，但我们在缉毒战中使用的效果甚微的手段和我们用来对付恐怖分子渗入美国边境这一更棘手，更难以捉摸的威胁的手段如出一辙。戴维·卡尔说：

反恐是终极的零容忍事件。然而我们在缉毒战中使用的那批联邦资产——海岸警卫队、美国海关、移民和归化局、边防巡逻队、中央情报局、联邦调查局和毒品管制局——正是这场新战争中的第一道和最后一道防线。

我们对建立一个有效的屏障系统没有绝对的把握——不让国家和全球经济付出绝对无法承受的代价的话绝对不行。每年约有 700 万人、20 万艘船、570 万个货物集装箱和 1 亿辆轿车和卡车进入美国。1. 3 万架商用飞机在 450 座大型机场起降；据信私人航班的数量是这一数字的 10 倍。如何制定可靠的签证计划已经讨论了很多年，但建立这样一个体系的行动慢得让人心痛。

监视上述个体的流动情况，检验或核查货物和车辆，追踪跨境人员，光是这一点的难度就有可能让任何建立有效屏障的合理行动无功而返。我们眼前没有能对车辆、飞机和货物集装箱提供有效的远程监控的技术解决方案。从物流和实际操作的角度看，不可能每个集装箱、每辆车都检查。进入这个国家或搬运致命物品等违禁品的方法太多了。发现和拦截的可能性极低，若战略一定要像卡尔指出的那样要求零容忍的话，这种情况是无法让人满意的。在人力和预算上付出高昂代价才能勉强为美国的航空公司和机场加强安保。最终，有效的屏障控制和交通保障不太可能成为保护国土安全的重要手段。

如果没可能建立一个坚实的入境屏障，那么有可能发现国内的恐怖分子，确定他们的方位，消灭他们吗?《国家战略》描述这种手段的术语是国内反恐。它涵盖联邦调查局、中央情报局、财政部及其他政府机构扩大了范围的情报收集活动；机构、部门和各级政府间的信息共享；地方执法能力的增强。国土安全研究主张，以更多更好的信息武装各级执法机构就能大幅提升发现并消灭恐怖威胁的能力。

要让国内执法成为落实国土安全战略的重要工具，除加大情报分享力度，增加响应通信，优化移民和归化局档案等大数据库的管理外，几乎没有太多积极措施。更“肆无忌惮地”追捕疑似恐怖分子，加大监视美国公众的力度，会导致国土安全行动变得离危及基本的公民自由只有一步之遥。

或许更重要的是，执法活动天生就具有守旧、被动反应的特征。因此，我们不能指望它会成为阻止恐怖袭击的高效工具。即使情报方面有了大幅改善，国内执法活动的失败率也高到不能提供充分的安全保障。过去几十年侦查和应对有组织犯罪和毒品走私活动的经验表明，侦查系统漏掉的罪犯太多了。执法机构在缉毒行动中的失败率表明，侵入、侦查和消灭，这一套不能成为落实国土安全战略的核心手段。

第三个“篮子”中保障国土安全的手段可以归入结果管理这一大类。这一分组包含《国家战略》确定的3个任务领域：保护关键基础设施和重要资产，防御灾难性恐怖主义，应急和响应。一些观察家认为，提高结果管理水平不仅能削弱恐怖袭击的影响，还能提升威慑力，达到用此类措施阻挠恐怖分子实现攻击目标的效果。保护关键基础设施和重要资产涉及在攻击中保护具备重要功能或提供重要服务——比如电力、水、食品和通信/网络空间——或天生就很危险，可能成为灾难性恐怖主义的来源（比如化学品处理设施和核电站）的一大批产业和政府设施。本质上，这种资产保护活动是抢先进行结果管理的一种形式。防御灾难性恐怖主义需要结合使用以下手段：预先侦查运输中或使用前的大规模杀伤性武器，通过早发现——如果是生物袭击的话，就要动用预防手段了——来降低使用大规模杀伤性武器的影响。最后一类，应急和响应的目标是一旦发生袭击——不管是何种形式的袭击——提高减损效果和恢复速度。

我们无疑可以采取一些措施加强重要基础设施的安保工作，提高侦测大规模杀伤性武器的几率，提高应对各色恐怖袭击的反应能力。创建全国性的健康状况监测系统，或是为应急人员提供救援设备，大家提出的诸如此类的许多办法除后果管理外还有利于其他国家利益的实现。不过，作为一项保护国土安全的战略计划中的一个重要手段或工具，后果管理不得不禁止人出入——或影响——恐怖分子盯上的一大部分国土。极为迅速和全面的减损措施，包括发生生物恐怖袭击时采取的医疗预防手段，也能发挥类似效用。

不过，有两个因素导致后果管理难以成为打击恐怖主义的有效手段。一是完全不可能为恐怖分子可能会选择攻击的各色目标提供足够的保护。就连找到权威数据确定重要设施和资产的数目都是难事，更别提评估它们有多脆弱了。美国有100多座核电站，300座炼油厂、450座大型机场、1万座公路和铁路桥和漫长的输电线和天然气管道。生产或使用危险物质的工厂成百上千，其中大多数掌握在私人手中。对于上述各种重要行业或每个系统内的单个要素的相对重要性，没有公开的大型分析报告可用。因此，很难想象如何才能制定或落实一项保护重要基础设施的计划以实现国土安全战略的目标。兰德公司一份关注网络安全的报告评论道：

> 没有强化美国或全球的重要信息基础设施——往广了说，包括电力等建立在信息基础设施基础上的重要基础设施——的安保的简单“杀招”。我们仍不太确定关键部门有多脆弱，一次大型战略袭击的影响会有多广，针对这场攻击的各种应对措施——比如应急措施和重组——的效果有多大。

人们对基础设施保护和后果管理的要求所做的每份评估都会强调必需依赖地方政府和私营部门的资源和人力。这么做的原因之一是，一大部分重要基础设施属私人所有，而这些设施的安保迄今为止一直是企业的责任。此外，应急人员必然要从全国各地千千万万消防、执法和警察部门中抽调。

这或许不是能强派给地方，甚至州政府的任务。许多消防和警察部门相对较小，几乎没什么时间或资源投入额外的任务和训练，而要成为高效的应急人员需要完成上述任务和训练。若干分析表示，很难让上述政府机构为准备好应对它们眼中的低概率事件投入必要的时间和资源。

第二个因素是人们最害怕的恐怖威胁——动用大规模杀伤性武器，具体而言就是生物武器或核武器的恐怖威胁——的影响规模。简单地说，一次大型的生物事件或核事件几乎肯定会摧毁任何试图提高物或人抵御此类攻击的能力，或减轻其影响的努力。模拟美国遭遇小型天花袭击的“暗冬”演习表明，形势会迅速发展到各州和国家领导人的危机管理能力应付不了的程度。一旦美国农业遭遇生物袭击，问题会更加严重。尽管单次核爆，即便是发生在大城市，也不会摧毁整个国家，但很难想象这样的事件不会压垮地方的损失控制和补救能力。在培训和资源不足的情况下，大概不可能引导应急人员采取有可能减损的理想行动。

有些分析主张，灾难性恐怖主义的威胁，尤其是使用大规模杀伤性武器的情况，让传统的，甚至是当前保护国土安全的手段失去了效用。这些研究主张，不仅是国土安全组织和机构，连联邦政府的结构，甚至是联邦、州和地方政府的法律权利和责任都应发生彻底转变。

也许最让人苦恼的是缺少能评估大家提出的实现声明目标的国土安全手段的实用性的有用效力衡量手段。美国总审计长戴维·沃克在向国会作证时指出，缺少适用于国土安全计划的效力衡量手段。

国会早就意识到有必要客观地评估联邦计划的成果。不过，就美国的国土安全计划而言，我们尚未看到合适的表现衡量手段或评估结果的成果出现。

结　语

绝大部分专家认为，恐怖主义并非都能防患于未然。遗憾的是，我们没有“打赢这场战争”或让国土100％安全的方法。定义界限何在可以确定一项战略的效果能有多好。现有的研究和分析界定了战略在各种领域中所能达到的效果的限度。大体的结论是，不可能制定一项有效的国土安全战略——至少，不真的让这个国家处于战时状态的话是不行的。几乎不可能建立每天彻底监视和控制美国边境或跨境交通的体系。尽管改进情报收集和信息共享制度可以提升国内治安水平，但国土安全这一领域基本上要受法律和实践上的考量约束。最后，只有在恐怖分子选择只攻击现成目标中有限的一小部分且不使用可能造成灾难性伤害的武器或手段的情况下，保护重要目标和控制损失的行动才有可能生效。

大规模杀伤性武器的威胁是任何国土安全战略面临的难以逾越的挑战。此类武器运输和部署起来并不费事，这意味着事前侦测和使其失效的计划多半无法大获成功。使用此类武器多半也能压垮减损和恢复措施。

这些结论引领我们发现国土安全的第三重更重要的意义。大规模杀伤性武器对美国国土构成的威胁需要我们制定与小布什政府和前述备受推崇的研究提出的建议截然不同的战略。大规模杀伤性武器的威胁必然推动战略发展。今后，技术上的进步有望使以下情景成真：在一定距离外侦测到数量相对有限的核材料，从而为建立屏障系统奠定基础。不过，此类技术将无法侦测生物制剂。而且，“巧妙利用”生物制剂的可能性会变得很大，将对任何控制损失和展开修复的计划的效力构成挑战。

唯一有可能在保护国土安全方面发挥效用的战略是强调进攻甚至先发制人的战略。这一应对措施必须有广泛的基础。它必须包含把说服朋友、恐吓敌人和剥夺恐怖活动合法性作为政策手段或战争工具的政治战略。必须像一个半世纪前诅咒奴隶贩子那样诅咒践行恐怖主义的人。最后，必须通过二战以来杀伤力最大的秘密行动来追捕和消灭恐怖分子。

防御措施，比如《国土安全国家战略》建议的那些，多半将消耗大量资源，而消耗这些资源即便能强化安全，效果也十分有限。在国土安全的背景下，对情报收集、分析和分发进行投资或许能发挥一定效用，即使情报收集活动的重心是为了支持进攻行动。在积极的进攻型反恐运动的背景下，对当前国土安全计划进行适度改进以填补明显的缺口和优化日常表现，这或许能带来较高的安全等级，至少是在面临大规模杀伤性武器威胁时。说直白点儿，已为国土安全投入或建议投入的庞大资源将被浪费掉。

结语：实现有效反恐大战略

奥德丽·库尔思·克罗宁（Audrey Kurth Cronin）

国际恐怖分子对美国和盟国利益的威胁在 2001 年 9 月 11 日得以戏剧性地证明，但人们仍未制定有效的大战略予以回应。本书认为，国际恐怖主义的演化对全球安全造成严重影响，随之发生了一些根本性的变化，但仍没有可以应对的多层次、平衡的最佳战略政策。这些变化已经发生了一段时间：9 月 11 日发生的悲惨事件只是当今传统官僚体系落后这一长期趋势的显现。制定一个打击类似恐怖主义的非国家性威胁是具有挑战性的，然而，有意识地整合美国和西方国家的资源、统一态度的方案仍是以不平衡、常常相互矛盾，甚至适得其反的方式使用政策工具。如果说军事事务发生了一场革命，那么带动革命的不是美国的军事优势，而是一个隐蔽、扩散性的非国家联盟。战术似乎要超越技术。美国有一个长期的大战略——一种继续保持“9·11”事件前强调单边主义行动、军事工具和国家目标的态度。但现有的方法不会成功，因为它面对的是一个可以在美国国土造成 3000 多名无辜民众死亡的非国家势力，而这股势力还威胁着在国内外杀害更多的人。

本书的撰稿人分析了 20 世纪恐怖主义威胁的性质，并提出了一系列的应对方案。所有这些对决策者意味着什么呢？本书提出的各种方案如何整合为一个连贯的整体？美国和其盟友不能仅仅更加兼顾一切——那不是一项战略，而是一大张清单。美国必须有所取舍。

本结语的目的是强调前面几章的一些主题，把它们融合在一起，并创立一个新的合成体，努力创建一个更有效、更平衡的国际反恐大战略。要做到这一点，笔者首先回顾了恐怖分子的威胁不断演变的性质，然后总结了在国际体系内与该威胁相关的主要变化，最后提出了最有可能构建灵活、长期、有效的大战略。换句话说，笔者通过总结本书其他章节的成果，尝试回答下列问题：什么是恐怖威胁？它的国际背景是什么？美国和其盟友应当做些什么？

什么是恐怖威胁？恐怖主义、恐怖分子和“基地”组织

制定任何有效战略的第一步是决定谁是敌人或什么是敌人。把当前行动称为“反恐战争”的根本问题之一是，它意味着美国和其盟友可以在全世界与这种策略的各种形式作战。所有恐怖主义都是错误的，必须受到谴责的；这是一个通过冲击效应获得力量的恐怖策略。但有时，这种卑鄙的策略不一定代表本身不公正的事业——例如，南非种族隔离制度的结束，犹太国家的建立和我们独立祖国的成立。美国和其盟友把这种策略作为敌人犯了两个严重的错误：首先，他们建立了一项极其雄心勃勃，因而难以实现的战略目标；第二，他们把自己置于充满政治和道德矛盾的地方仇恨中。

战略就是实现目标的手段。手段是有限的，而且并不是所有恐怖主义都对美国和盟国的利益有同样威胁。人们不可避免地要作出选择，让政策看上去难免虚伪。打着联合国的幌子、把恐怖主义作为一种现象来打击是一回事，把这样的目标作为国家政策是另一回事。此外，在发动反恐战争时，美国和其盟国可能会表现得像承认某些地区现状——在那里，某个国家的不公正制度也许比非国家的恐怖主义造成的威胁更严重。

一个没有恐怖主义的世界的确是一个美妙的地方，但这是不现实的。正如大卫·拉波波特所述（第 2 章）：“恐怖主义之祸已贯穿整个现代史甚至现代史开始前的几个世纪。人们会想起《凯洛格－白里安协议》：第一次世界大战中沉痛的巨大损失令欧洲列强决心取缔战争。不幸的是，这一崇高目标反倒助推了即将到来的第二次世界大战——从伤亡人数上来说甚至比第一次世界大战更可怕（特别是平民伤亡）。”相信可以完全消除恐怖主义是愚蠢的，如果我们真的努力完全消除恐怖主义，就会令面对共同敌人的分散恐怖组织联合起来。分而治之是一种历史悠久的方法：对不同的恐怖集团区别对待，针对每个恐怖主义集团的行为和弱点反击。恐怖主义的行为总是邪恶的，但要成功消除恐怖主义的能力或从事恐怖主义的意愿仍因组织而异。正如玛莎·克伦肖指出（第 3 章）的那样，大战略并不意味着对所有情

况和所有组织采用同样的办法。有所区别、有所变化的方法才是必要的。

在当前的行动中是可以区分不同类型的恐怖主义的。美国和其盟国的目标应该是打击拉波波特所谓的“第四波恐怖主义”——即伊朗1979年革命引发、随苏联侵略阿富汗的抵抗行动而延续的恐怖主义浪潮，这股浪潮显然也与当今的“基地”组织和同伙有关。这种类型的恐怖主义的直接目标是美国和其盟友，他们寻求大规模毁灭性武器，控制大量的资源，我们必须严阵以待。它是今天世界各地恐怖活动的一种，当今的恐怖主义包括各类的国家种族、分离主义、左翼和右翼组织等。当然，大部分这些团体的活动也很卑鄙，必须受到谴责；不过，它们与“基地”组织并无明确联系，因而并未对西方、美国甚至当前国家体系形成直接威胁。规划战略意味着选择集中资源的目标。在第四次恐怖主义浪潮下的“基地”组织和相关团体袭击美国本土，是最危险的持续威胁，应进行针对性的回击。

当前威胁的根源在阿富汗境内反对苏联的“圣战”，这是一种全球化的恐怖主义新威胁。拉波波特和希恩（第4章）指出，“基地”组织和此前的恐怖主义组织不同，它从全球各地招募成员，而且以个人、不是以组织单位进行训练。数千名来自阿尔及利亚、埃及、巴基斯坦、也门、沙特阿拉伯和其他国家的“圣战者”一起在阿富汗进行训练，他们最初反对的是苏联在该国的军事存在，后来反对美国在该地区的军事存在。其结果是一场直接针对美国和其盟友的国际性运动——有时被称为“国际圣战”。该组织的目的是无法谈判协商的——这是有别于同时期一些恐怖组织，尤其是许多国家种族/分离主义团体的另一方面。“基地”组织的根本信念之一是：他们当年的狂热行动迫使苏联从阿富汗撤军，并最终直接导致了苏联作为一个国家的解体，这股狂热最终也会对美国产生同样的结果。从美国的角度来看，这一目标是几乎是不予协商的。“基地”组织试图与其他地方性的伊斯兰激进组织创建联系，而且事实证明它们在与当地组织目标结合、赢得同盟方面做得相当成功，尤其是自“9·11”事件以来。其他组织如接受并实施“基地”组织激进议程也必须作为美国的打击对象。

美国领导的在阿富汗的行动消灭了“基地”组织训练营，切断了他们吸收新战士的途径：但是，这一组织的威胁并没有被消除，数千名受过训练的“基地”组织成员现已分散在该地区，从一定程度上说，也已分散在全世界。西方国家现在面临着一个更加分散的敌人，在某些情况下他们就潜伏在我们自己的社区中——这也给“国家赞助的恐怖主义”和“窝藏恐怖分子”的概念一个全新的解释。现在，“基地”组织有更多半自治的基层单位，他们可以自主行事。虽然到目前为止，他们发动的袭击不如“9·11”事件的破坏性大（尽管在巴厘岛令200余人、大多数是年轻游客死亡的袭击事件也是一次大范围的悲剧），但无论过去还是现在，他们的袭击模式都让人们对未来的保障没有信心。“基地”组织可能会受到削弱，但目前就预言这一过渡时期的结果还为时过早。2002年11月在肯尼亚的袭击证明他们有能力同时发动恐怖袭击，而2003年5月在沙特阿拉伯的袭击则可能涉及“基地”组织的继任领导人。这在国际恐怖主义的历史上都是不寻常和致命的。

这不是一个以国家为中心的威胁。尽管如此，正如玛莎·克伦肖所指出的，美国仍依赖以国家为中心的方式组织反击。例如，虽然萨达姆治下的伊拉克是一个极其危险的国家，统治政权十分卑鄙，但它不是当前恐怖威胁的主导来源。“基地”组织可能在伊拉克国土上有行动，但这一组织绝不依赖伊拉克获得致命的影响力。大规模毁灭性武器可以通过黑市交易渠道购买，这无关伊拉克政权。事实上，对像“基地”组织这样资源丰富的恐怖组织来说，国家赞助并非必要，特别是在化学和生物武器方面。从第四波恐怖分子的观点来看，随美国占领伊拉克领土，会有更多心怀不满的人愿意加入恐怖组织，也让美国在该地区易受打击的目标急剧增加。虽然军事行动极为顺利，但新的伊拉克充斥着分裂因素，需要大力开展冲突后的稳定工作。我们还有其他种种合理原因侵略萨达姆的伊拉克，但是从反恐角度来看，它现在为“基地”组织及相关的团体提供了完美的利用机会。

我们的问题并不是萨达姆治下的伊拉克之类的国家是否危险（它们当然危险），而是什么更危险。我们应对非国家威胁的工具有多么成熟？恐怖主义威胁着美国和西方国家，而我们用来打击并不控制着这些恐怖组织的国家，成本和收益各有几何？至于大规模毁灭性武器在某些国家扩散是否比国际恐怖主义的威胁更加直接和严重是一个重要的选择。这种估计可能是正确的，特别是当人们考虑到某些国家会以大规模毁灭性武器发动攻击的潜在灾难性影响时。但由于没有令人信服的理由说明为什么这些新的扩散者要冒着国家存亡的风险去做本·拉登的核武掮客，因而除了可以作为政治资本发动战争，并且让伊朗和朝鲜等国越发愿意扩大与非国家恐怖组织的现有联系，这与“9·11”事件没有任何关系。从第四波国际恐怖主义的角度分析，这是极其危险的前景。恐怖主义与反恐是互动的现象：像任何复杂的敌人一样，所谓的“国际圣战者”也在根据美国的行动调整其方式和方法。

我们目前应对恐怖威胁的工具极为不成熟、不协调，使用传统方式军事打击伊拉克和其他国家也并不能创造出这种工具。原谅笔者在此重复一句俗语，即马克·吐温曾打趣说过的：“手里拿锤子的人看到什么都像钉子。”我们需要更广泛的工具专门针对直接攻击最直接和最不可控制的威胁：“基地”组织和其相关的团体。

背景是什么？国际恐怖主义体系如何演变

不断变化的恐怖威胁是自20世纪后期以来国际体系更为重要的构造变化的部分反映。其中三个方面的发展尤其显著，而且在整本书中一直提及：反世俗意识形态的影响不断增加，国家传统政策工具相对于其他因素的式微，以及导致国家政策失败的条件更加增长。

首先，大卫·拉波波特充分阐述了理念或意识形态在催生恐怖主义“浪潮”方面的作用。思想的作用对理解国际恐怖主义的发展起着至关重要的作用。拉波波特认为，第一波恐怖主义浪潮是被民主改革推动的，第二波是民族自决原则，第三波是对现有体系不充分民主的信念。他所谓的恐怖主义第四波浪潮——也是美国和西方大国最应该关注的——是被反世俗的意识形态，尤其是激进的伊斯兰原教旨主义理念激发的。这一波恐怖主义浪潮的一致主旨是渴望回归（或建立）真正纯粹的伊斯兰实体（也许是一个哈里发国），根除人们普遍奉行的政教分离理念，甚至把政教分离看作一种邪恶的制度。

这种有关政府的理念是一个重要的发展，不仅是因为伊斯兰世界是西方国家的敌人，还因为另外两个原因：第一，一些激发这种恐怖主义的理念——尤其它所提及的伊斯兰教更早、更理想的时代——对大量宗教信徒在精神和文化层面是有吸引力的。第二，这种恐怖主义的愿景是与当前国际上的国家系统不可调和的。虽然以前的“浪潮”显然不符合特定的国家或政府的利益，对受害者来说是一个可怕的惨剧，但它们从抽象意义上来说是符合和平国家根本特点的。第四次恐怖主义浪潮是对后启蒙时代世俗国家社会这一体系本身的根本性挑战。这种发展是重要的，令人警醒的。

在某种程度上说，思想的作用一直比国家的传统权力更强。当我们提到民主等具有吸引力的理念时，这通常是一个有利条件，但如果这个世俗的现代国家本身的基本性质就被认为是邪恶的，那么民主等理念便失去了吸引力。在这样的情况下，卡恩斯·洛德提出的看法——以心理政治方法削弱并最终消灭伊斯兰极端势力（第9章）——是极其重要，也是极其困难的。美国习惯以摩尼教般非黑即白的观点考虑民主和非民主国家。但这一范式的转变在许多方面追溯到人类历史上更早的时代：这种二分法是建立在神权和世俗体制之间的。美国参与了广泛的文化镜像活动：我们并不了解敌人眼中我们的辩论和观点是怎样的。这不是冷战，这不仅是在民主与不民主的国家之间的斗争。

第二，在当前的国际体系内，国家的相对实力和影响力与其他非主权实体相比有所减弱。这种认识很难说是新闻。人们对全球化带来的经济和政治影响大肆宣传，但在安全领域对全球化的影响则研究和估计不足。关于国际恐怖主义的情况尤其如此。正如帕特里克·克罗宁指出（第10章），20世纪美国对发展中世界的大多数援助来自公共部门，而今天美国流向发展中世界超过五分之三的资金是由私营部门控制着的。贸易流通是发挥影响的重要手段——不只是因为它们超过了官方的发展援助，也因为它们会到达很少接受援助的伊斯兰世界。从传统国家政府的观点来看，这种影响在很大程度上是随意的，没有针对性的。

这个问题不仅是经济问题，传统上除使用武力外的其他方案如经济制裁等比以往更难实施，因为国家的控制越来越少，而且这种影响往往不利于反恐。例如，对朝鲜的经济制裁不一定能减少金正日政府与控制着大量金融资源的国际恐怖主义组织合作的意愿。当涉及恐怖主义时，经济工具经常有悖安全利益，但人们在整顿、整合这两方面关系的工作却极少。

大肆吹嘘的国际信息革命也对恐怖主义的策略产生了重要影响，但不是通常提及的原因。事实证明，网络恐怖主义的威胁主要是它的经济影响——恐怖集团接管空中交通控制系统或侵入敏感防御系统的可怕情形从未发生过。相反，恐怖分子像许多合法国际性实体那样高效利用互联网：把互联网作为几乎匿名交流的便捷途径，用来招募成员、收取费用、逃避国家控制、协调行动等。全球化的国际恐怖主义是对国家权力的严重挑战，这是几十年来一直在国际系统发生的广泛变化的一种表现。

第三，这些削弱国家传统权力的变化不仅是自上而下的（来自国际层面），而且也是自下而上（从次国家层面）。20 世纪最后十年我们充分见证了许多国家解体，变为互相交战的民族团体，而这样的暴力仍在继续。所谓的“失败国家”和“无主土地”为恐怖组织提供了一个完美的环境，可以提供主权保护（通常是在运转糟糕的国家）以及在无管理国家非控制领土上迁移和行动的自由。林赛·克拉特巴克指出（第 6 章），现在越来越难以区分恐怖主义和犯罪行为，因为如盗窃、诈骗、毒品走私、洗钱和金融犯罪等在相互联系、能够自我维持的恐怖网络中司空见惯。此外，在这些情况下也很难把恐怖组织和犯罪团伙抽离，因为虽然实际上恐怖集团并不在国家的控制下，但他们可以躲在国家主权背后行事。从一个恐怖主义集团的角度来看，这是两全其美的做法。如果有关国家几乎没有可靠能力进行自我管理，那么对其领土上发生的事件追究国家责任这一传统政策几乎就是毫无意义的。

甚至运转良好的国家也会受到 21 世纪恐怖主义的挑战。后工业时代国家的僵化官僚机构难以适应精妙的反恐行动。在美国，财政专项拨款、政治限制、福利计划、官僚惰性和许多其他因素一道限制了决策的灵活性。这些民主的手段固然优于任何替代方案，但它们很难构建有效的反恐回应，尤其是长期反恐政策。现代国家的传统安全策略——如威慑、惩罚和先行出击等——都因需要敌人是有形可见、可以毁灭这一事实而变得难以实施。蒂姆·霍伊特指出（第 7 章），恐怖分子避免在固定的时间和空间内被限制，他们很少大规模集合，根据恐怖分子的定义，他们通过出其不意的行动维持着主动权。他们不存在行动层面的战争，但大部分军事组织正是致力于行动层面。霍伊特认为，恐怖主义“经常缺乏军事重心”。因而这同样令后工业化时代的国家以他们为目标行使传统政策工具。

美国和其盟友应该做什么？创建有效的大战略

有效的大战略不仅期望从战争迈向和平，显然这种远见对于“反恐战争”是必要的。本书的撰稿者已经讨论了一系列在打击国际恐怖主义运动中有意义、有说服力的政策工具。大战略不只是为了全面加码，这是不现实的，也会自我挫败，因为它会导致无穷无尽地消耗所有国家资源。以我们希望保护的珍贵资源打击恐怖主义是愚蠢的。大战略关乎的是选择：选择可达到的目标，把它置于其他竞争且几乎同样重要的目标之上，而且在实现这一目标的政策方案中作出选择。例如，与大规模毁灭性武器的扩散国作战是我们的目标吗？还是减少美国和其盟友的国际恐怖威胁是我们的目标？这些问题是有相关性的（特别是在长远来看），但他们也是不一样的——除非你假设所有武器扩散者都不存在交易或出售大规模毁灭性武器的困难。即使没有“确凿证据”，大规模毁灭性武器扩散的威胁也已足够让人们真正就如何用现实方式追求反恐及防扩散的目标进行讨论。当前尝试假装两者几乎一致是非战略性的、自欺欺人、自我挫败的。

如果美国和盟友的主要目标是国际恐怖主义——本书认为如此——那么美国必须进行三个首要的事情：第一，整合国内和国家间的反恐政策；第二，在各层级使用网络反恐工具；第三，更有效地平衡反恐的工具。

整合

首先，本书的许多撰稿者都主张更有效地整合反恐的工具。正如麦克·希恩指出（第4章），外交是全面、长期的国际反恐战略的基石。它是保证美国及其盟国关注国际恐怖主义的威胁的工具，也可以借此充分利用合作伙伴的资源，他们能更好地分析和跟踪本地组织。希恩认为，真正的整合是多方面地结合法律、金融、经济、执法、情报和其他措施。恐怖主义最终是一种政治行为，它必须以综合的政治反应来应对。甚至有效的政治策略也并不能消除所有的恐怖袭击。然而，反恐的历史表明，对恐怖集团不均衡或单一的回应——例如仅适用执法或军事力量——从长远来看几乎总是失败的。与此相对，军事和政治战略必须是同一硬币的两面——如采取军事行动推翻一个支持恐怖主义的政权后，必须进行充分和长期的发展。美国的海外政治战略严重不足，人们倾向于更多地依赖军事和经济的手段来施加影响。而本书的撰稿者表明，这种做法在反恐行动中是非常不明智的。

在美国，反恐工具的整合仍处在一种非常原始的状态。不同机构的职能极大重叠，正如希恩所说，中央情报局、联邦调查局和国防部门都有巨额的“对外援助”预算——其数额远远高于美国国务院的对外援助预算。这些机构在反恐行动中经常对立；例如，中央情报局打算与当地合作收集情报，这可能与军方不顾当地反对建立行动基地的打算相悖。目前，特别是在涉及反恐的情况下，我们没有一贯性的有效机制能预先考虑到这些冲突，并确定更广泛的国家利益。在其他情况下，机构间信息分享有疏漏是可以允许的，如一个机构未能有效地与另一机构沟通：联邦调查局和中央情报局尽管有广泛的合作，但他们没有进行有效的沟通并跟踪驾驶飞机撞向世贸中心的两名恐怖分子便是一个常被引用的例子。

整合的主题在本书中反复出现。在情报领域，整合是成功反恐的核心。正如保罗·皮勒所说（第5章），反恐可以说是情报活动中最依赖于外国合作才能取得成功的领域。虽然技术手段是有用的，但如果没有当地关于恐怖分子行动、同伙、习惯、联系人，甚至他们外貌的信息，人们是很难追踪到恐怖分子的。然而，国际合作超出了独立情报机构的能力，除非涉及有限的安排或具体案件。必须与外国政府在反恐行动中建立更有效的国家机制，彼此交换信息，并利用当地渠道了解恐怖分子的招募和行动。“第四波恐怖主义”是一个缘起当地的全球性问题，没有单独一个国家或国家内的一个机构可以成功打败恐怖主义。例如，要追踪可疑人员越境或审查偏远地区宗教慈善机构涉及的大量具体信息需要综合的国际情报工作，这是此前没有的情况。

同样，美国官僚机构内部也迫切需要整合。众议院和参议院联合情报委员会对“9·11”事件的调查得出的结论是，必须在情报界贯彻“联合作战”的概念，通过在中情局、联邦调查局和国家安全局等美国机构间组织联合职业特长、联合培训和联合演习等活动。联合调查最后建议，设立国家情报总监（内阁级）职位，并在国家情报委员会设立国家情报反恐专员职位。这些建议是通过整合综合提高美国情报机构有效性以及美国打击恐怖主义的国家战略有效性的极好例子。使用军事力量是另一个需要整合的领域。正如蒂姆·霍伊特所提到的（第7章），国防部不但要在各军种间联合行动，还要与其他机构合作才能在反恐中取得成功。

目前没有在特定国家政策上特别考虑反恐的有效机制。反恐可能在任何特定情况下确立为首要目标，当然它不会——也不应——在所有情况下都是首要任务。如果不更好地融合信息和政策工具，是不可能制定出打击恐怖主义的合理国家战略的。美国目前的行动是临时性的，这种方法永远不会渐渐消灭国际恐怖主义的。

整合的重要性不仅在于现有的官僚机构之间，也包括在与反恐相关的任务方面。心理政治学工具是一个很好的例子。正如卡恩斯·洛德所认为的，心理政治学工具分属于国务院、国防部、情报机构和其他很多机构。传统后工业时代官僚国家在这方面完全落败。这不是“调整”的问题的而是要了解这种强大的反美情绪根本文化、历史和政治渊源，并制定有针对性的政策改变这一切。美国甚至没有一大批可以讲当地语言的语言学家，更不要说能欣赏伊斯兰文化的微妙之处了。

缺乏整合的另一个表现方面是外国援助任务：正如帕特里克·克罗宁所指，迫切需要把安全政策融入外交战略，从而统一美国对阿拉伯地区的态度——阿拉伯地区是政治和经济上都不稳定的一片地区。零敲碎打的援助结果令人失望，甚至可以说是抹黑美国在阿拉伯世界印象的一个因素。在极其不安全、不稳定，甚至无法看到援助效果的地区，我们该如何有效地进行针对性的外国援助？阿富汗局势充分说明了这种两难境地：即使我们准备在伊拉克打响战争，阿富汗仍非常不稳定，反美组织发动力量来把美国部队从阿富汗东部和南部孤立的基地赶走。国际社会在阿富汗的用兵是成功的，但在提供援助和确保长期稳定方面仍远未成功。在本书付印之时，伊拉克冲突后的局势同样令人担忧。

网络

正如第四波恐怖主义组织已经变得更加灵活、分散而且有当地自决权——尤其是“基地”组织在阿富汗的训练行动结束后——所以美国和盟军对这种国际恐怖主义的应对也必须更加分散化。20 世纪 90 年代我们听到很多关于军事事务的所谓革命：例如说我们的技术能力将使我们可以通过网络化灵活部署发动战争，在这样的战争中，传感器、纳米技术和防区外武器将取代传统上两军对垒的战役。这些概念出炉适逢管理学理论大行其道——尤其是管理学理论对扁平化组织、信息网络化操作和个人赋权的强调。这种观点是 20 世纪最后几年的遗产，本·拉登也是那个时代的产物。国际恐怖主义的演变是对这些概念的偶然歪曲。

“基地”组织和相关组织因在阿富汗的反恐行动而受到削弱；但是，他们仍通过彼此间的网络关系以及与其他志同道合的组织和个人的联系保有力量。“国际圣战”已经演变成传统层级组织（受过专业训练的“基地”组织成员的领导）、特许分队（包括在东南亚地区的“拉斯卡尔圣战”和伊斯兰团等自发组织）、补给机构（为特定行动提供后勤或财政支持）和仓促受训上阵的个人（如在鞋中藏匿爆炸物的理查德·科尔文·里德和试图在1999年轰炸洛杉矶国际机场的艾哈迈德·雷萨姆）。一些团体解散后换用新名重组，把美国外国恐怖分子组织等笨重的正式官僚机构远远甩开。这种类型的多方面行动不能仅以传统层级制的官僚组织应战。

如果说有什么挑战可以充分暴露工业时代政府官僚机构的弱点和僵化，那这个挑战便是恐怖主义。“基地”组织从管理学理念学到了灵活性和权力分属，从全球化时代学到了实际工具，美国不能以冷战时期的策略打击“基地”组织。把我们的反应网络化并制定多层面的灵活组织意味着发展层级更少、更注重功能导向的体制。我们需要各机构之间更灵活的联系。那些参与反恐行动的机构应跨机构直接沟通，抹去官僚机构的界限、更大程度地依赖个人的素质和专业知识。

这种对灵活性的需要意味着必须大力加强我们的反恐训练。反恐专家目前只在本机构内受训。（美国甚至还不能对恐怖主义进行普遍定义，每个机构在措辞上投下自己的偏见）。所谓网络不过是独立的网络子系统或在边界和集装箱船上检测到威胁的海关官员。如何了解那个人的能力？他或她如何与其他需要知情的人士沟通？他或她有多少真正的威慑力？丹·古尔有关国土安全战略徒劳无益的观点（第11章）在此是有意义的：只有当国土安全的抽象目标作为更广泛大战略的子集时才是有意义的，而这样的大战略是以协调国内外反恐能力、发挥个人最大效用为基础的。恐怖袭击永远不会有尽头，然而，只有更明智、联系更密切的做法，通过调动更多的联邦、州和当地劳动力大军，利用全球化的时代的技术，并避免工业化官僚国家的过时态度，美国才可以逐渐在减少恐怖主义威胁方面有连续稳定的进展。在某种意义上，这是从19世纪官僚国家把权力最终下放回个人。

平衡

最后，有效打击国际恐怖主义的大战略应平衡在不同层面相互竞争的目标和要求，包括平衡相悖的政策工具、平衡矛盾的价值观、平衡权力的积极和消极形式。这种慎重的平衡可以说是最重要的特征。

平衡互相竞争的政策工具意味着意识到如本书提及的种种政策工具的收益递减

和种种矛盾。今天美国政策最明显的失衡表现为在反恐政策工具中过分重视使用常规军事力量。军事力量在“9·11”事件后的几个月至关重要，作为反恐的重要元素，尤其是维持（或者说实现）战后阿富汗的稳定和治安也依然重要。然而，无论提出哪种有关防止武器扩散的论点，都很难讲通以常规军事方式入侵伊拉克会直接有益于打击国际恐怖主义运动的说法。此外，打击伊拉克不但会掀起新一轮反美主义，并在该地区树立大量新的美国目标，而且抽离了打击“基地”组织及其分支的反恐行动资源，调离了特别行动部队，并削弱了盟军合作。心理政治学政策工具已因在该地区过度依赖军事力量而受到严重弱化。本书的撰稿者一再强调更加平衡他们在此考察的各种工具，而有效的大战略必须考虑到所有政策工具之间的关系。

平衡的理念也包括在公民自由和授权国内执法机构的理念之间平衡，同时也在严厉反恐与国际法之间平衡。例如，类似美国《爱国者法案》之类的强势反恐措施对公民自由造成的影响可能会威胁破坏大战略保护公民社会的初衷。必须小心注意保护美国人身幸福和权利之间的平衡。亚当·罗伯茨指出（第8章），在国际舞台上，大国如忽略国际社会的基本准则只会对自己不利，因为这种行为可以对联盟伙伴、敌人甚至本国公民造成负面影响。无视这种基本的规范也有可能破坏国家行动的合法性，并让第四波恐怖组织推进其政治宏图。这两个结果都是以牺牲目的来追求手段的例子。

平衡还涉及政策工具中积极力量和消极力量之间的关系。恐怖分子有意识地双管齐下：他们通过用可怕的消极事件震惊世人而让人们关注他们“积极”的目的——或者至少是在某些人看来积极或有吸引力的目。然而，恐怖主义是一种政治现象。随着时间推移，如果他们没有信条、没有政治目标、没有对另一种未来的远见（在尘世或来世），恐怖集团就没有权力。美国在打击恐怖主义时也必须从正反两方面入手——例如，一方面提供援助、参与重建破碎的社会、树立全面致力于民主和个人自由的形象，另一方面则展示令人敬畏的军事力量、逮捕或击毙恐怖分子头目，并破坏恐怖活动的安全避难所。所谓的积极力量并不针对恐怖分子本身，而是针对他们力量的真正源泉：主动或被动在资源和潜在兵力上支持恐怖主义的社区。关键是要平衡在短期内更见效的消极力量和对长期内反恐成功至关重要的积极力量。

这一立场不是天真或自由主义，而是出于实用主义。正如丹·古尔所说（第11章），真正先发制人的战略方针不只是通过追查肇事者应对恐怖袭击，而是打击恐怖主义的根源——本书也正是由此开始。在制定旨在长期战胜国际恐怖主义的有效大战略的任何阶段，关键的理念是在政策工具、恐怖活动的成长阶段和目标与手段之间进行平衡。

美国是当今世界上最实力最强的行为者，但正受到有效利用其安全漏洞的敌人的威胁。在这场打击国际恐怖主义运动中获得成功的必由之路是像冷战岁月早期那样，从认识到当前方法的不足、开展激烈的辩论开始。美国和其盟国必须认识到世界已经改变，国际恐怖主义威胁已经发展演变，他们现在面对的是非国家敌人，需要从根本反思美国的大战略。